Die KUNST des Zeichnens 10 STEPS KAWAII

Titel der Originalausgabe:
10-Step Drawing
Kawaii
Draw over 50 cute creations in 10 easy steps!

Published in 2022 by Search Press Ltd.
Wellwood, North Farm Road
Turnbridge Wells
Kent, TN2 3DR

This book is produced by
The Bright Press, an imprint of The Quarto Group.
The Old Brewery, 6 Blundell Street,
London N7 9BH, United Kingdom
www.QuartoKnows.com

Zeichnungen: Chie Kutsuwada

Übersetzung: Wiebke Krabbe, Damlos
Produktmanagement: Nicole Mering
Lektorat: Lisa Braunert
Umschlaggestaltung: Tatjana Weiß
Satz: Arnold & Domnick, Leipzig
Druck und Bindung: 1010 Printing International Ltd, China

1. Auflage 2023 Printed in China

ISBN 978-3-7358-8032-1 • Best.-Nr. 28032

MIX
Papier aus verantwortungsvollen Quellen
FSC® C016973

Penguin Random House Verlagsgruppe
FSC® N001967

Die KUNST des Zeichnens
10 STEPS
KAWAII

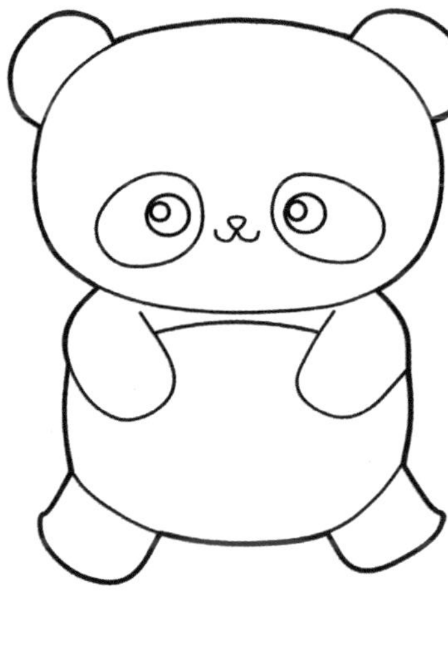

CHIE KUTSUWADA

Inhalt

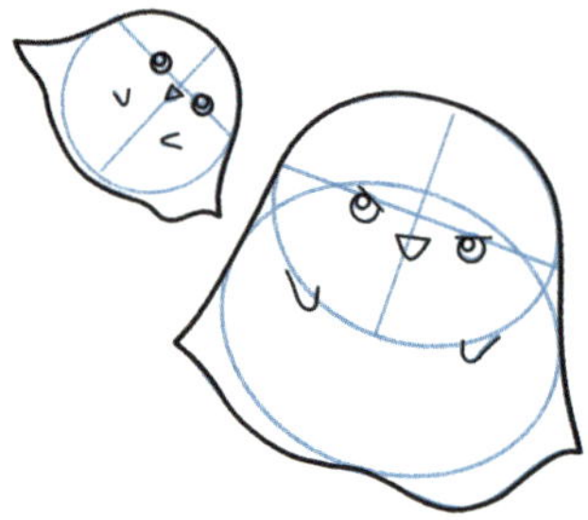

VORWORT 6
ÜBER DIESES BUCH 7

Kawaii-Mimik

Froh 10
Verlegen 11
Traurig 12
Erschrocken 14
Niedlich 15
Zornig 16
In Panik 18
Verwirrt 19

Kawaii-Accessoires

Smartphone 22
Portemonnaie 24
Handtasche 26
Schmuck 28

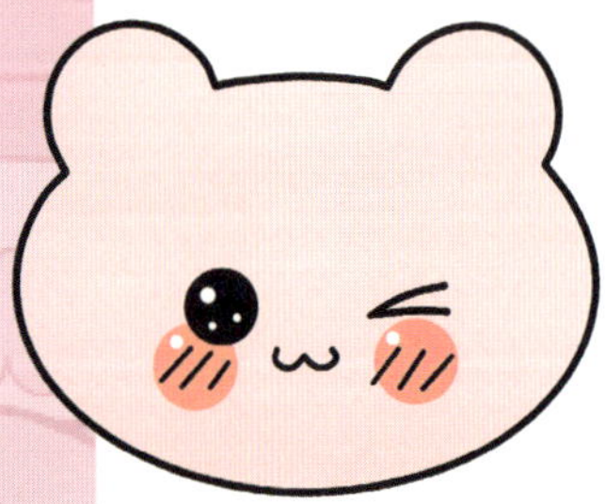

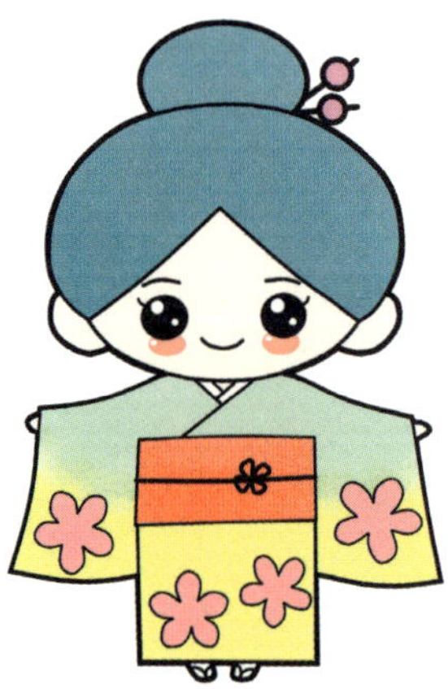

Kawaii-Gruselwesen

Gespenster 32
Mumie 34
Kürbiskopf 36
Fledermaus 38
Vampir 40
Hexe 42

Kawaii-Tiere

Panda 46
Kaninchen 48
Hund 50
Katze 52
Hamster 54

Kawaii-Vögel

Kakadu 58
Pinguin 60
Küken 62
Rosenköpfchen 64

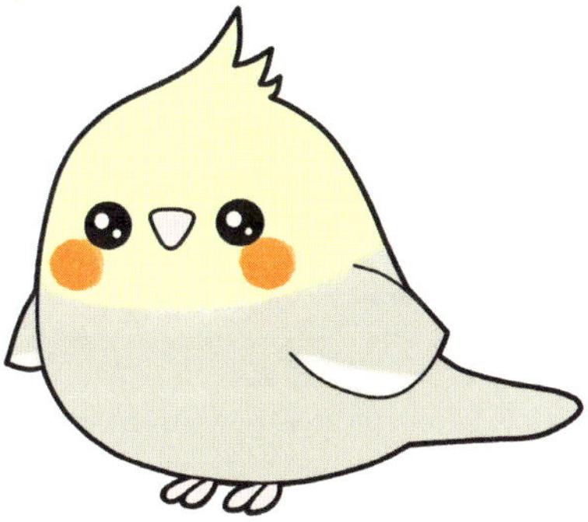

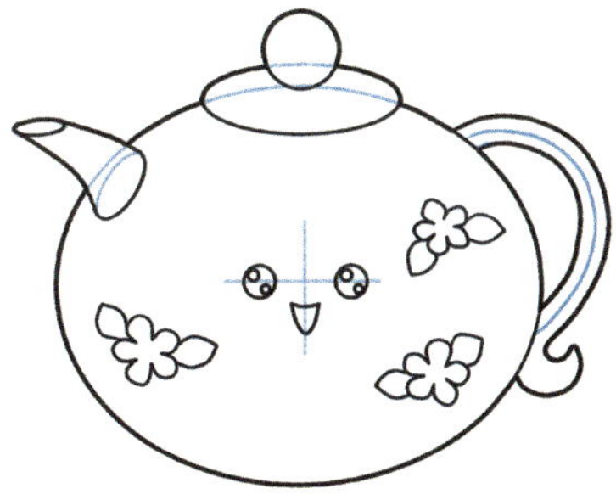

Kawaii-Fantasy

Einhorn 68
Elfe 70
Drache 72
Meerjungfrau 74

Essbares

Sushi 78
Fish and Chips 80
Bubble Tea 82
Reiskugel 84
Bento 86
Curry 88
Eiswaffel 90
Obst 92
Mochi 94
Dango 96
Kakigori 98

Teestunde

Teetasse 102
Teekanne 104
Sandwich 106
Cupcake 108
Muffin 110
Cookie 112
Macaron 114
Apfelkuchen 116

Kawaii-Figuren

Prinzessin 120
Prinz 122
Schulkinder 124
Mädchen im Kimono 126

ÜBER DIE AUTORIN **128**
DANK **128**

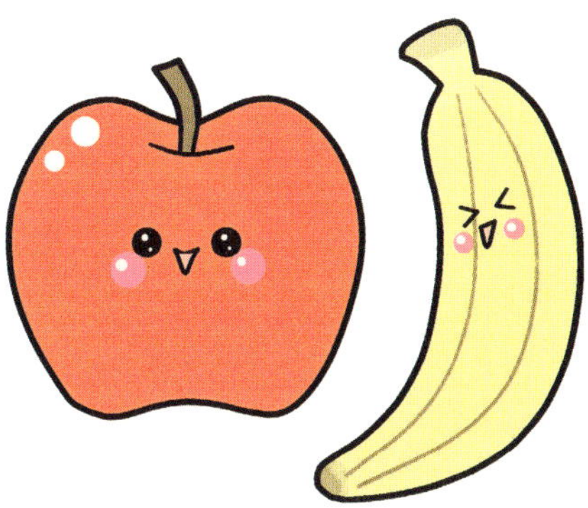

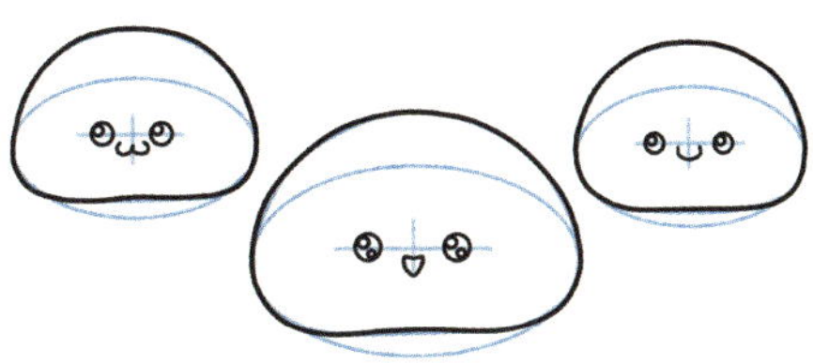

Vorwort

Kawaii ist ein japanischer Zeichenstil, in dem Motive aller Art durch einfache Strichzeichnungen, zarte Pastellfarben und eine kindlich-unschuldige Ausstrahlung dargestellt werden.

In diesem Buch finden Sie mehr als 50 Kawaii-Motive. Fantasiefiguren, Tiere, Lebensmittel und mehr: Alle können in nur zehn einfachen Schritten gezeichnet werden. Suchen Sie sich einfach Ihr Lieblingsmotiv aus. Vielleicht ein Mädchen im geblümten Kimono, eine gepunktete Teetasse oder einen hübschen Vogel?

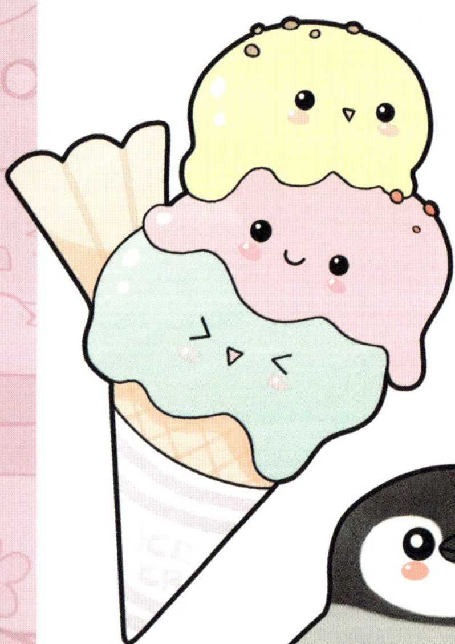

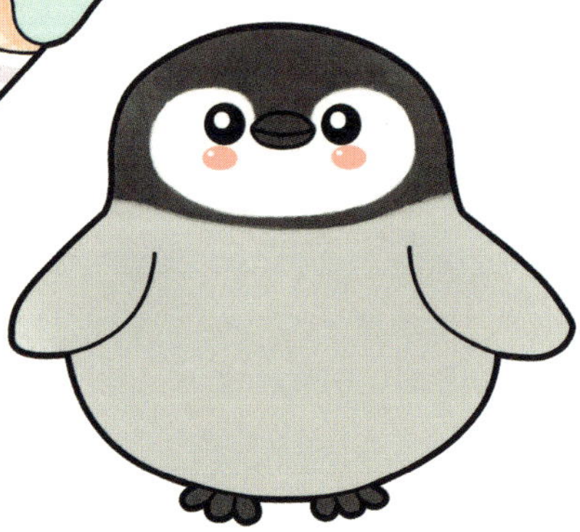

VERSCHIEDENE FORMEN

Kawaii-Motive bestehen aus vielen verschiedenen Formen. Jede Zeichnung in diesem Buch beginnt mit einer einfachen Grundform. Dann wird Schritt für Schritt mit weiteren Formen das fertige Motiv entwickelt. So gelingen die Proportionen leicht, und die Personen, Tiere und Gegenstände sehen wirklich niedlich aus.

Wenn Sie beim Zeichnen die Formen der Elemente genau einhalten, werden alle Motive sicher gelingen.

Vorschläge zum Kolorieren finden Sie am Ende jeder Anleitung. Sie dienen als Anregung. Selbstverständlich können Sie auch Farben eigener Wahl ausprobieren.

Ich hoffe, das Zeichnen der Motive in diesem Buch bereitet Ihnen so viel Freude wie mir. Zeichnen ist wirklich nicht schwer!

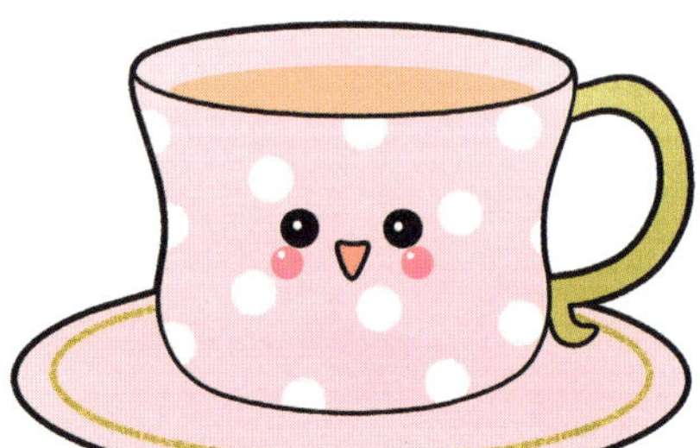

Über dieses Buch

GRUNDAUSSTATTUNG

Papier: Am besten eignet sich ein hochwertiges Zeichenpapier.

Bleistift, Radiergummi und Anspitzer: Probieren Sie Bleistifte in verschiedenen Härtegraden aus und leisten Sie sich einen wirklich guten Radiergummi.

Farbige Materialien: Siehe rechte Spalte.

Kleines Lineal: nützlich zum Zeichnen von Hilfslinien.

SCHRITT FÜR SCHRITT

Zuerst zart mit Bleistift die Hilfslinien zeichnen. Die Konturen mit einem Fineliner nachzeichnen, dann mit einem dickeren Stift verstärken. Die Hilfslinien ausradieren und das Motiv kolorieren.

Tipp

Manche farbige Medien verlaufen auf dem Papier ineinander und ergeben dann Mischfarben. Um das zu vermeiden, beginnen Sie mit den helleren Farben und verwenden erst danach die dunkleren. Sie können auch kleine Bereiche, etwa die Wangen, aussparen und nachträglich kolorieren.

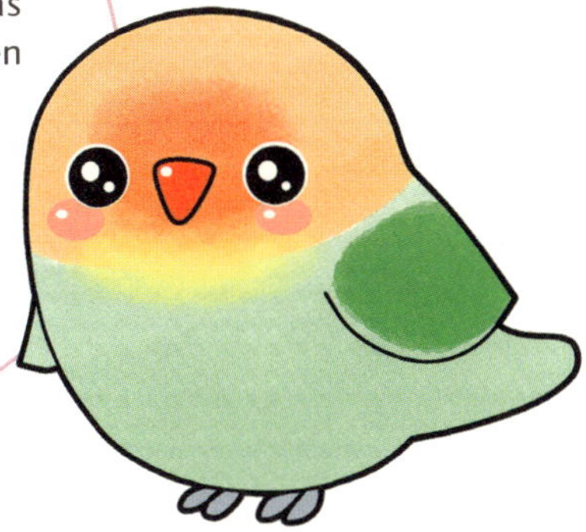

KOLORIEREN

Beim Kolorieren gibt es verschiedene Möglichkeiten. Probieren Sie ruhig alle aus!

Farbstifte: Die einfachste Lösung: Ein hochwertiges Set mit 24 Farben genügt vollkommen. Immer innerhalb der Konturlinien bleiben und mit gut gespitzten Stiften lassen sich auch kleine Bereiche gut ausfüllen. Hellere und dunklere Farbtöne entstehen, indem man den Druck variiert oder Flächen mehrmals übermalt.

Farben und Pinsel: Einsteiger kommen meist am besten mit Wasserfarben zurecht. Acryl- und Ölfarben haben den Vorteil, dass man Fehler einfach übermalen kann. Sie brauchen zwei oder drei Pinsel in verschiedenen Stärken, darunter einen sehr dünnen.

Marker: Sehr gut geeignet für intensive und gleichmäßige Farbflächen.

Weißer Gelstift: Unerlässlich, um im letzten Schritt die Lichtreflexe einzuzeichnen.

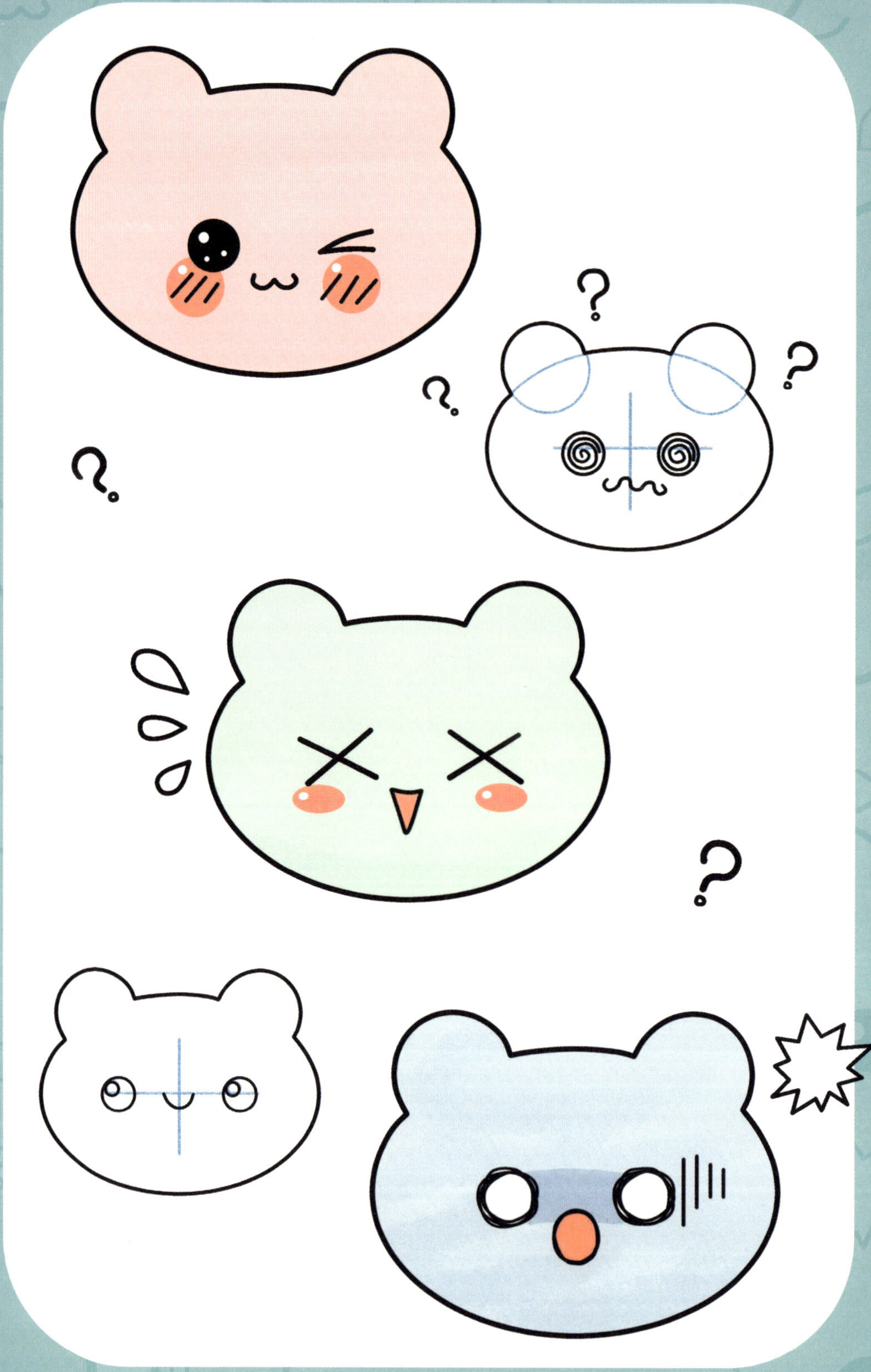

Kawaii-Mimik

Froh

Um ein Kawaii-Gesicht mit eindeutiger Mimik zu zeichnen, sind nur wenige Striche nötig. Fangen wir mit einem freundlichen Lächeln an.

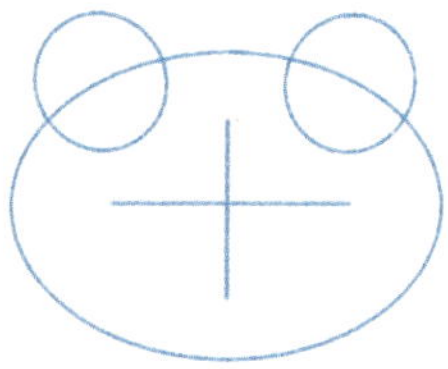

1 Ein Oval für das Gesicht und zwei Kreise für die Ohren zeichnen. Ein Kreuz in die Mitte setzen.

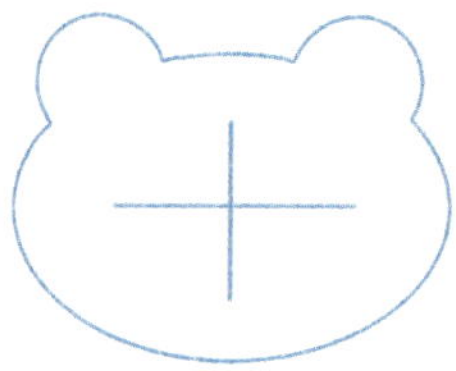

2 Die Überschneidungen zwischen Kopf und Ohren ausradieren.

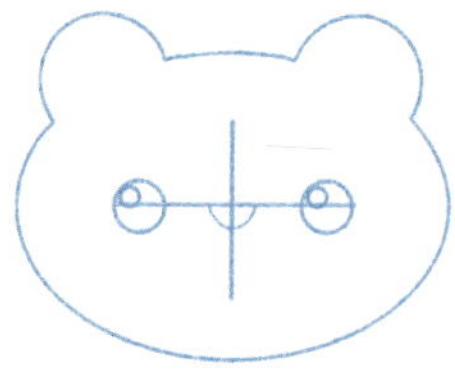

3 Auf der Waagerechten zwei Augen einzeichnen und in jedes einen kleinen Kreis für den Lichtreflex setzen. Den U-förmigen Mund zeichnen.

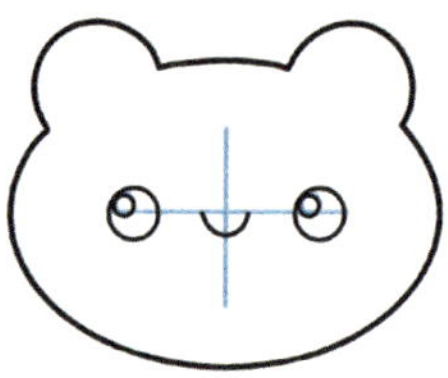

4 Die Konturen mit dicken, flüssigen Strichen nachzeichnen.

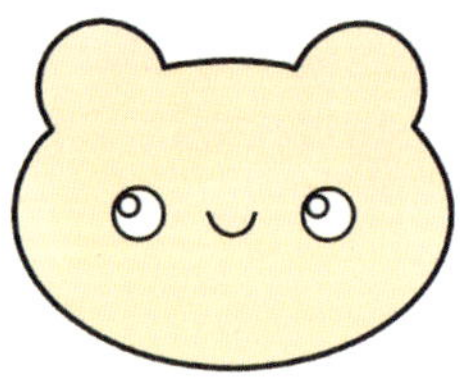

5 Das Gesicht gleichmäßig einfarbig kolorieren.

6 Die Augen schwarz ausmalen und weiße Lichtreflexe einfügen. Zuletzt rosige Wangen mit kleinen Lichtreflexen unter den Augen einzeichnen.

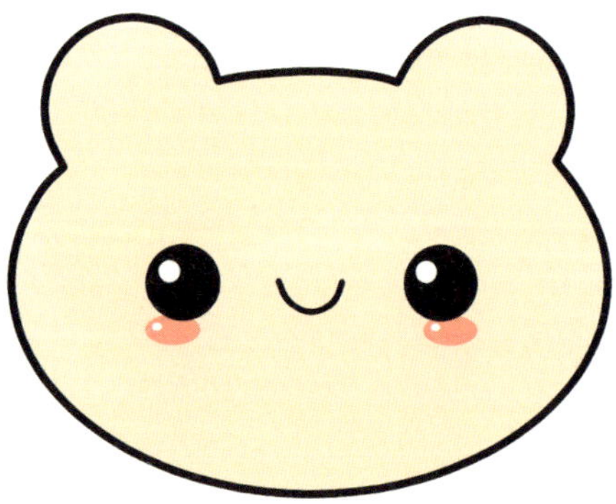

Verlegen

Rote Wangen zeigen die Verlegenheit. Die Augen können weit geöffnet und glänzend sein, aber auch schüchtern niedergeschlagen.

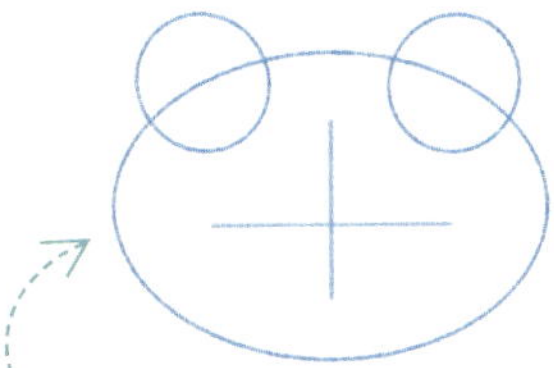

1 Ein Oval für das Gesicht und zwei Kreise für die Ohren zeichnen. Ein Kreuz in die Mitte setzen.

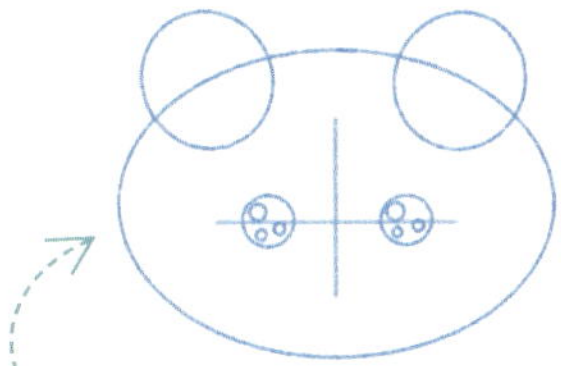

2 Auf der Waagerechten zwei Augen einzeichnen und in jedes einen kleinen Kreis für den Reflex setzen. Die Reflexe sitzen in beiden Augen an der gleichen Position.

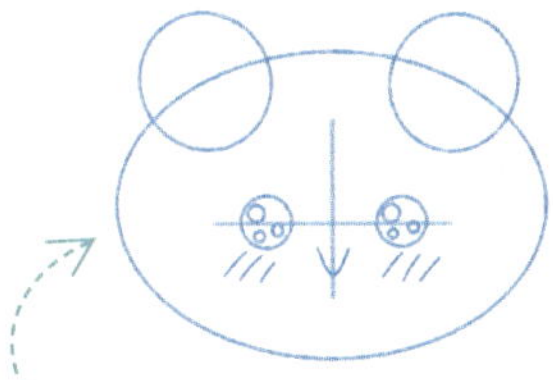

3 Auf die Senkrechte ein U für den Mund zeichnen. Mit kurzen, schrägen Strichen unter den Augen die geröteten Wangen andeuten.

4 Die Konturen mit dicken, flüssigen Strichen nachzeichnen. Für die Gesichtszüge einen dünneren Stift verwenden.

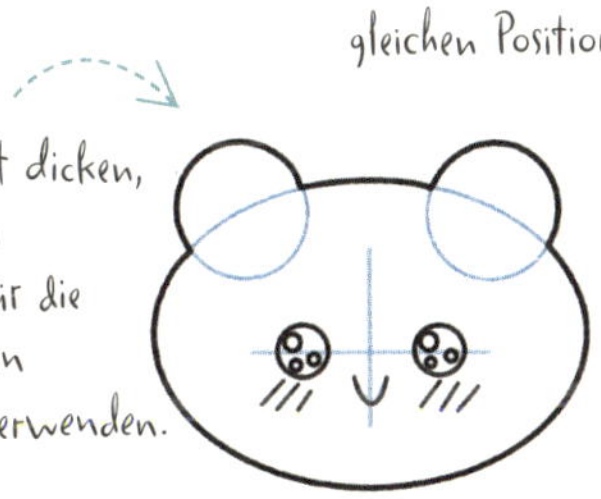

5 Das Gesicht gleichmäßig einfarbig kolorieren. Die Augen ausmalen. Die schrägen Striche unter den Augen mit einem Rosaton übermalen.

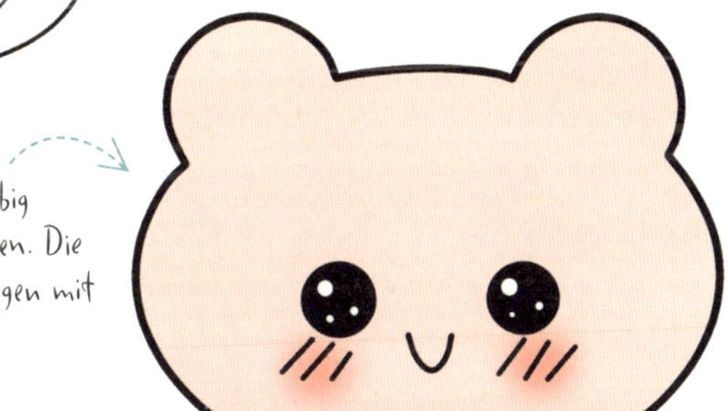

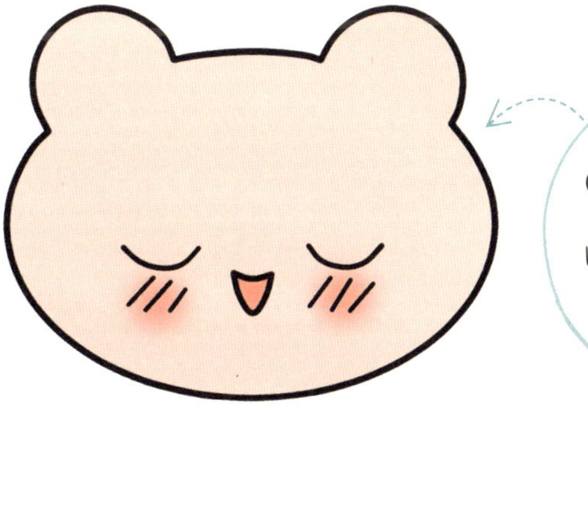

Variation

Geschlossene Augen werden einfach durch flache U-Formen angedeutet. Der Mund ist hier dreieckig und wird ausgemalt.

Traurig

Die Augen können offen sein und nass glänzen, aber auch fest geschlossen sein. Auf keinen Fall die Träne vergessen!

1 Ein Oval für das Gesicht und zwei Kreise für die Ohren zeichnen. Ein Kreuz in die Mitte setzen.

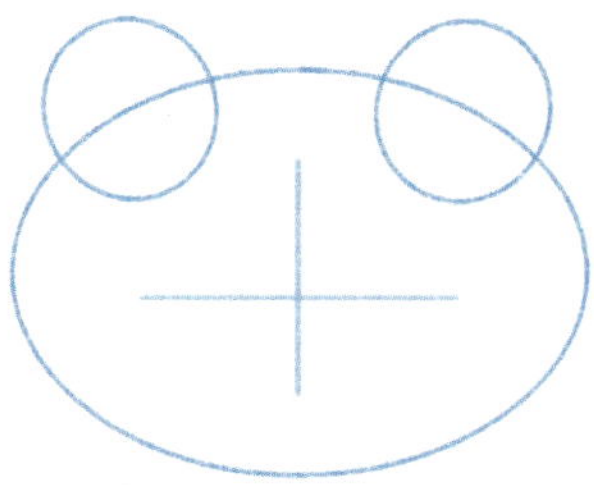

2 Die Augen gleichmäßig auf der Waagerechten anordnen. Unter einem leicht überlappend eine Träne einzeichnen. Für den Mund einen Bogen auf die Senkrechte zeichnen.

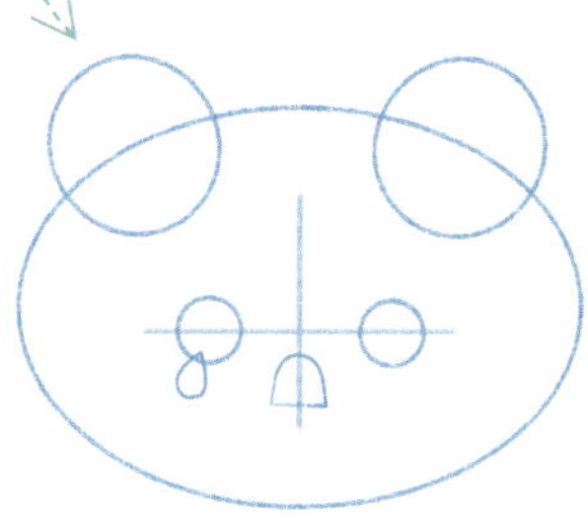

3 Zwei kleine Bögen für die Augenbrauen zeichnen. In jedes Auge zwei Lichtreflexe setzen, dabei ist der obere größer als der untere.

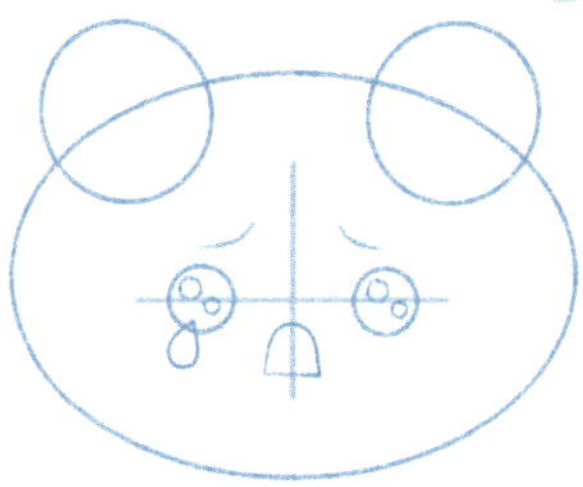

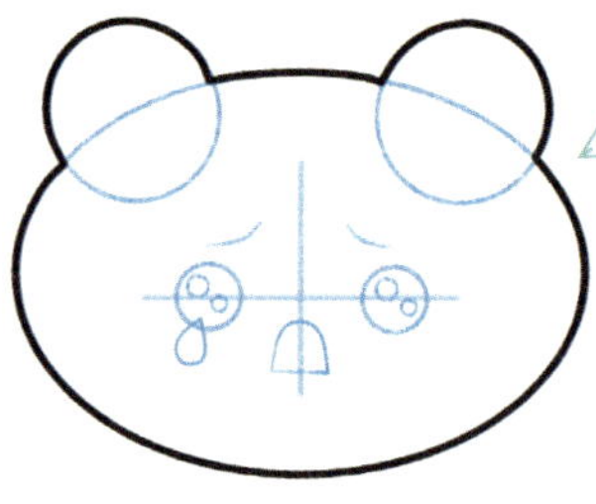

4 Die Konturen mit dicken, flüssigen Strichen nachzeichnen.

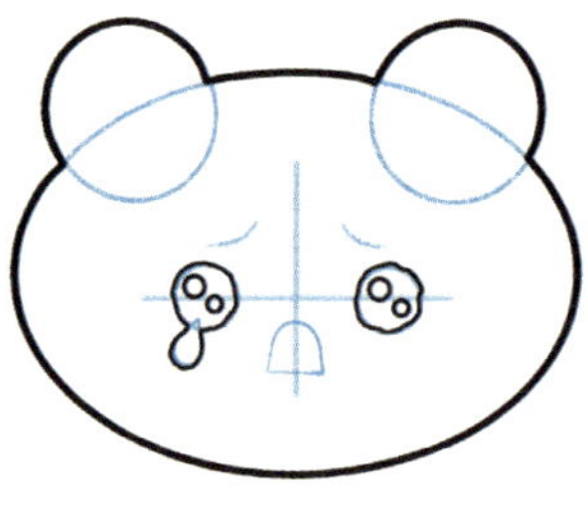

5 Die Augen bekommen dünnere, unregelmäßige Konturen. Auge und Träne müssen wie hier miteinander verbunden sein.

6 Mund und Augenbrauen mit dem Fineliner nachzeichnen.

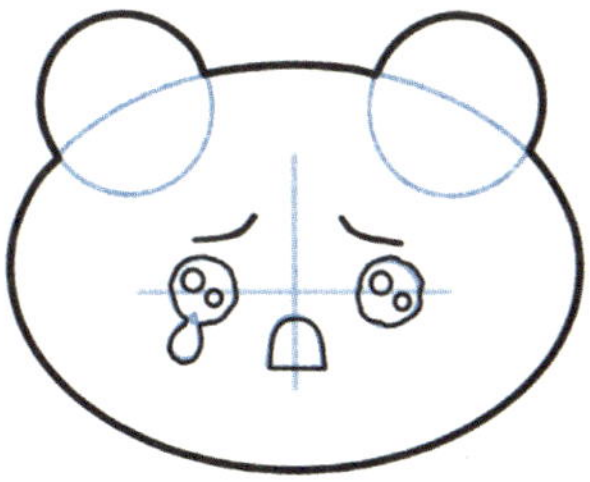

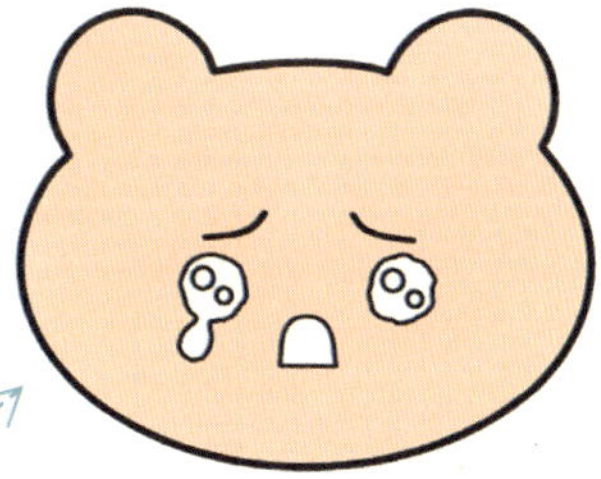

7 Das Gesicht gleichmäßig einfarbig kolorieren.

8 Die Augen blau ausmalen, dabei die Pupillen, den unteren Teil der Augen und die Träne weiß lassen.

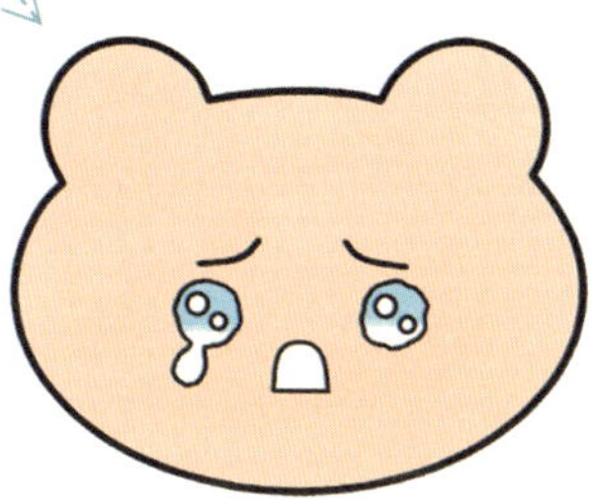

9 Den Mund kolorieren. Die ovalen rosa Wangen direkt unter den Augen hinzufügen. Fertig ist das traurige Gesicht.

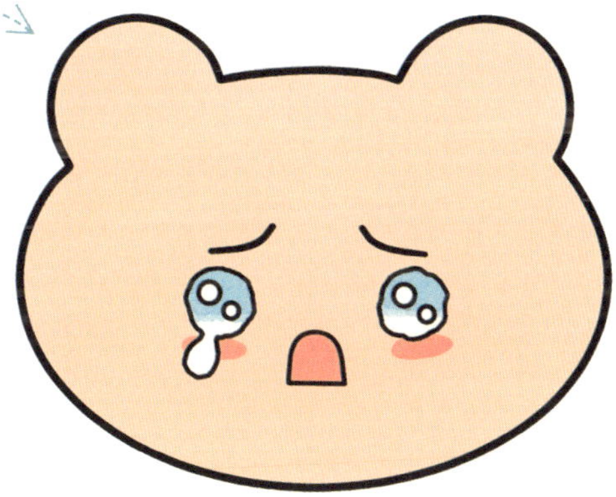

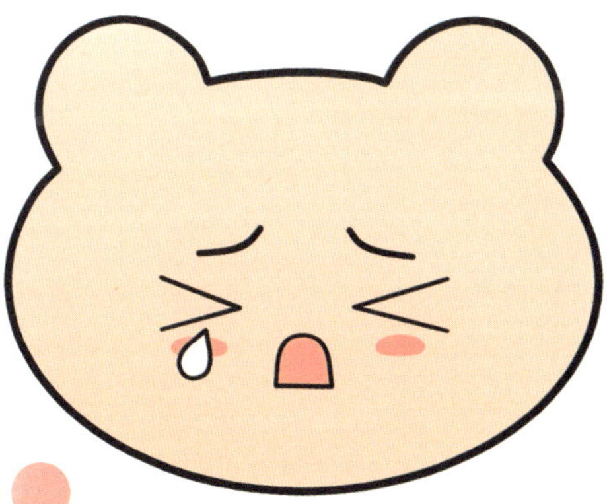

Variation

Es ist auch möglich, geschlossene Augen durch liegende V-Formen anzudeuten.

Erschrocken

Ein offener Mund, blasse Haut und ein stacheliger Lichtreflex verdeutlichen hier die Schrecksekunde.

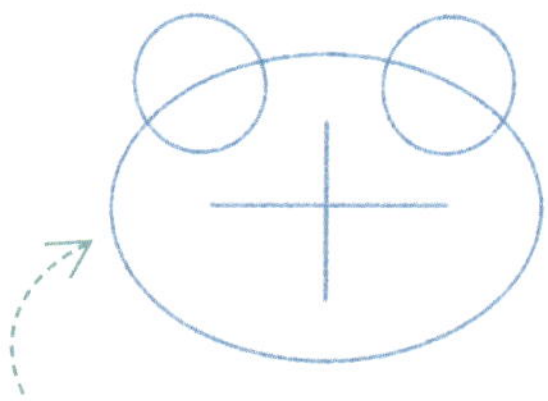

1 Ein Oval für das Gesicht und zwei Kreise für die Ohren zeichnen. Ein Kreuz in die Mitte setzen.

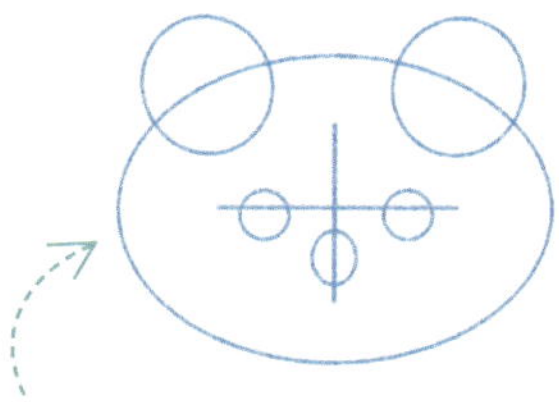

2 Die Augen auf der Waagerechten anordnen. Ein Oval für den Mund auf die Senkrechte zeichnen.

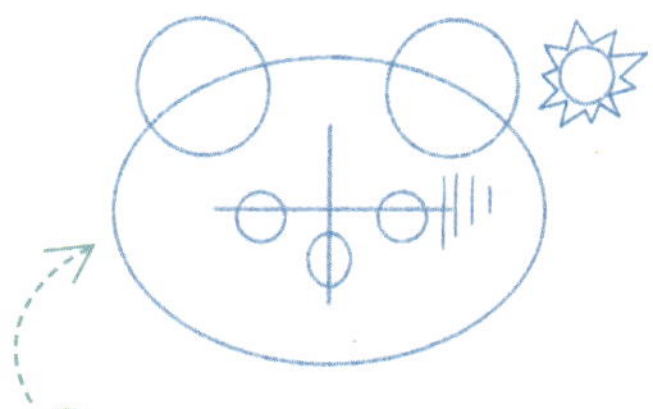

3 Den Schatten im Gesicht mit senkrechten Strichen andeuten. Neben dem Ohr einen stacheligen Reflex zeichnen.

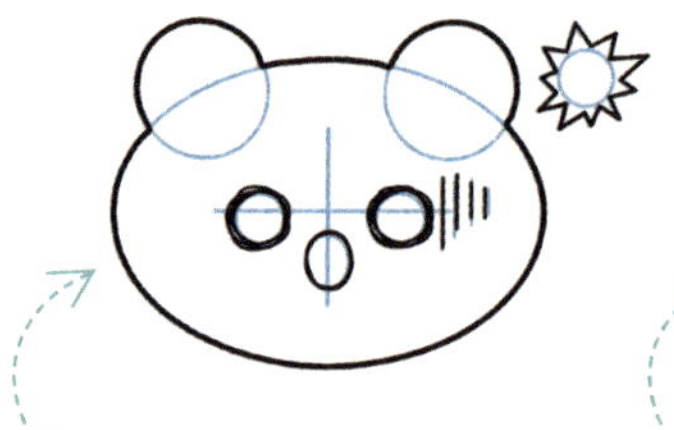

4 Die Konturen schwärzen. Um die Augen mehrere dünne, etwas ungleichmäßige Konturen zeichnen.

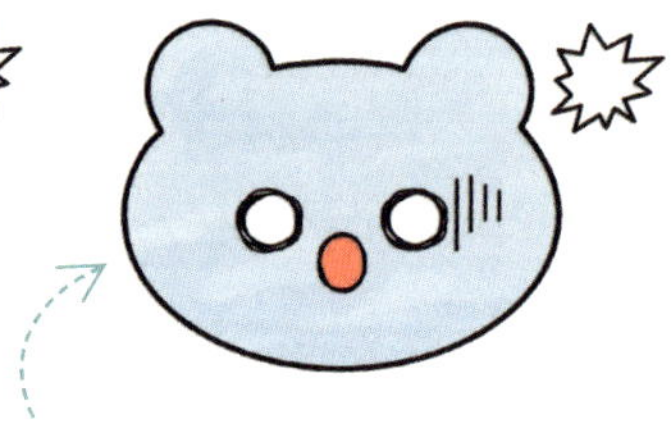

5 Das Gesicht gleichmäßig einfarbig kolorieren. Den Mund rot ausmalen. Die Augen bleiben weiß.

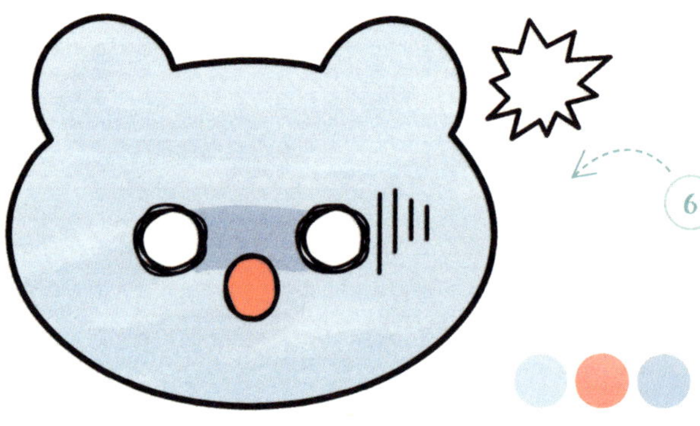

6 Das Gesicht zwischen den Augen dunkler eintönen. Dadurch wirkt das restliche Gesicht heller – oder blass durch den Schreck.

Niedlich

Rosarote Wangen und ein welliger Mund sorgen hier für den niedlichen, aufgeweckten Eindruck. Vielleicht zwinkert das Mädchen auch frech?

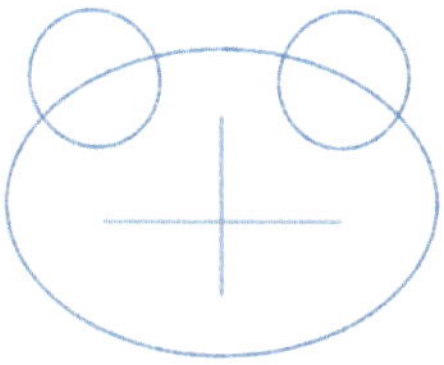

1 Ein Oval für das Gesicht und zwei Kreise für die Ohren zeichnen. Ein Kreuz in die Mitte setzen.

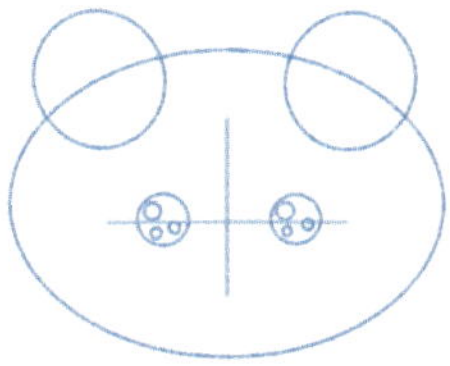

2 Die Augen auf der Waagerechten anordnen und kleine Kreise für die Reflexe einzeichnen. Die Positionen der Reflexe sind in beiden Augen gleich.

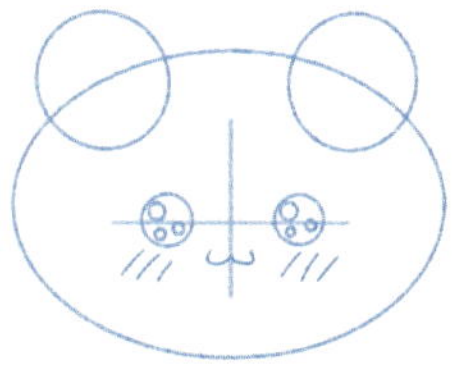

3 Auf die Senkrechte einen W-förmigen Mund zeichnen. Die rosa Wangen mit kurzen, schrägen Strichen unter den Augen andeuten.

4 Die Konturen mit dicken, flüssigen Strichen nachzeichnen. Für die Gesichtszüge einen dünneren Stift verwenden.

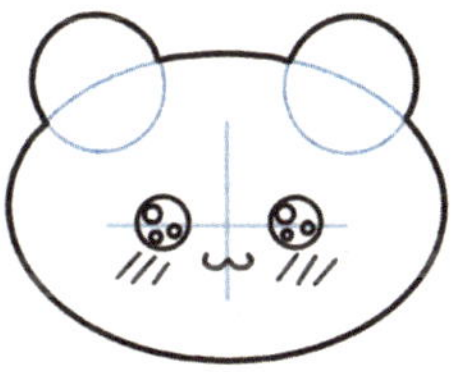

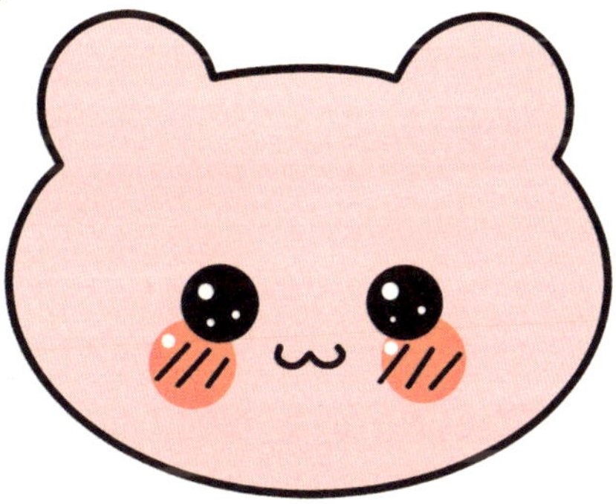

5 Das Gesicht gleichmäßig einfarbig kolorieren. Die Augen und die runden rosa Wangen eintönen. Zuletzt kleine Lichtreflexe auf die Wangen setzen.

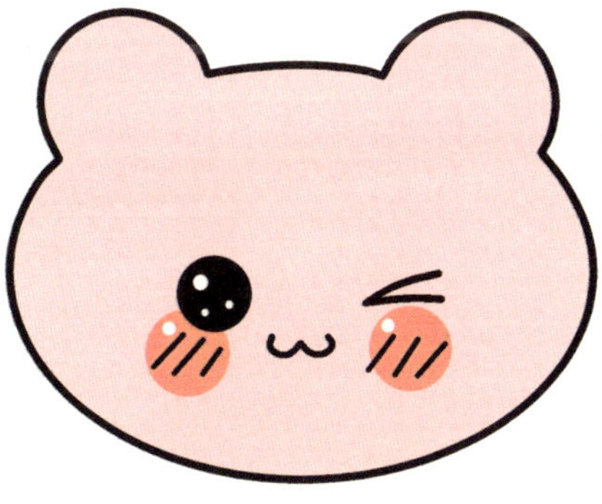

Variation

Für ein freches Zwinkern wird ein Auge einfach durch ein liegendes, leicht gekrümmtes V ersetzt.

Zornig

Selbst ein wütendes Gesicht sieht im Kawaii-Stil niedlich aus. Gerunzelte Augenbrauen und ein Symbol für den Zorn genügen, um die Stimmung auszudrücken.

1 Ein Oval für das Gesicht und zwei Kreise für die Ohren zeichnen. Ein Kreuz in die Mitte setzen.

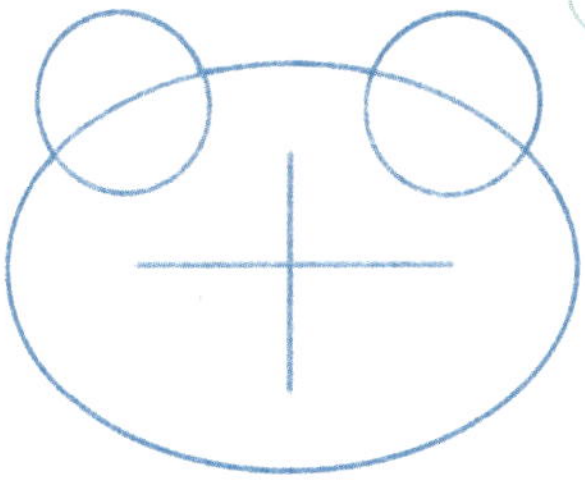

2 Unter der Waagerechten zwei schräg stehende Ovale für die Augen einfügen.

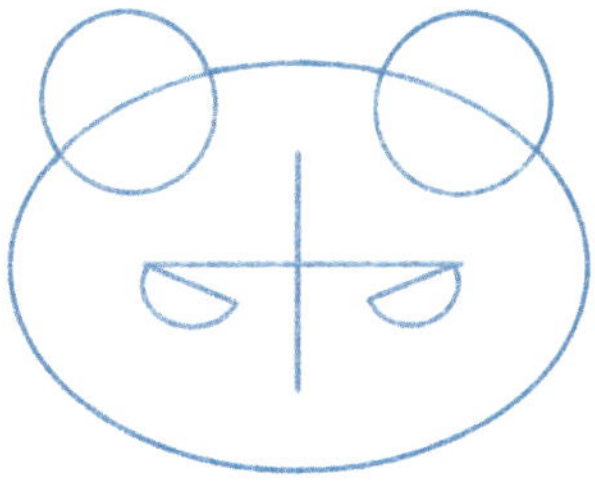

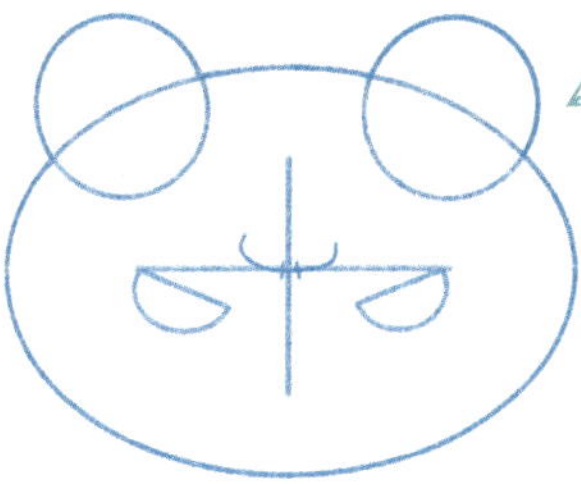

3 Ein breites, flaches U für die Augenbrauen zeichnen. Mit zwei schrägen Strichen im Kreuzungsbereich die Zornfalten auf der Stirn andeuten.

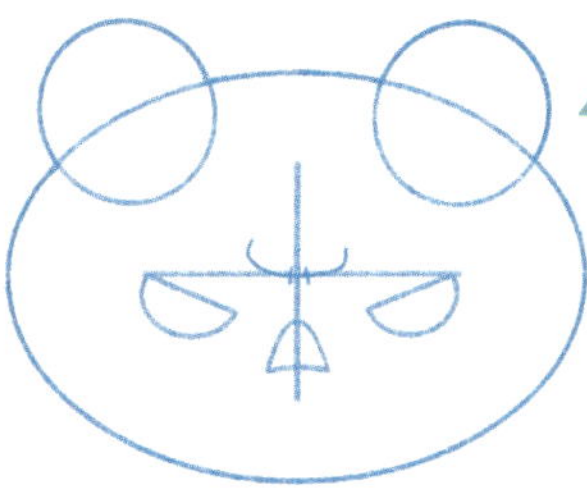

4 Einen kleinen kuppelförmigen Mund auf die Senkrechte zeichnen.

5 Das Symbol für den Zorn stammt aus dem Manga. Zuerst ein kleines schräges Kreuz seitlich auf die Stirn zeichnen, dann in jedes Segment eine n kleinen Bogen setzen.

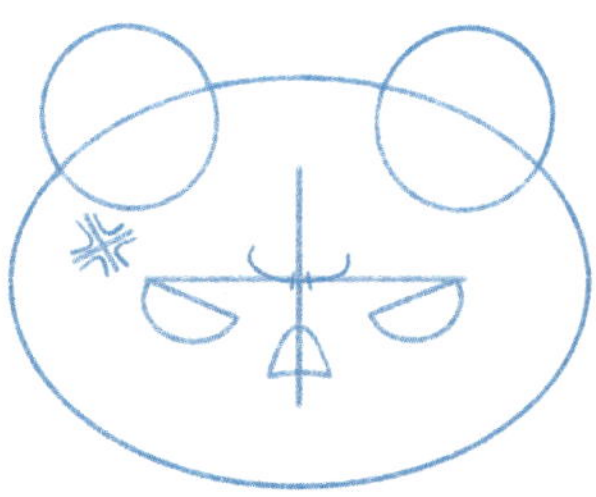

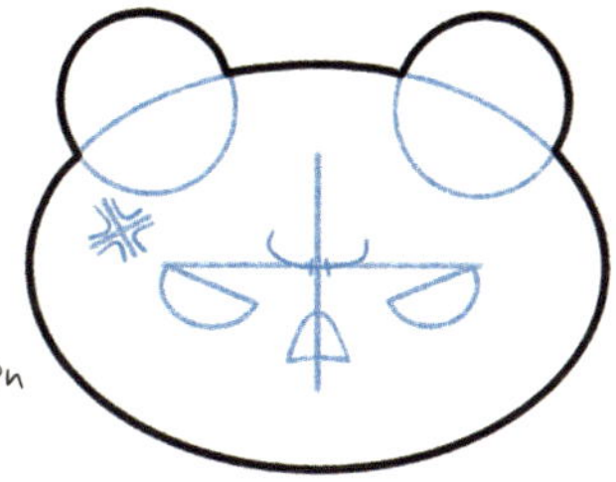

6 Die Kontur mit einem relativ dicken, gleichmäßigen Strich nachzeichnen.

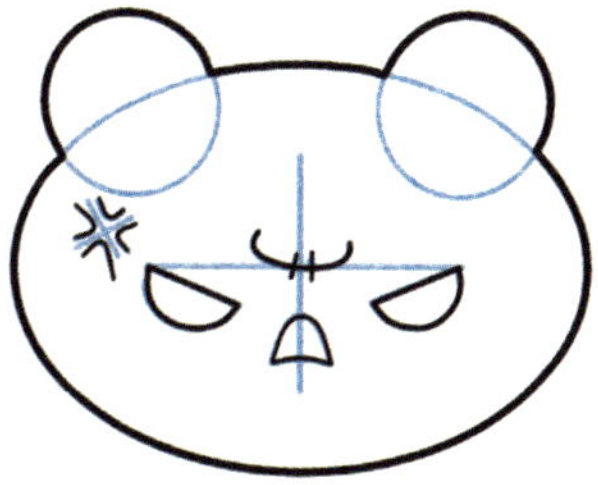

7 Für die Gesichtszüge einen etwas dünneren Stift verwenden.

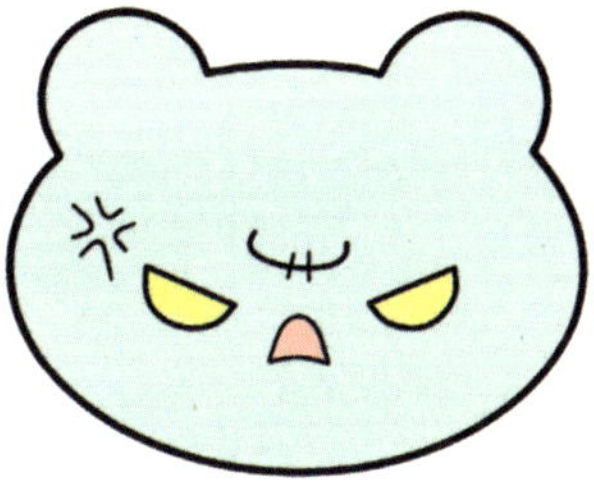

8 Das Gesicht gleichmäßig einfarbig kolorieren. Die Augen mit Gelb ausmalen, den Mund mit Rot.

9 Zuletzt kleine, leuchtend rote Wangen mit weißen Lichtreflexen hinzufügen. Fertig ist das wütende Gesicht.

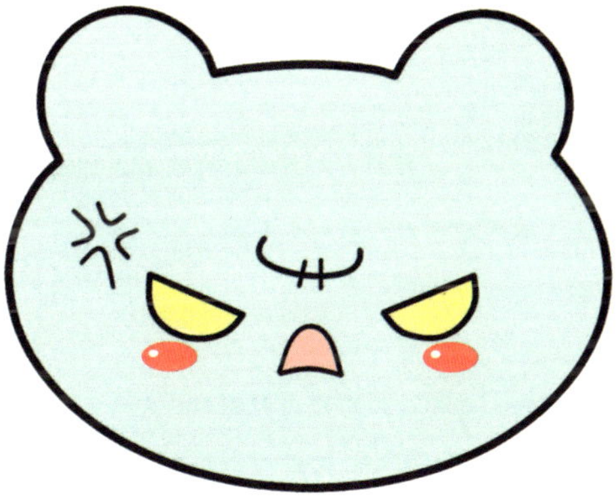

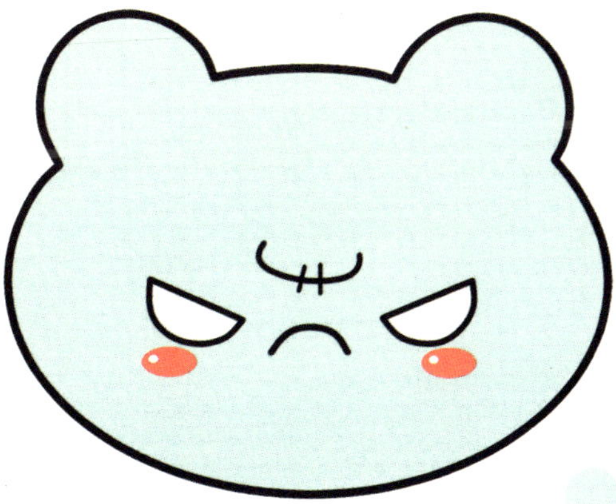

Variation

Für ein zornig schmollendes Gesicht den Mund als flaches, umgekehrtes U zeichnen und die Augen weiß lassen.

In Panik

Fest zugekniffene Augen, ein schmaler Mund und sprühende Schweißtropfen zeigen, dass diese Figur ernsthaft in Panik ist.

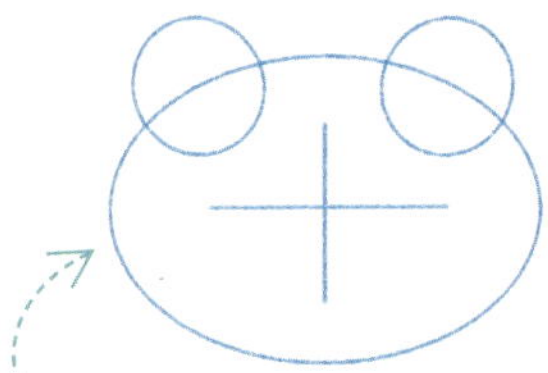

1 Ein Oval für das Gesicht und zwei Kreise für die Ohren zeichnen. Ein Kreuz in die Mitte setzen.

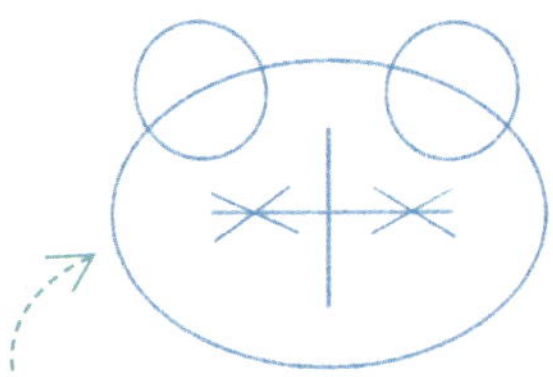

2 Für die Augen zwei schräg stehende Kreuze auf der Waagerechten einzeichnen.

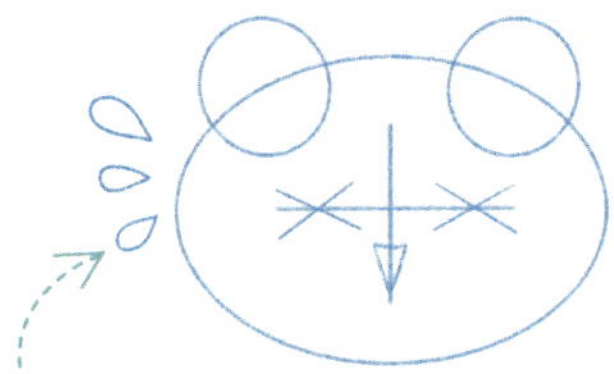

3 Für den Mund ein schmales Dreieck auf die Senkrechte zeichnen. Die Schweißtropfen neben dem Gesicht hinzufügen, dabei die Größen variieren.

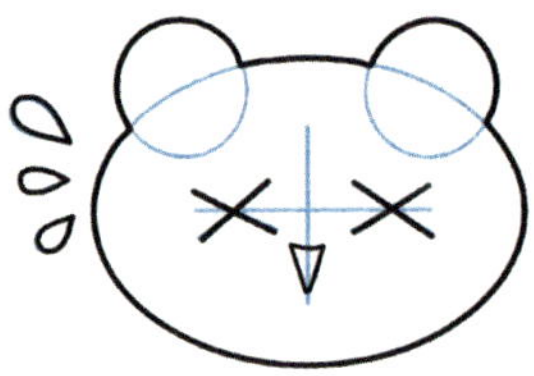

4 Konturen und Augen mit dicken, flüssigen Strichen nachzeichnen. Für die Gesichtszüge und die Schweißtropfen einen dünneren Stift verwenden.

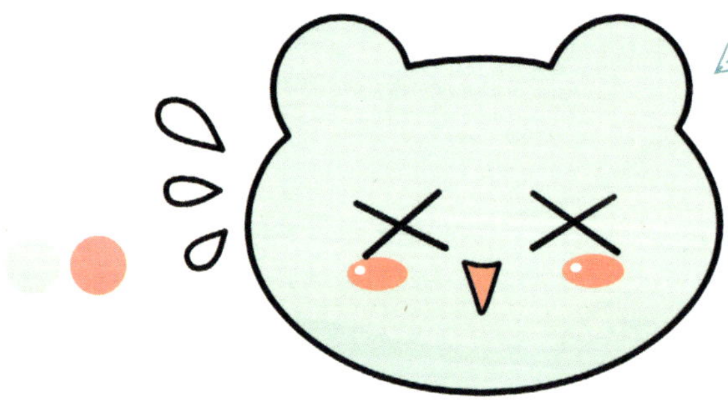

5 Das Gesicht gleichmäßig einfarbig kolorieren. Den Mund ausmalen. Zuletzt rosa Wangen mit Lichtreflexen hinzufügen.

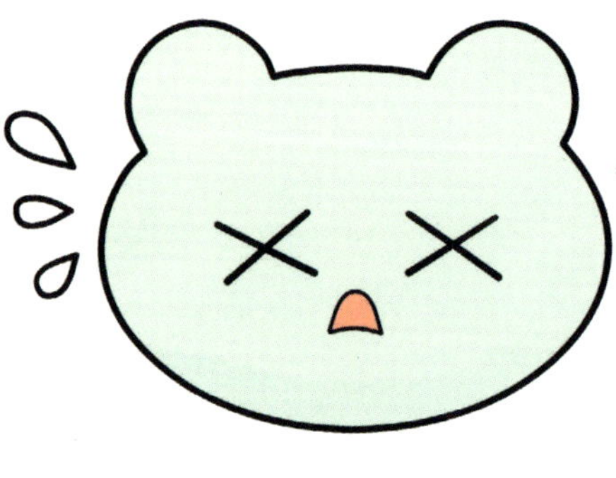

Variation
Der Mund kann stärker gerundet sein und die rosa Wangen können wegfallen.

Verwirrt

Gelbe Spiralaugen, ein welliger Mund und Fragezeichen lassen keinen Zweifel daran, dass hier die Verwirrung groß ist.

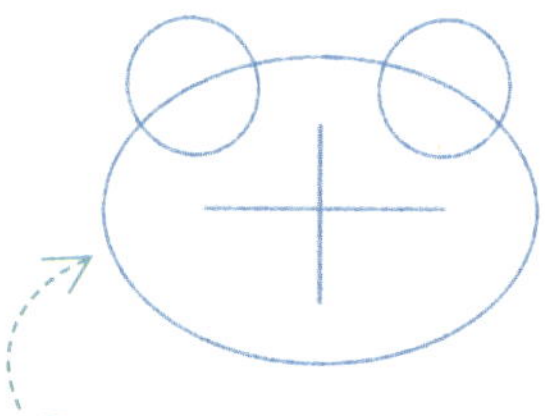

1 Ein Oval für das Gesicht und zwei Kreise für die Ohren zeichnen. Ein Kreuz in die Mitte setzen.

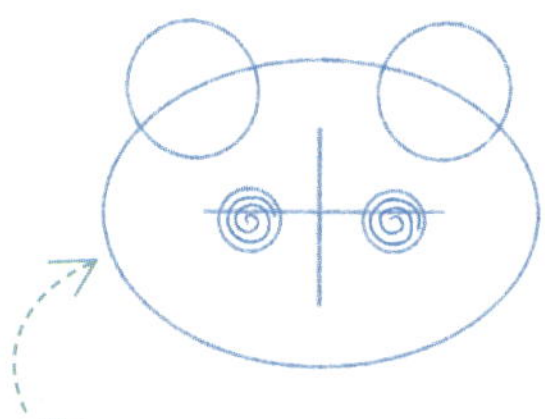

2 Zwei Kreise tief auf die Waagerechte setzen und in jeden eine unregelmäßige Spirale einzeichnen.

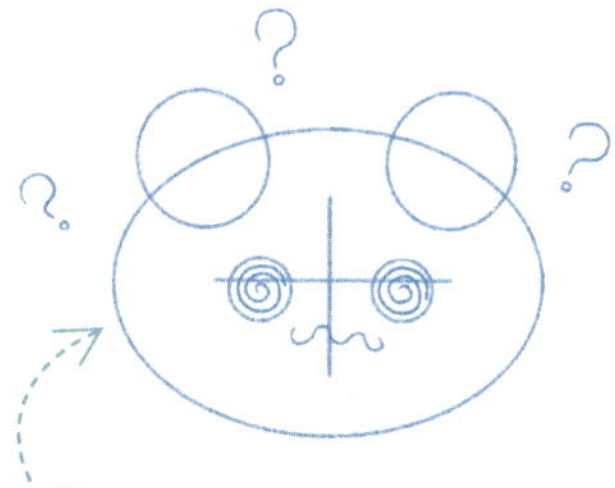

3 Eine Wellenlinie als Mund zeichnen. Mehrere Fragezeichen um den Kopf herum hinzufügen.

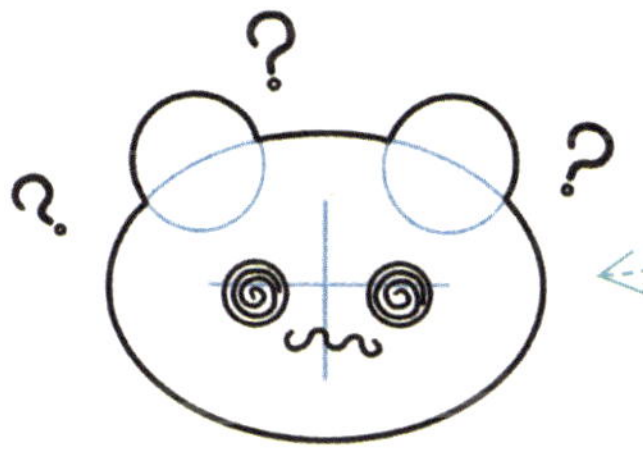

4 Die Konturen mit dicken, flüssigen Strichen nachzeichnen. Für die Gesichtszüge einen etwas dünneren Stift verwenden. Die Spiralen ungleichmäßig nachzeichnen, um den Eindruck der Verwirrung zu verstärken.

5 Das Gesicht gleichmäßig einfarbig kolorieren. Zuletzt die Augen ausmalen.

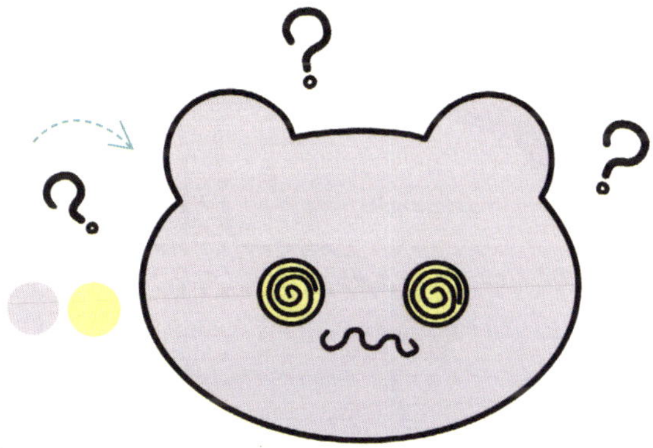

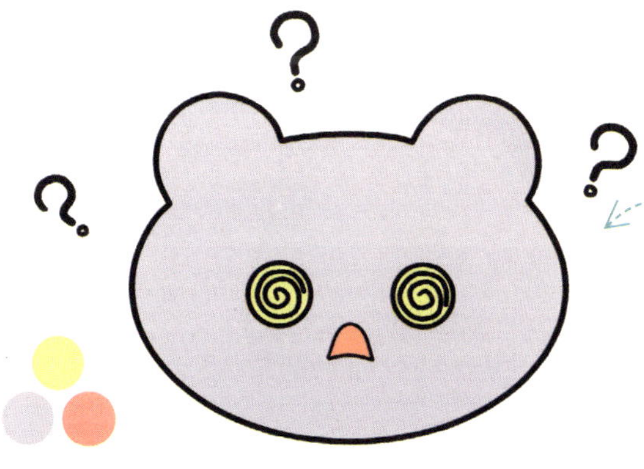

Variation

Statt der Wellenlinie kann auch ein Kreis für einen verwirrt staunenden Mund gezeichnet werden.

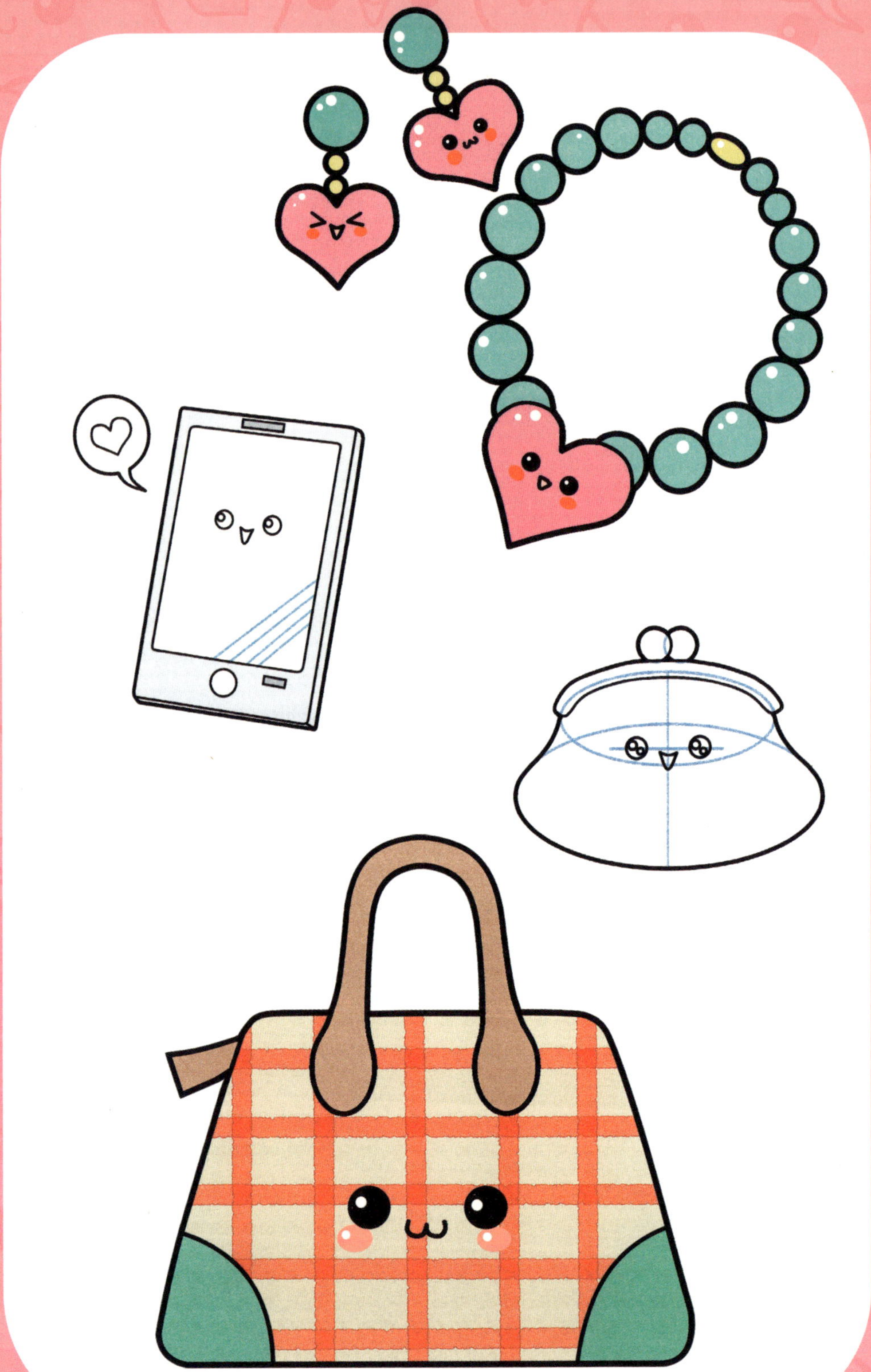

Kawaii-Accessoires

Smartphone

Entscheiden Sie selbst, welche Wörter oder Symbole Sie in die Sprechblase des Smartphones zeichnen.

1 Ein Rechteck zeichnen und die Seiten etwas verstärken, um Volumen anzudeuten.

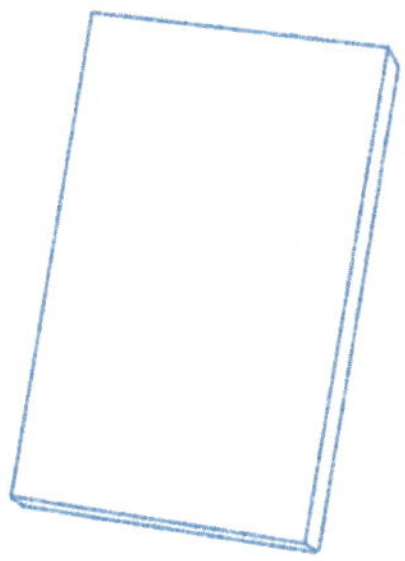

2 Für das Display ein kleineres Rechteck einzeichnen. Ein Kreuz in die Mitte setzen.

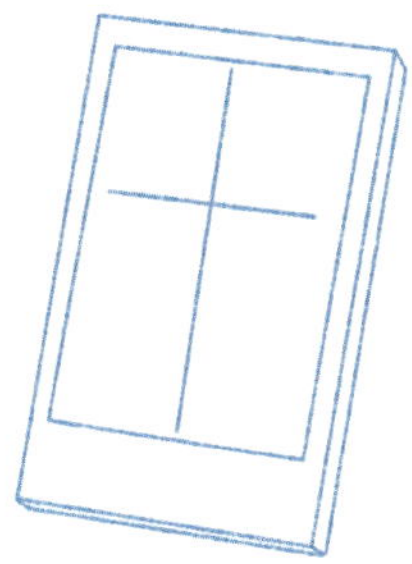

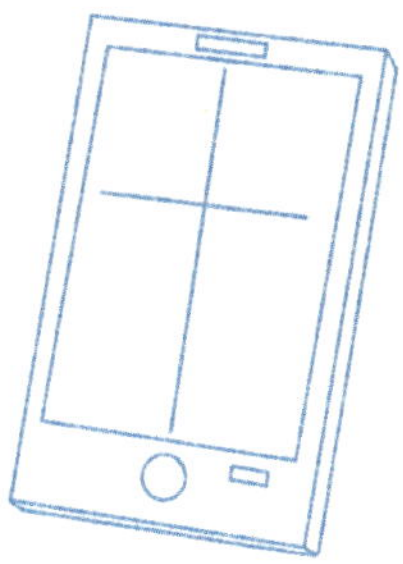

3 Mit einfachen Formen Schalter und Mikrofon unter dem Display und den Lautsprecher darüber einzeichnen.

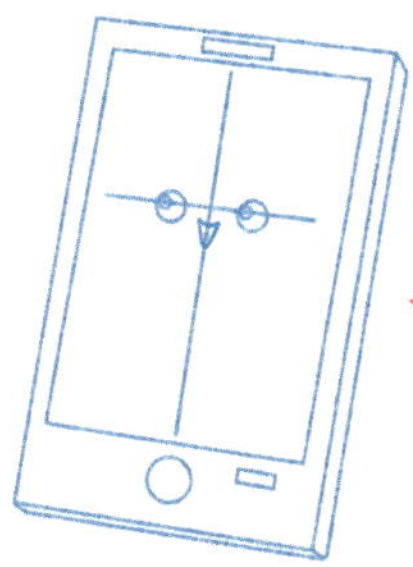

4 Augen und Mund auf den Hilfslinien anordnen. In jedes Auge einen kleinen runden Lichtreflex setzen.

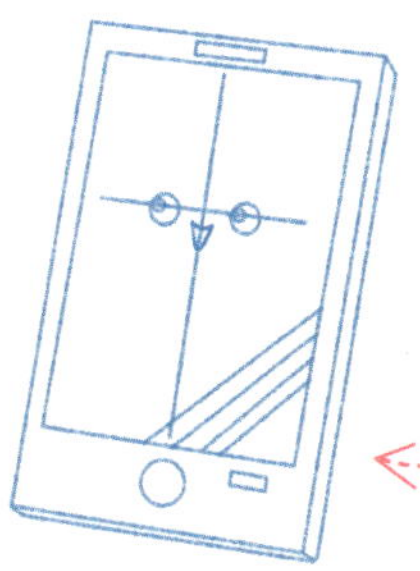

5 Mit vier schrägen Strichen in der unteren rechten Ecke eine Spiegelung andeuten.

6 Eine runde Sprechblase mit einem gekrümmten Schwanz hinzufügen. Ein Herz oder ein Wort in die Sprechblase setzen.

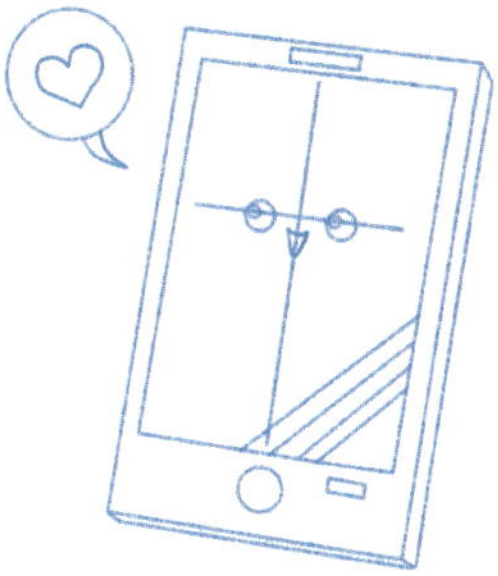

7 Die Konturen mit dicken, flüssigen Strichen nachzeichnen, dann die äußere Kontur verstärken. Die schrägen Striche aus Schritt 5 nicht nachziehen.

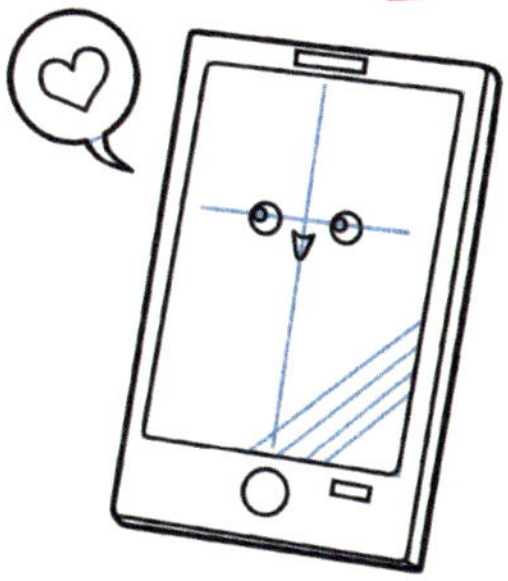

8 Das Smartphone mit gleichmäßigen, einfarbigen Tönen kolorieren. Mit dem äußeren Gehäuse beginnen.

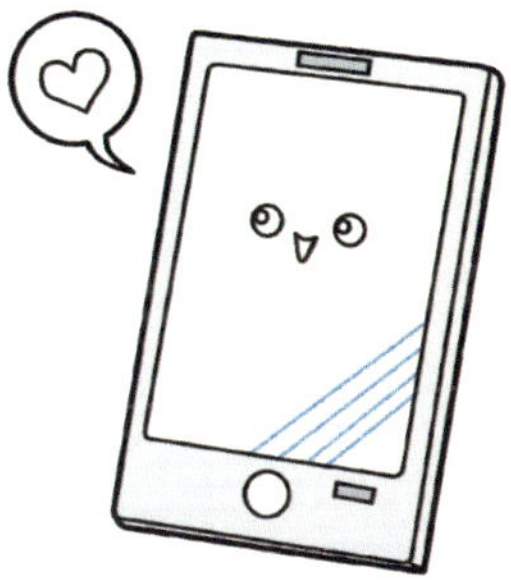

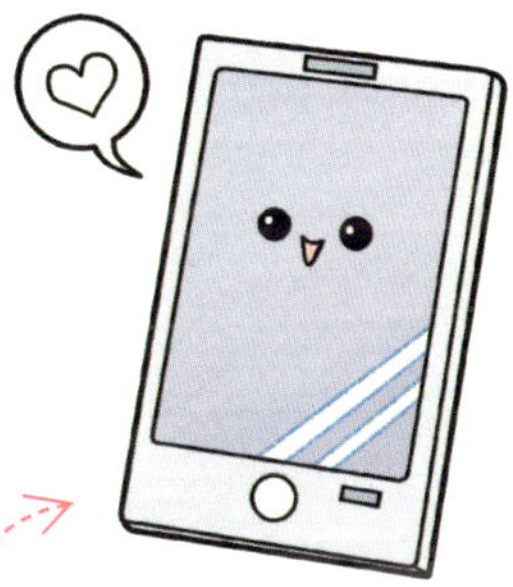

9 Augen und Mund ausmalen, dann eine Farbe für das Display wählen. Zwischen den schrägen Spiegelungs-Linien weiße Streifen lassen.

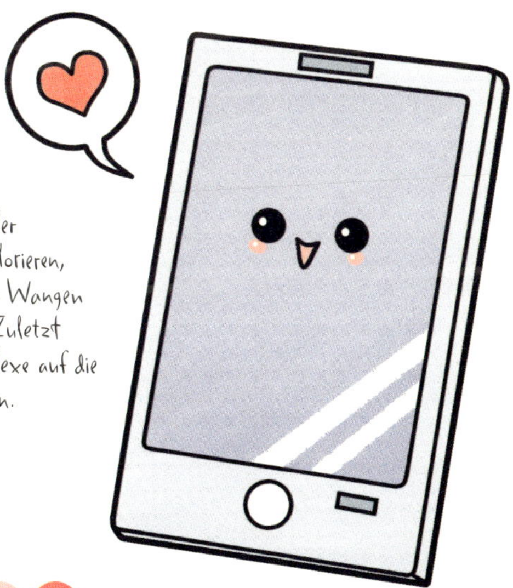

10 Das Herz in der Sprechblase kolorieren, dann die rosa Wangen hinzufügen. Zuletzt weiße Lichtreflexe auf die Wangen setzen.

Portemonnaie

Bei dem kleinen Portemonnaie kommt es auf die Symmetrie an. Entscheiden Sie selbst, welches Muster es haben soll.

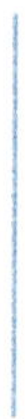

1 Mit einem senkrechten Strich beginnen.

2 Zwei überlappende Ovale mittig auf die Senkrechte setzen. Das obere Oval ist kleiner als das untere.

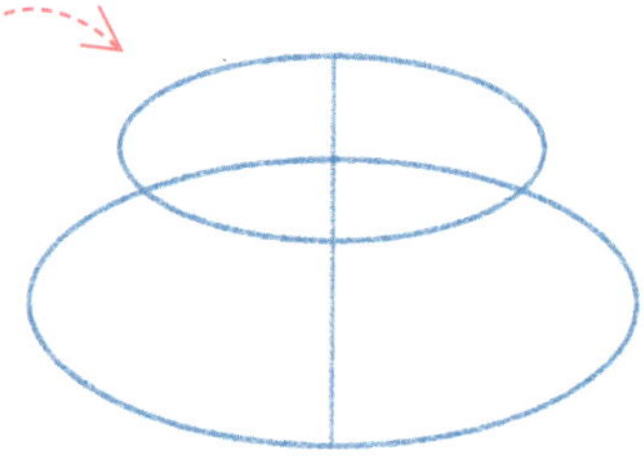

3 Die Seiten der Ovale mit leicht geschwungenen Linien verbinden.

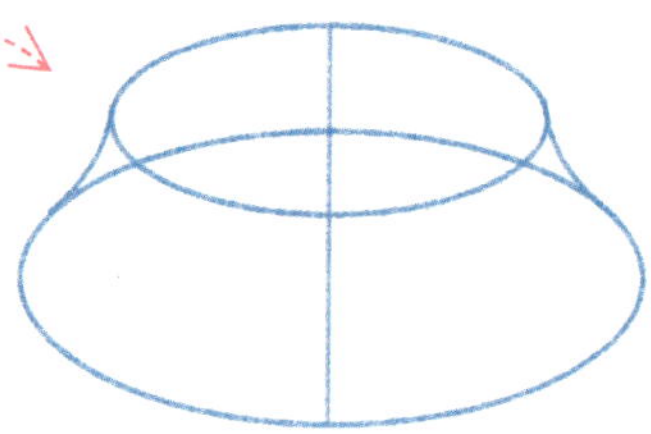

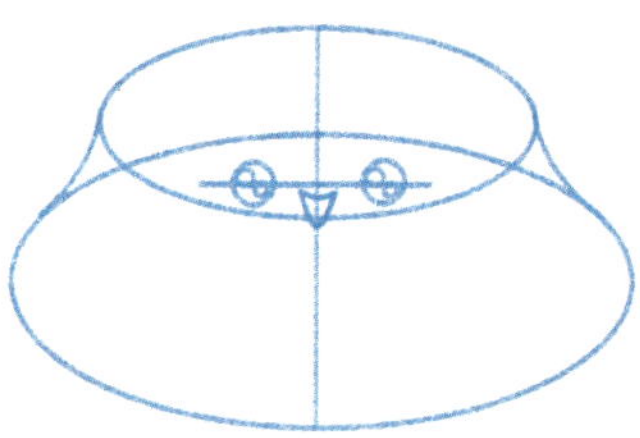

4 Eine kurze waagerechte Hilfslinie für das Gesicht zeichnen, dann die Augen und den Mund einfügen. Lichtreflexe in die Augen setzen.

5 Am oberen Rand eine gekrümmte Röhrenform einzeichnen.

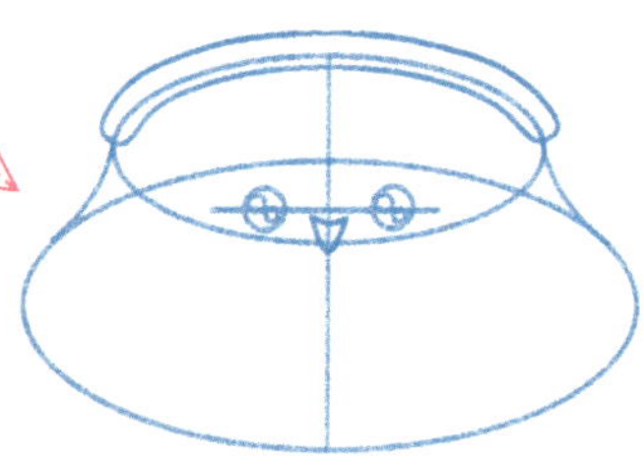

6 Für den Knipsverschluss zwei kleine, leicht überlappende Kreise hinzufügen.

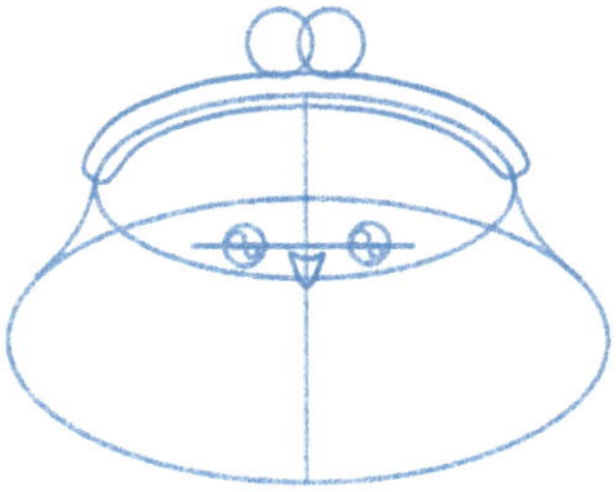

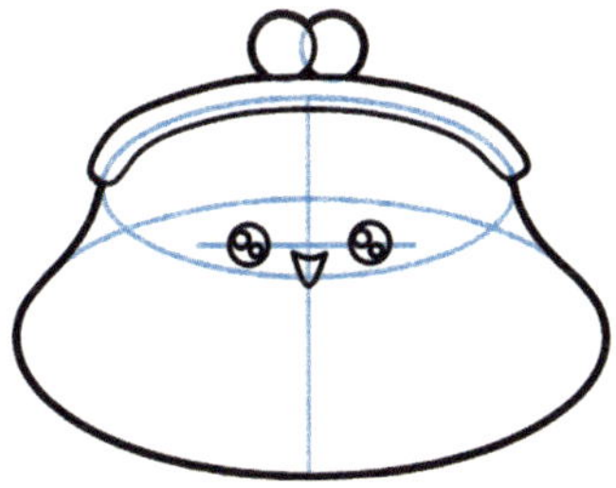

7 Die Linien mit flüssigen, gleichmäßigen Strichen nachziehen, dann die äußere Kontur verstärken.

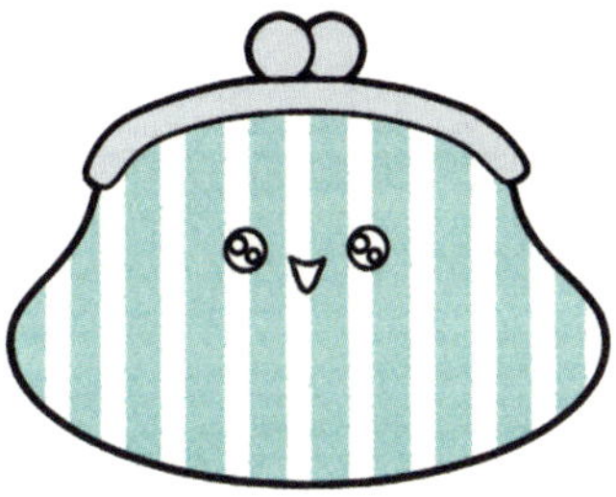

8 Senkrechte Streifen mit einer Farbe malen.

9 Für die Zwischenräume eine andere Farbe verwenden. Die Augen ausmalen. Den Mund rosa kolorieren.

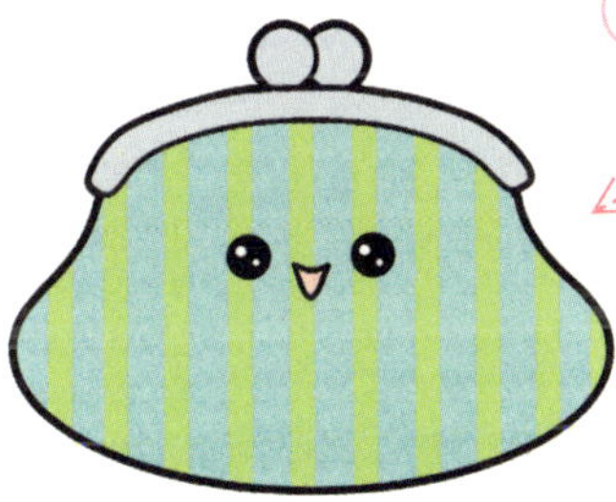

10 Unter den Augen ovale rosa Wangen einzeichnen. Weiße Lichtreflexe in die Augen, auf die Wangen, auf den Metallbügel und den Verschluss setzen.

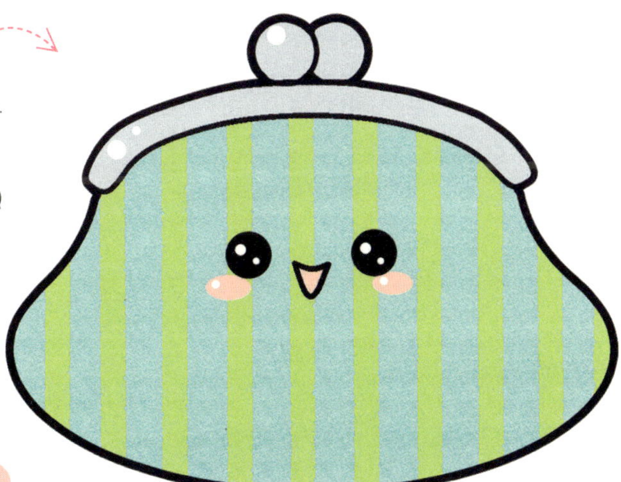

Handtasche

Durch gerade Linien und weiche Kurven wirkt die Tasche interessant. Sie können das Karomuster übernehmen oder ein eigenes Muster gestalten.

1 Mit einem Trapez beginnen.

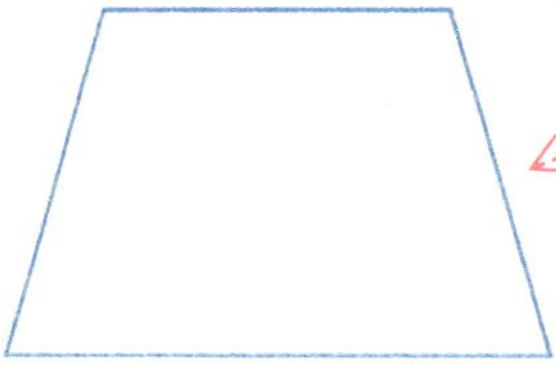

2 Ein Kreuz in das Trapez zeichnen. Die Waagerechte liegt etwas unterhalb der Mitte.

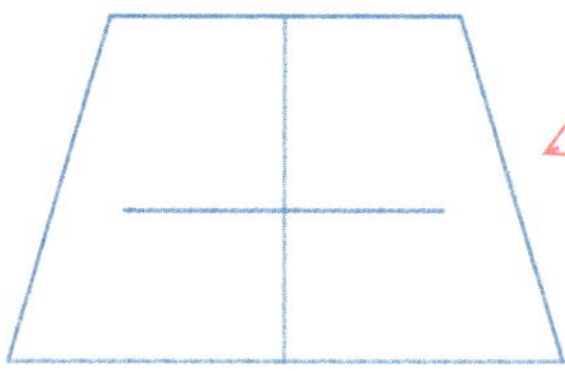

3 Alle Ecken abrunden.

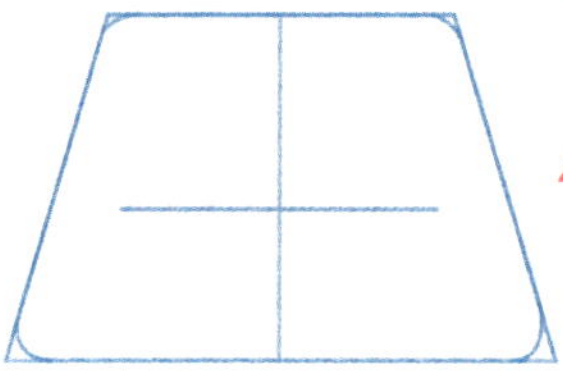

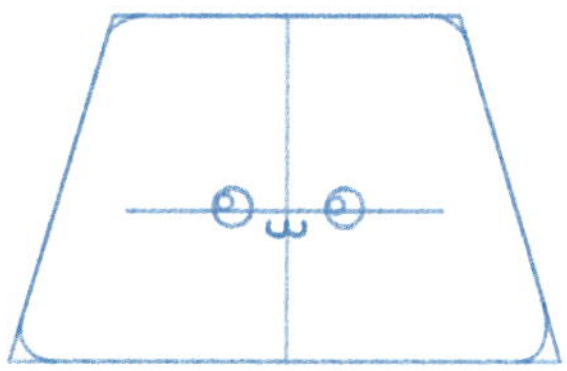

4 Anhand der Hilfslinien die Augen und den W-förmigen Mund einzeichnen. Lichtreflexe in die Augen setzen.

5 Für den Henkel zwei Ovale unter den oberen Rand zeichnen und diese mit gekrümmten Linien verbinden.

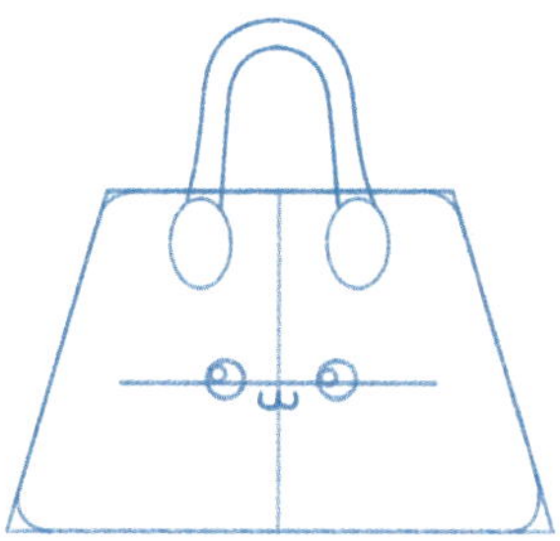

6 Nun folgen Details wie der Reißverschluss und die Lederflecken an den Ecken.

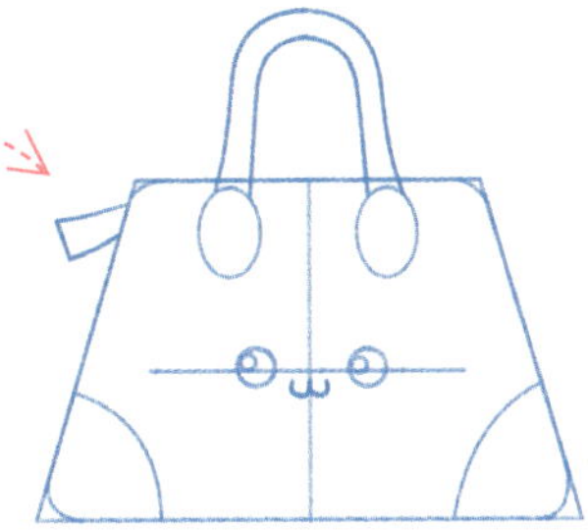

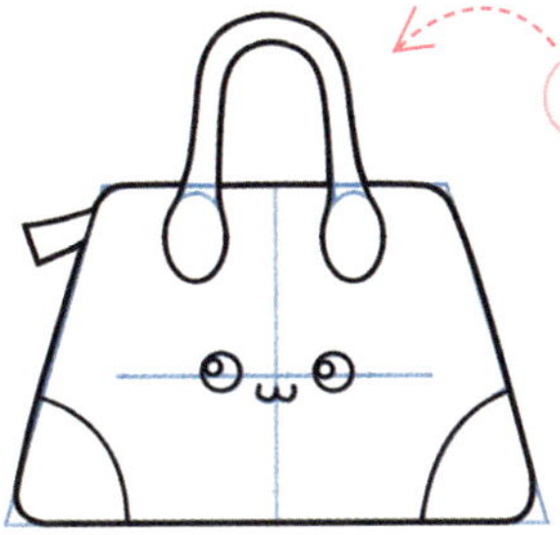

7 Die Linien flüssig und gleichmäßig nachzeichnen. Dann die äußere Kontur verstärken.

8 Die Tasche in einem hellen Beige kolorieren. Danach das Karomuster zeichnen.

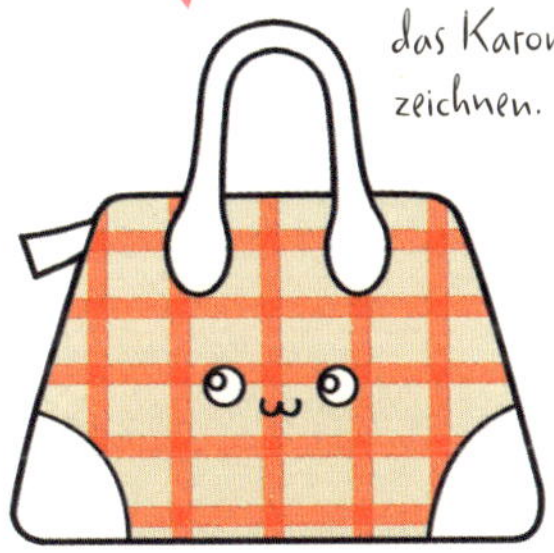

9 Den Henkel, das Reißverschlussende und die Lederflecken an den unteren Ecken ausmalen.

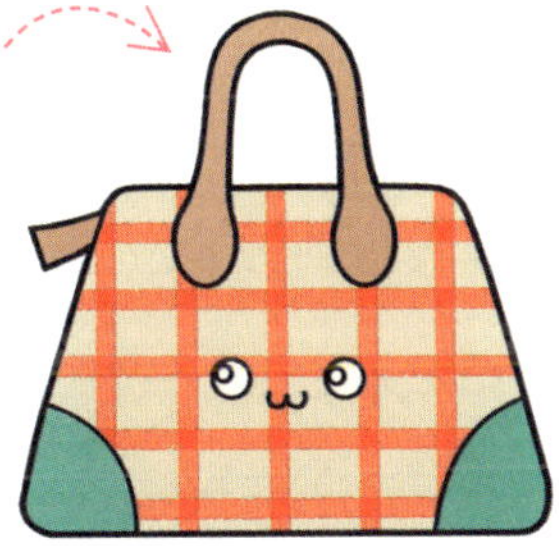

10 Die Augen ausmalen und runde, rosa Wangen hinzufügen. Zuletzt weiße Lichtreflexe in die Augen und auf die Wangen setzen.

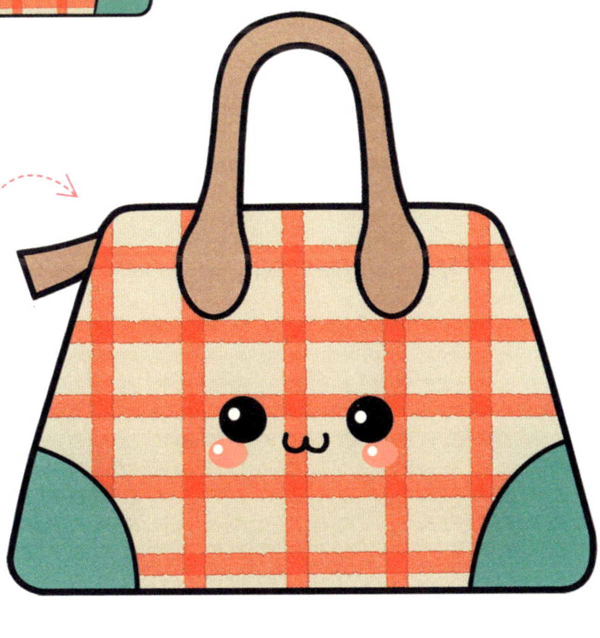

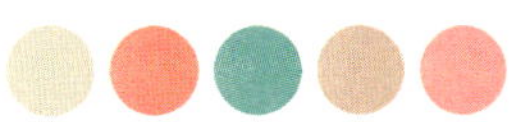

Schmuck

Aus Kreisen in verschiedenen Größen entsteht ein hübsches Set aus Armband und Ohrringen. Nur für den Verschluss muss ein Oval gezeichnet werden.

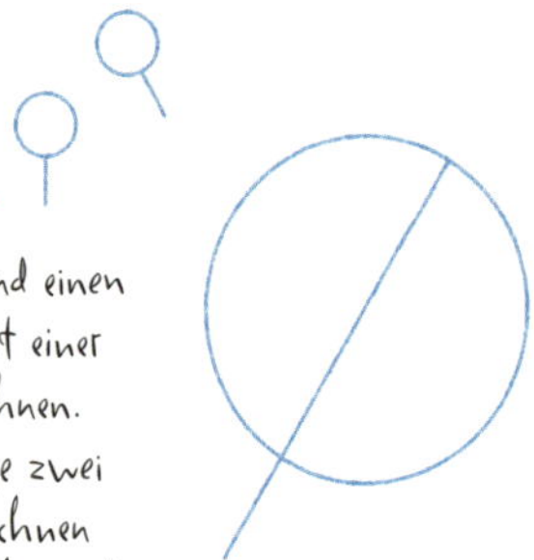

1 Für das Armband einen großen Kreis mit einer Diagonalen zeichnen. Für die Ohrringe zwei kleine Kreise zeichnen und kurze Striche nach unten anfügen.

2 An jeden Ohrring zwei kleine Kreise anfügen.

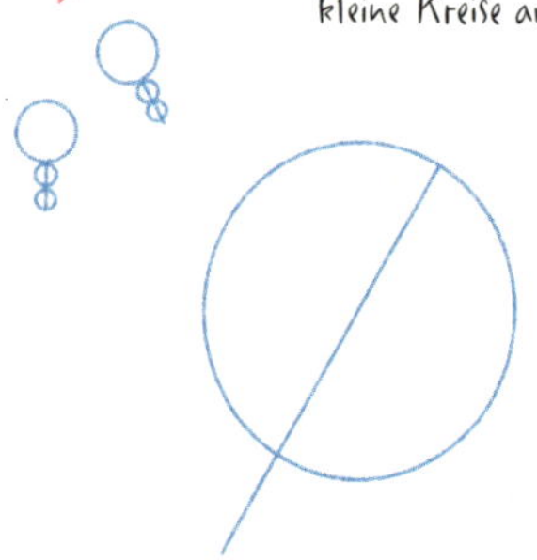

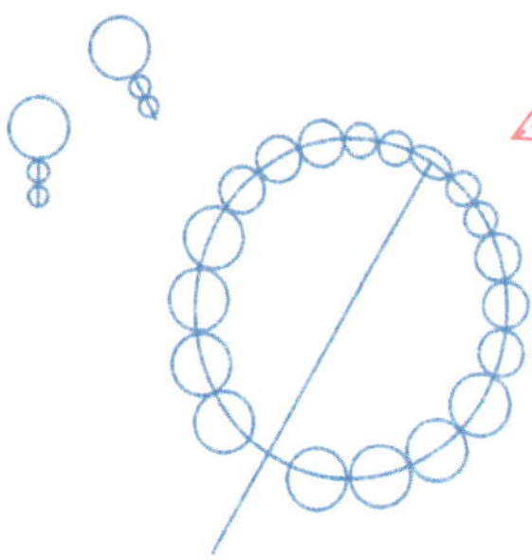

3 Auf dem großen Kreis viele kleine Kreise aneinanderreihen. Das sind die Perlen des Armbands. Am oberen Ende der Diagonalen keinen Kreis, sondern ein Oval zeichnen. Daraus wird der Verschluss entwickelt.

4 Herzförmige Anhänger an die Ohrringe und das Armband anfügen.

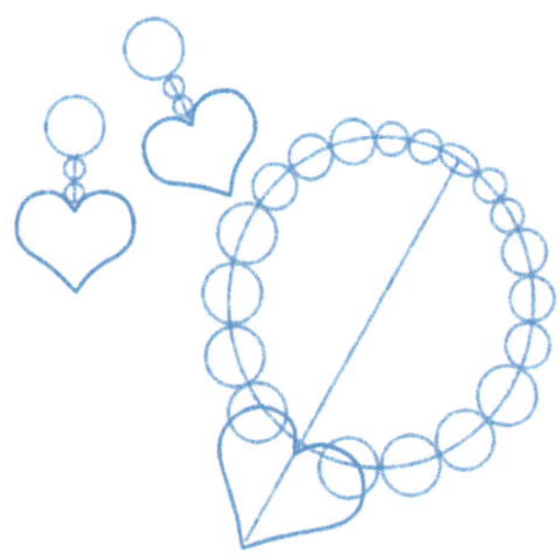

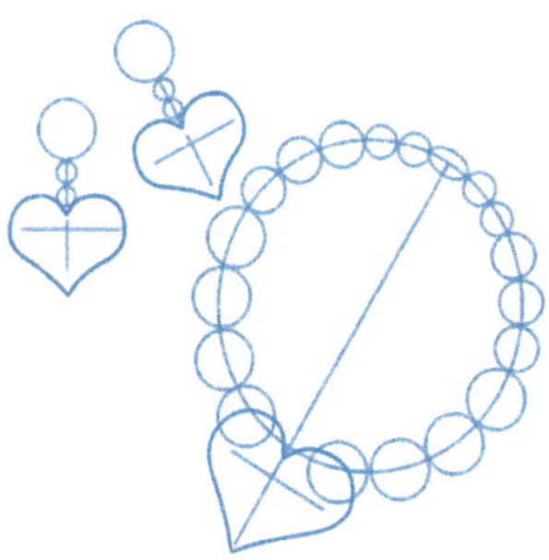

5 In jedes Herz ein Kreuz zeichnen.

6 Augen und Münder auf die Kreuze setzen. Dabei verschiedene Gesichtsausdrücke gestalten.

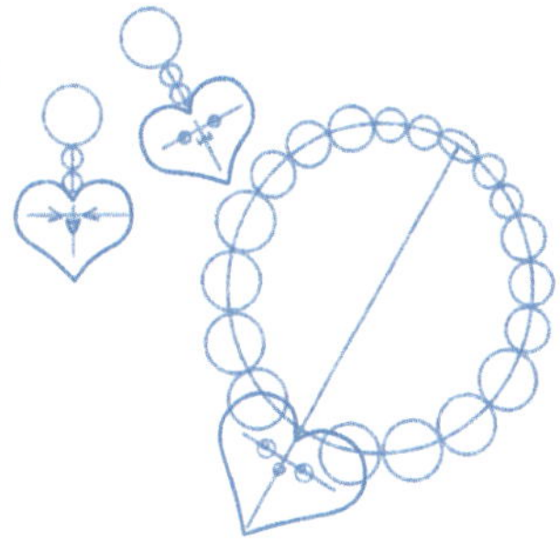

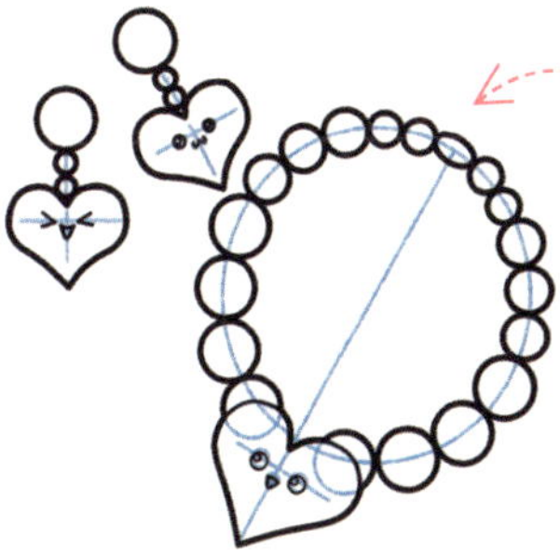

7 Die Linien mit flüssigen, gleichmäßigen Strichen nachzeichnen. Für kleine Details einen dünneren Stift verwenden. Danach den Umriss verstärken.

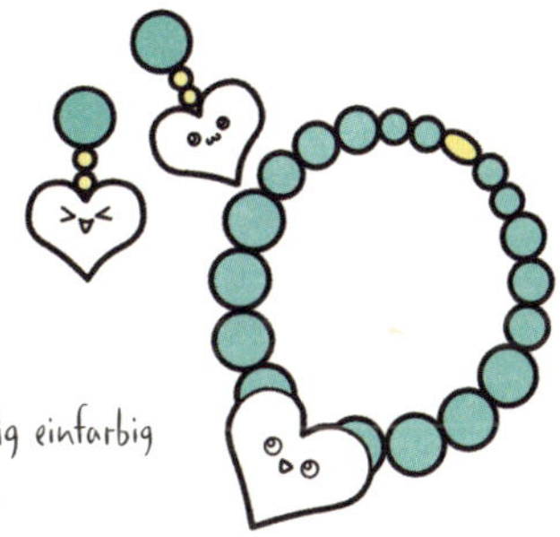

8 Die Perlen gleichmäßig einfarbig kolorieren.

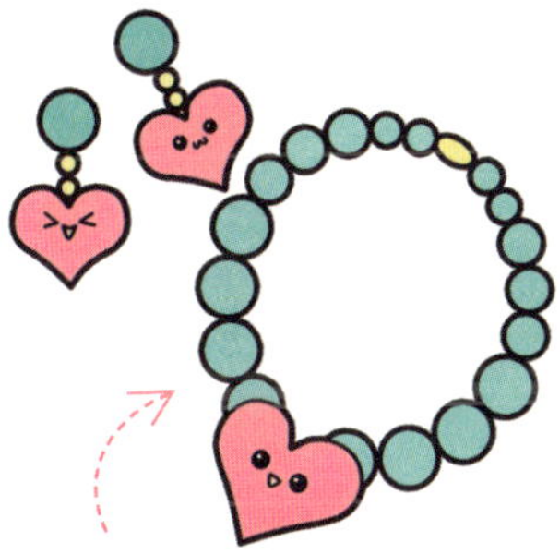

9 Die Herzen ausmalen, dann Augen und Münder kolorieren.

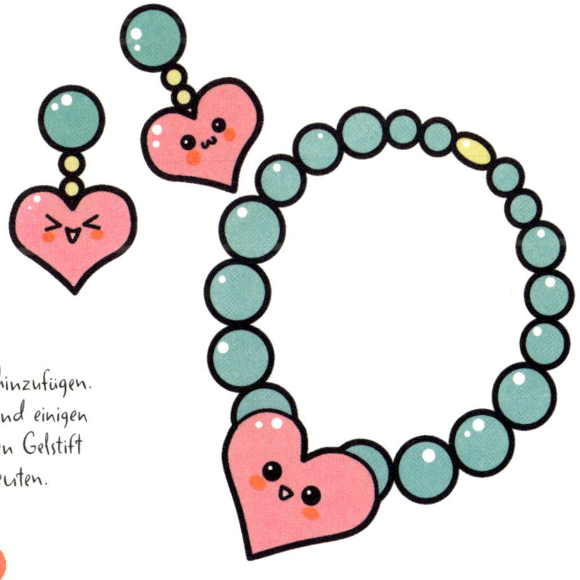

10 Runde rosige Wangen hinzufügen. Auf den Anhängern und einigen Perlen mit einem weißen Gelstift weiße Lichtreflexe andeuten.

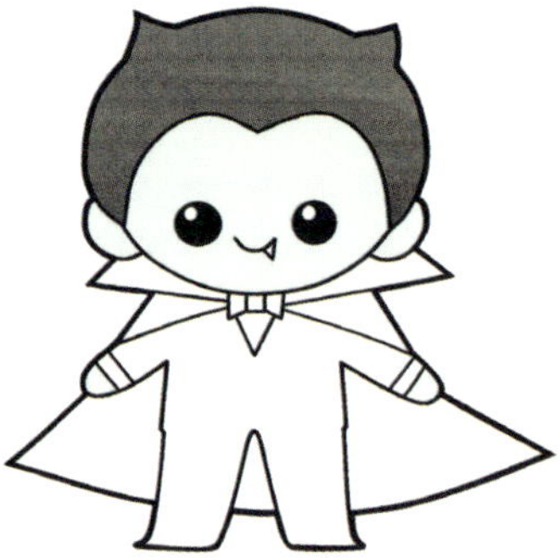
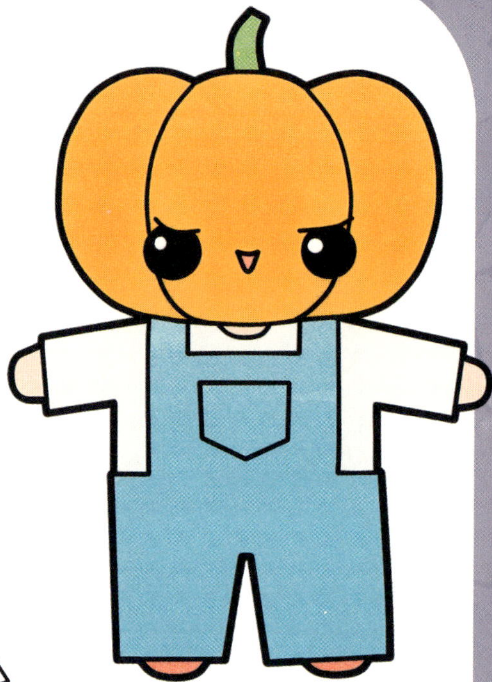
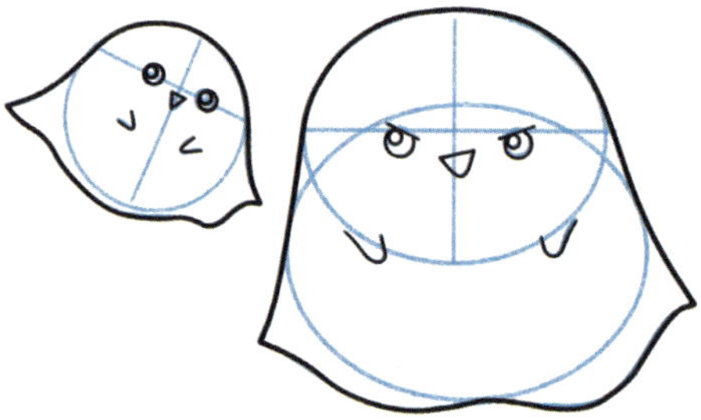
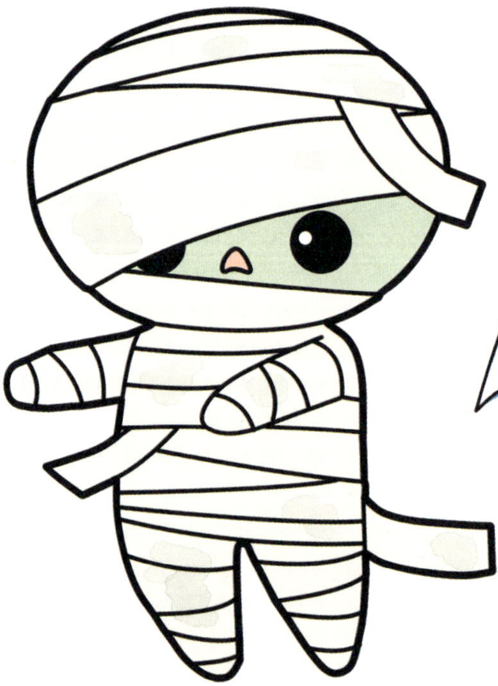
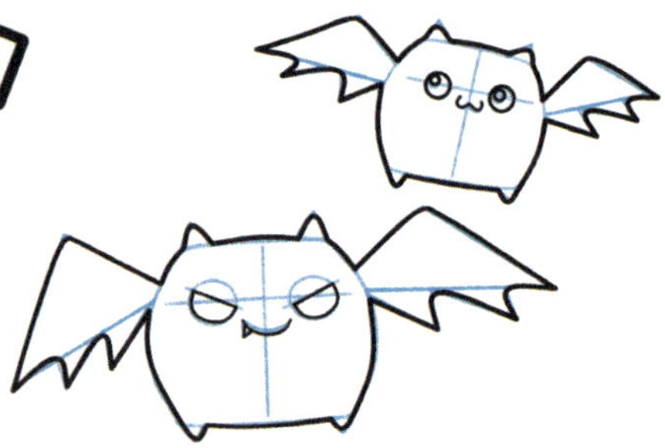

Kawaii-Gruselwesen

Gespenster

Auch in der Kawaii-Welt spukt es manchmal. Mit dunkleren Farben wirken die Gespenster schön unheimlich.

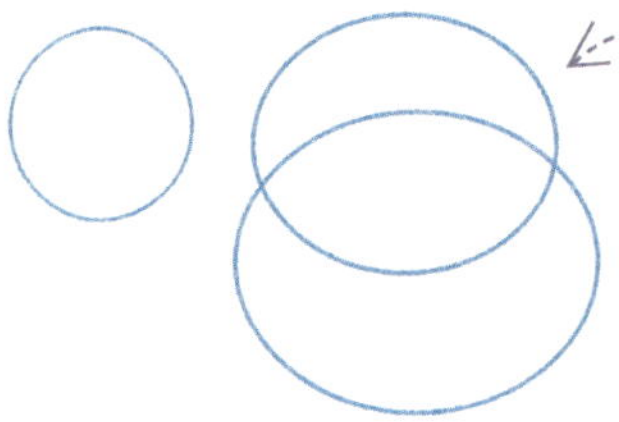

1 Zwei überlappende Kreise zeichnen. Links daneben einen Kreis setzen.

2 Die beiden Ovale verbinden und einen welligen Saum hinzufügen. Auch der kleinere Kreis links davon bekommt einen welligen Saum.

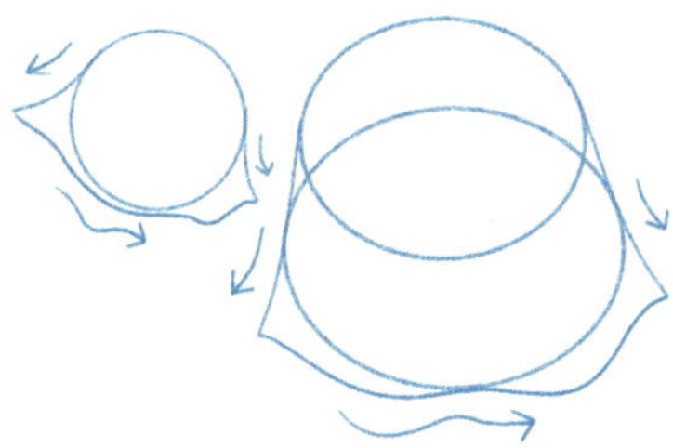

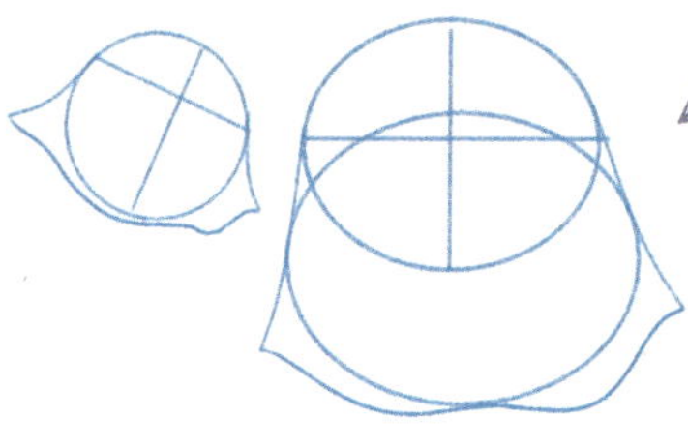

3 In den Kreis und das obere Oval je ein Kreuz zeichnen.

4 Die Augenpaare auf den Waagerechten einzeichnen. An die Augen des größeren Gespensts kleine schräge Striche anfügen. So sieht es etwas bösartiger aus.

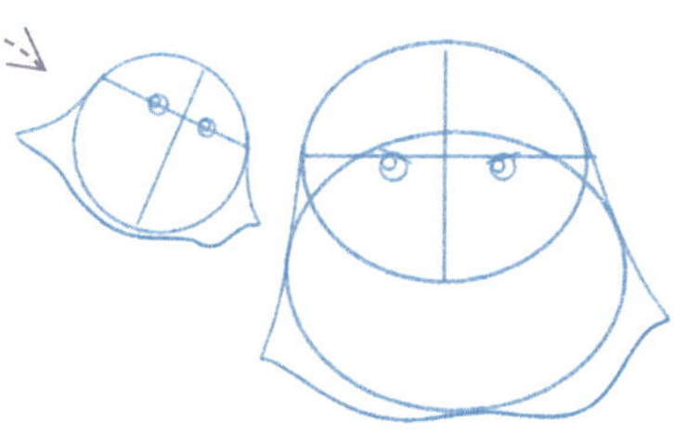

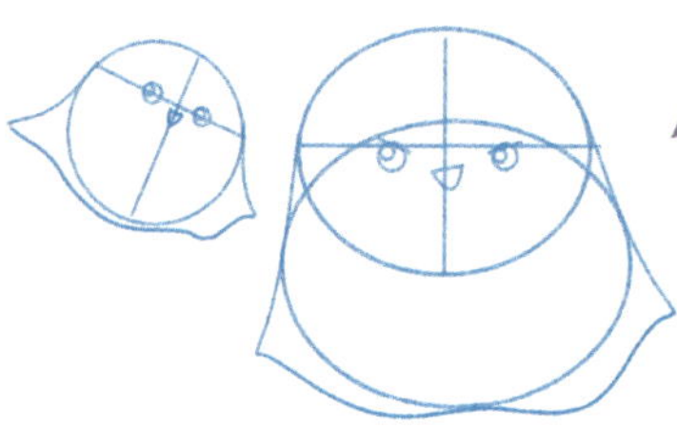

5 Die Münder einzeichnen. Der Mund des rechten Gespensts sitzt etwas schräg.

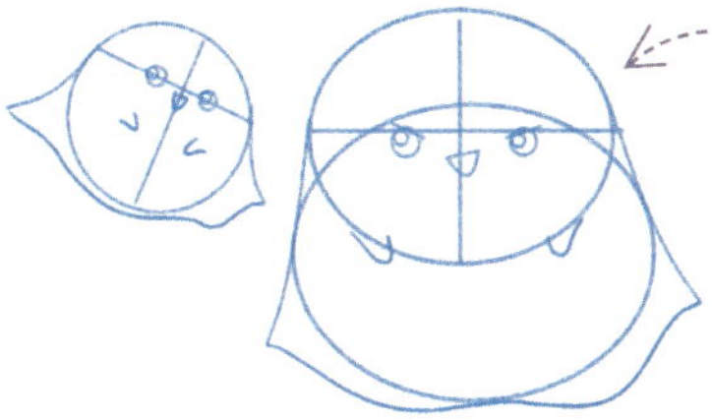

6 Kleine U-förmige Hände einzeichnen.

7 Die Linien mit flüssigen, gleichmäßigen Strichen nachzeichnen. Dann die Konturen verstärken.

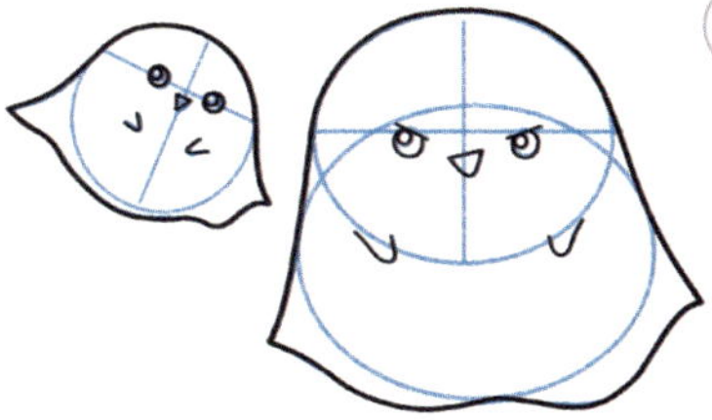

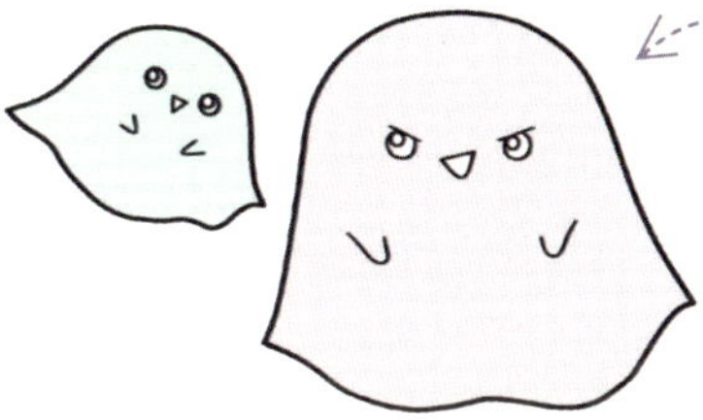

8 Die Formen gleichmäßig und einfarbig kolorieren. Etwas dunklere Pastellfarben verwenden, damit die Gespenster ein bisschen gruselig aussehen.

9 Augen und Münder ausmalen. Durch einen Schatten zwischen den Augen sieht das rechte Gespenst ein bisschen bösartiger aus.

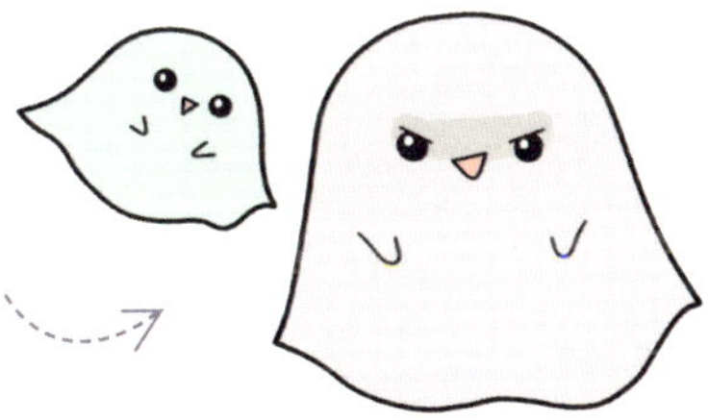

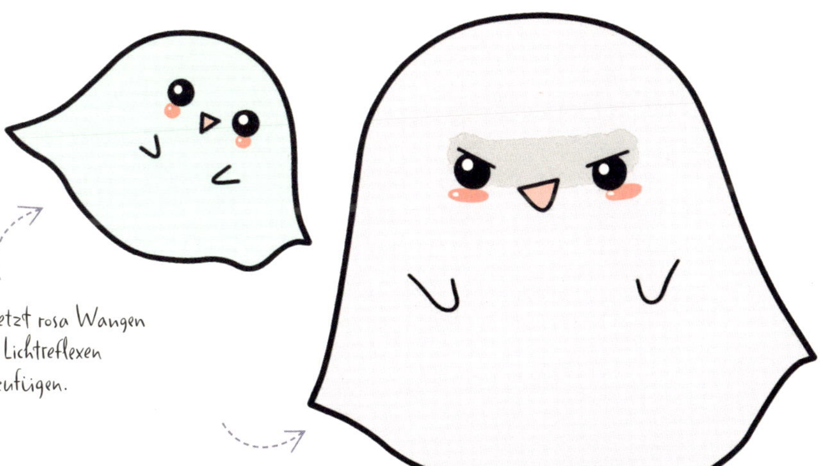

10 Zuletzt rosa Wangen mit Lichtreflexen hinzufügen.

Mumie

Bei dieser gar nicht so gruseligen Mumie müssen vor allem die vielen Bandagen sorgfältig gezeichnet werden.

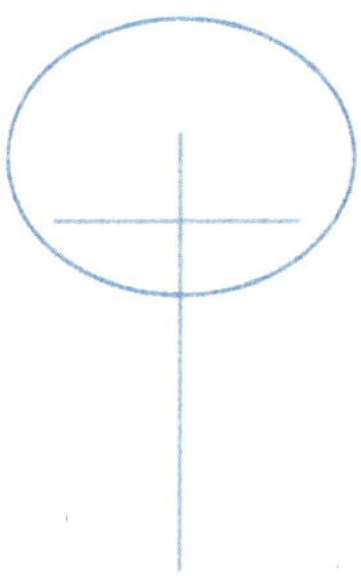

1 Mit einem Oval beginnen. Ein nach unten verlängertes Kreuz in die untere Hälfte zeichnen.

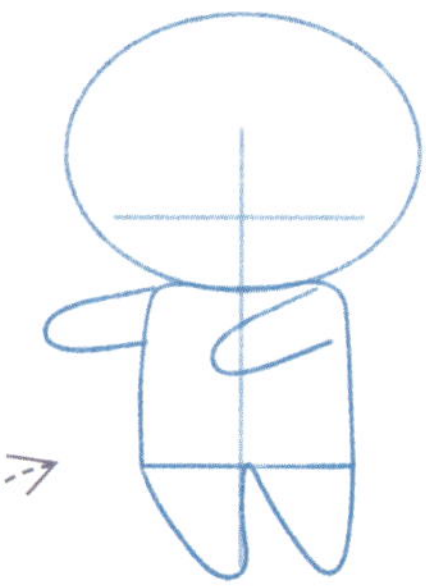

2 Für den Rumpf ein Viereck mit abgerundeten Ecken zeichnen. Die Beine skizzieren und Wurstformen für die Arme zeichnen. Beide Arme zeigen in dieselbe Richtung.

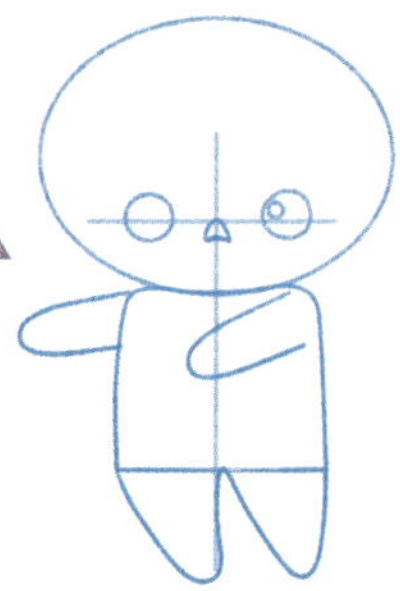

3 Augen und Mund anhand der Hilfslinien einfügen. Ins rechte Auge einen Lichtreflex zeichnen.

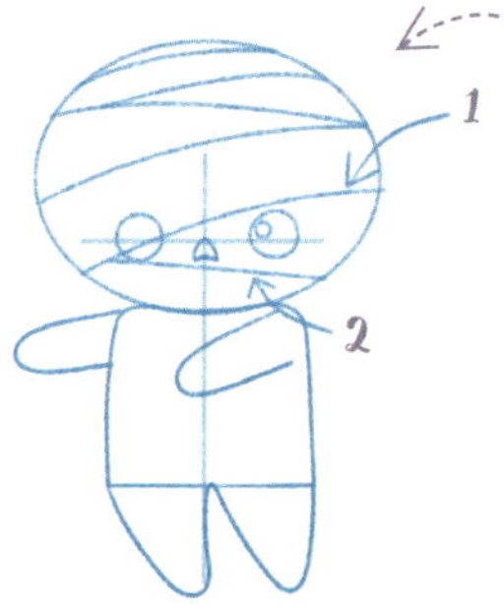

4 Die erste Bandage als Bogen zeichnen (1). Sie bedeckt die Hälfte des linken Auges. Einen zweiten Strich anfügen (2). Das ist der Teil des Gesichts, der nicht von Bandagen verdeckt ist. Auf den restlichen Kopf ungefähr parallel verlaufende Bögen zeichnen.

5 Bandagen an Armen und Beinen hinzufügen.

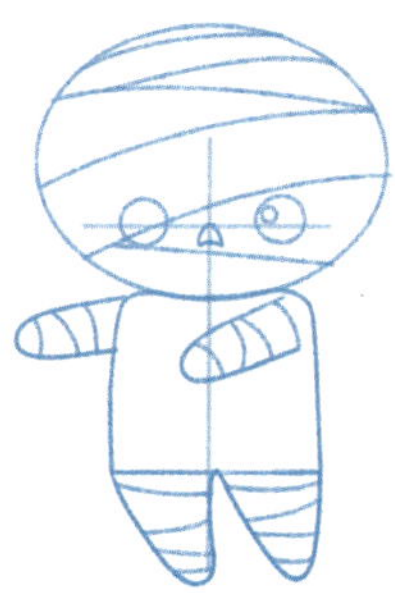

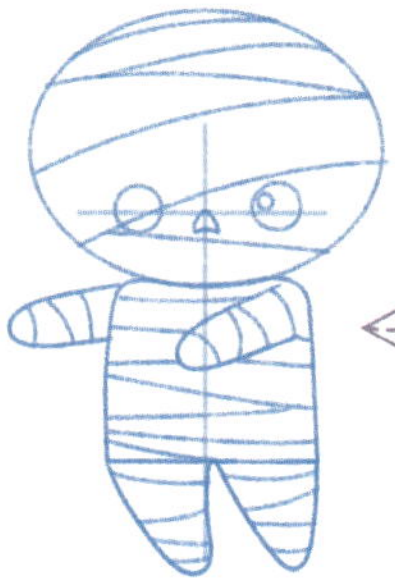

6 Dann folgen die Bandagen am Körper.

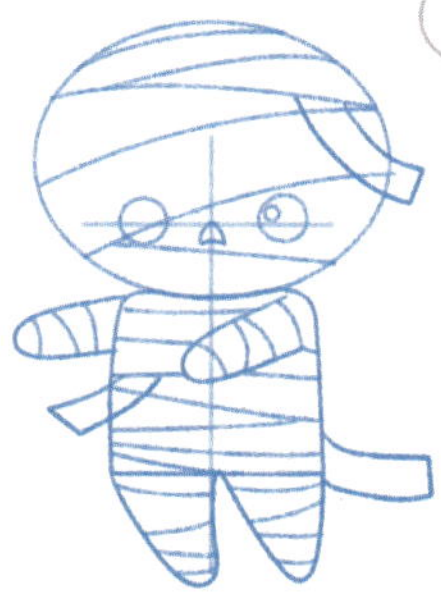

7 Die Enden von drei Bandagen als gekrümmte Rechtecke einzeichnen. Jedes muss unter einer gewickelten Bandage hervorkommen.

8 Die Linien mit flüssigen, gleichmäßigen Strichen nachzeichnen. Danach den Umriss verstärken.

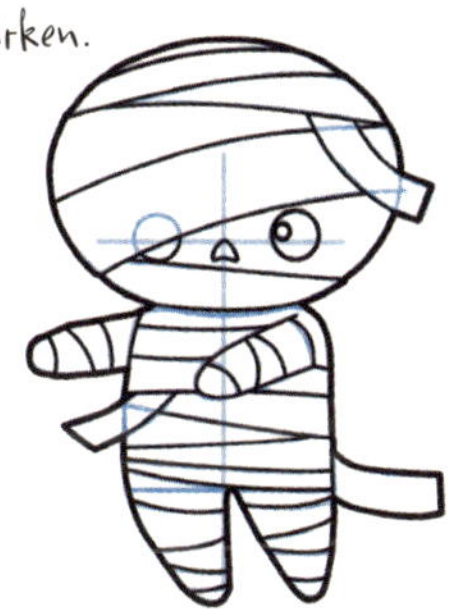

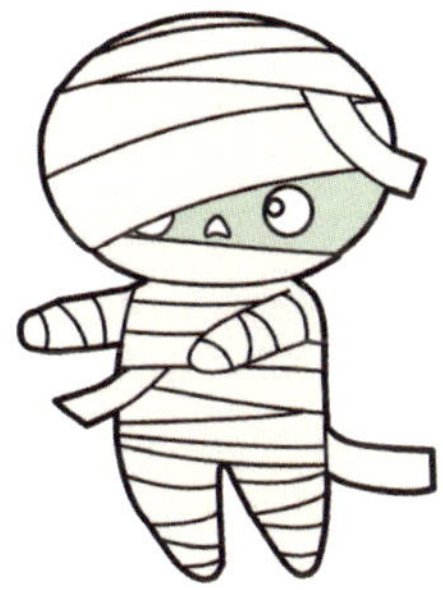

9 Das Gesicht mit einem blassen Moosgrün ausmalen. Augen und Mund bleiben vorerst weiß. Für die Bandagen ein sehr helles Grau verwenden.

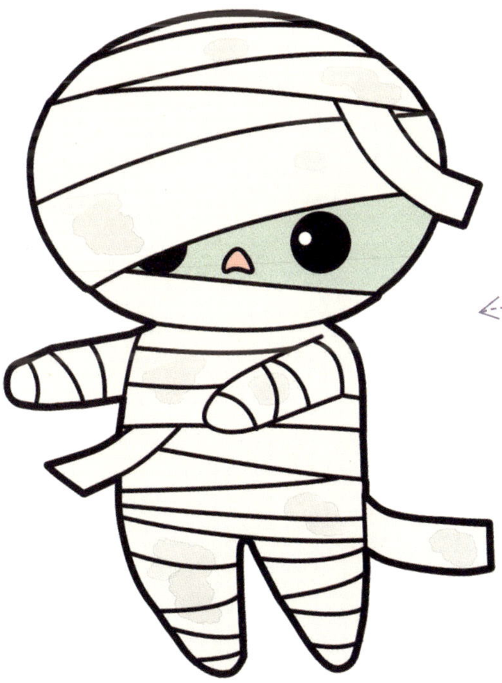

10 Augen und Mund kolorieren. Zuletzt etwas Schmutz auf den Bandagen andeuten.

Kürbiskopf

Die Augen des Kürbiskopfs schauen ein bisschen böse, aber durch die Latzhose wirkt die Figur trotzdem niedlich.

1 Ein etwas kantiges Oval zeichnen. Im unteren Bereich ein Kreuz einfügen, das nach unten verlängert ist.

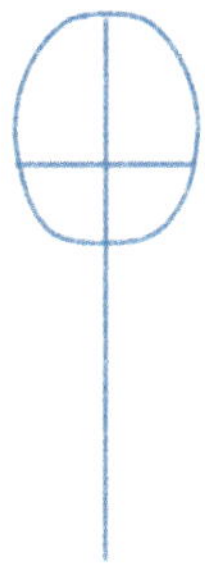

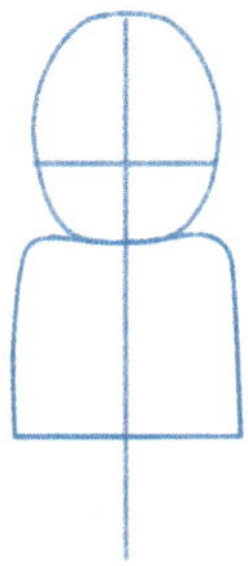

2 Für den Rumpf ein Viereck mit abgerundeten oberen Ecken anfügen.

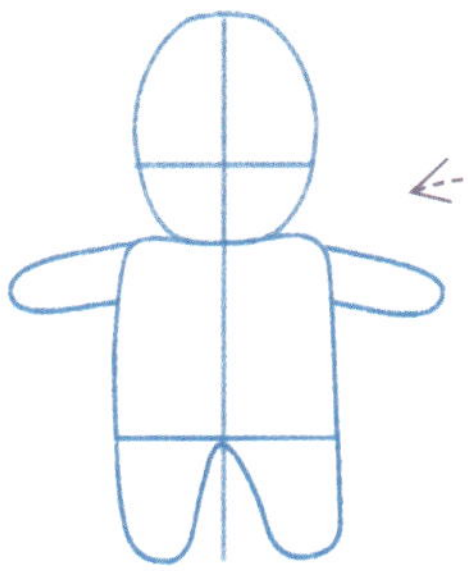

3 Arme und Beine durch gedrungene Wurstformen andeuten, die vom Körper abgespreizt sind.

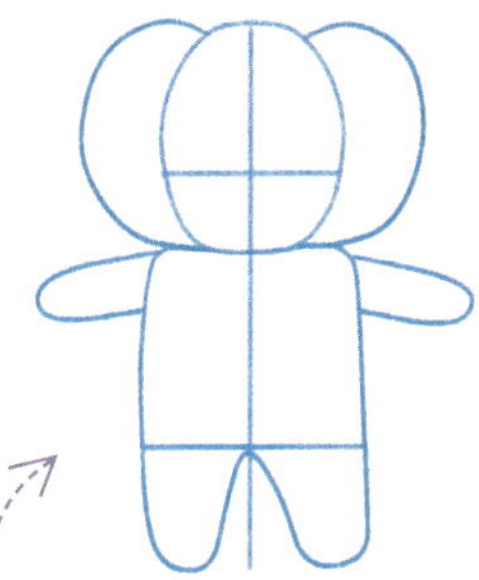

4 An jede Seite des Kopfs eine Halbmondform anfügen.

5 Augen und Mund auf den Hilfslinien einzeichnen. Für den intensiven Blick die Augenbrauen durch sehr flache Bögen andeuten. Ein kleines Viereck auf dem Kopf stellt den Stiel des Kürbisses dar.

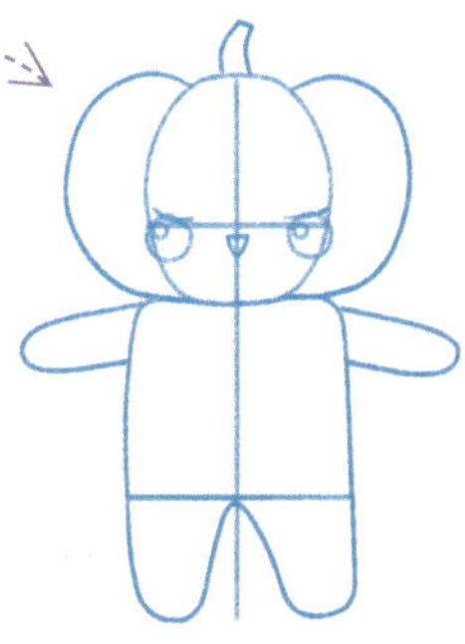

6 Die Latzhose zeichnen. Mit der Hose beginnen (1). Dann folgen die Umrisse eines T-Shirts mit langen Ärmeln (2). Den Halsausschnitt durch eine U-Form unter dem Kopf andeuten (3).

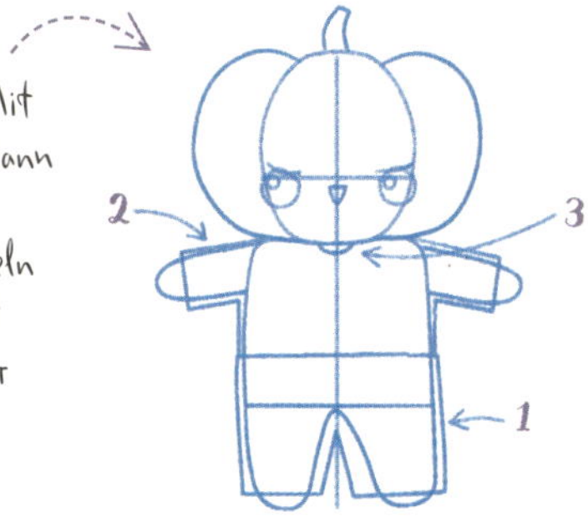

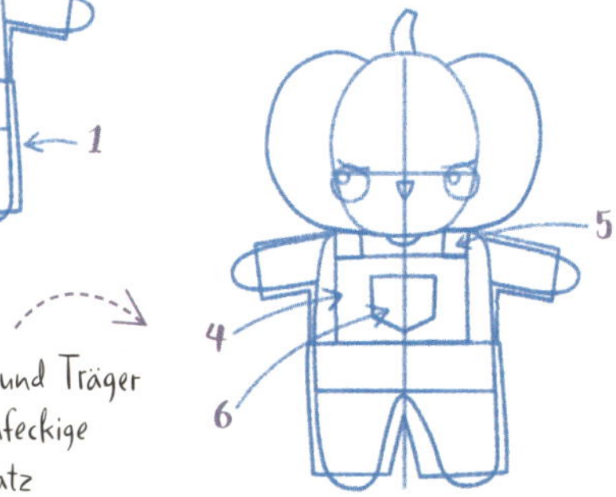

7 Nun folgen Latz (4) und Träger (5). Zuletzt eine fünfeckige Tasche (6) auf den Latz zeichnen.

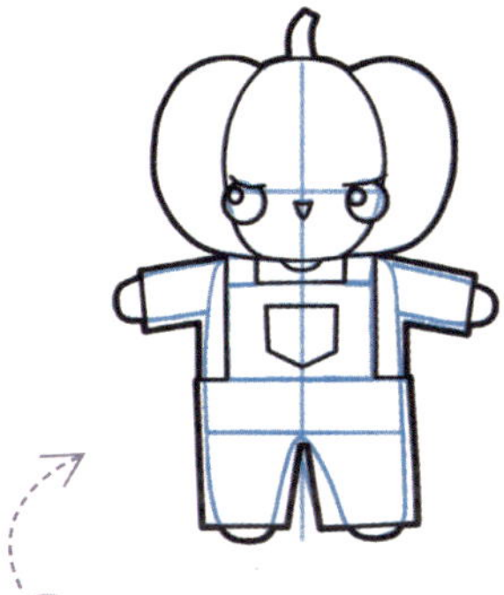

8 Die Linien mit flüssigen, gleichmäßigen Strichen nachzeichnen. Danach den Umriss verstärken.

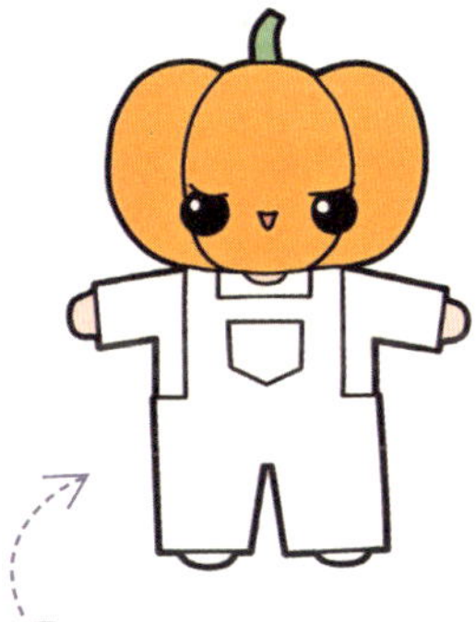

9 Den Kopf gleichmäßig mit Orange kolorieren. Grün für den Stiel verwenden, Rosa für den Mund. Hände und Hals mit heller Hautfarbe ausmalen.

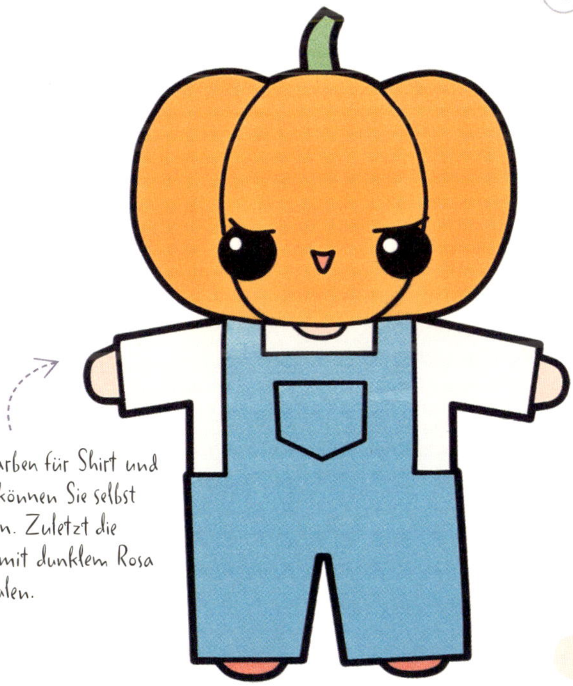

10 Die Farben für Shirt und Hose können Sie selbst wählen. Zuletzt die Füße mit dunklem Rosa ausmalen.

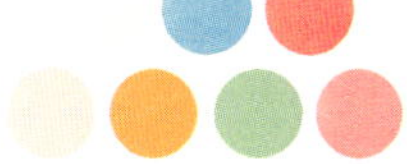

Fledermaus

Diese Fledermäuse werden aus verschiedenen Dreiecken aufgebaut.
Durch den spitzen Zahn und die gelben Augen wirken sie schön unheimlich.

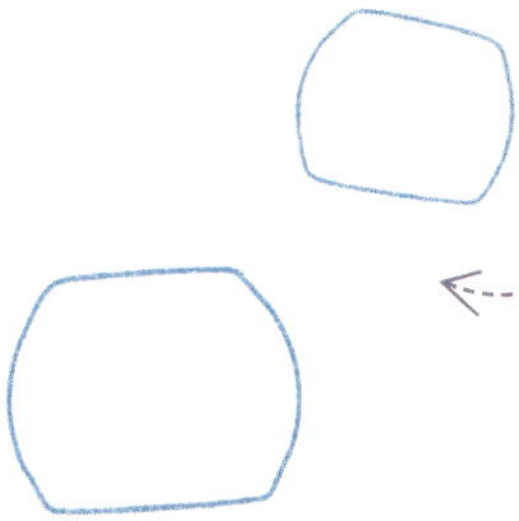

1 Mit zwei abgerundeten Vierecken beginnen. Eins ist etwas größer als das andere.

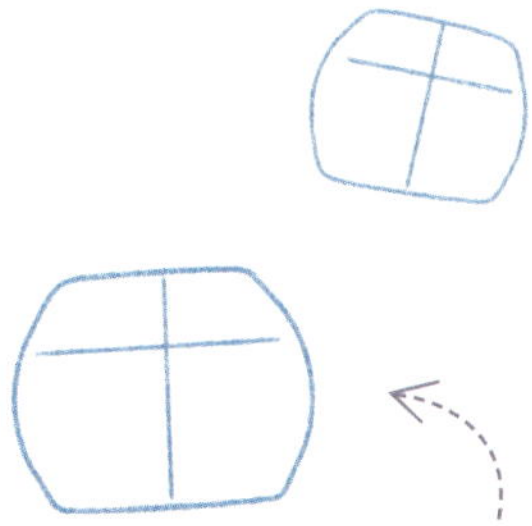

2 In jede Grundform ein Kreuz zeichnen. Die Waagerechte liegt etwas über der Mitte.

3 Kreise für die Augen einzeichnen. Bei der linken Fledermaus schräge Striche durch die Augen ziehen. So ergeben sich Halbmondformen für den bösen Blick. Lichtreflexe in die Augen der kleinen Fledermaus einfügen.

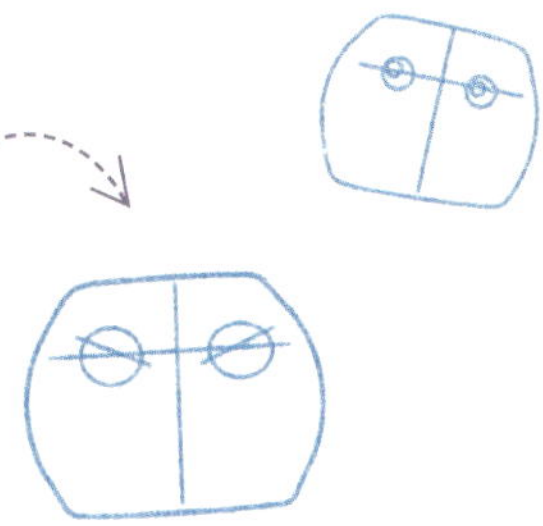

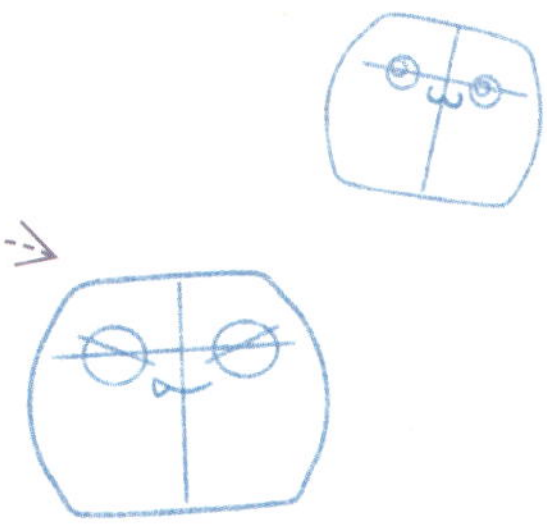

4 Die kleine Fledermaus bekommt einen W-förmigen Mund, die größere einen bogenförmigen Mund, aus dem ein spitzer Zahn herausragt.

5 Rechts und links an die Körper dreieckige Flügel anfügen.

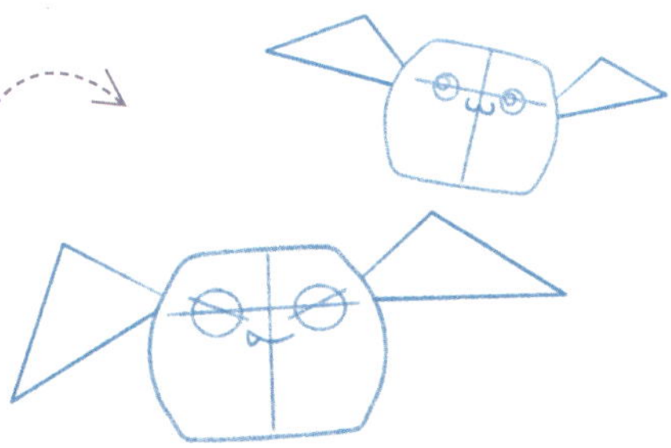

6 Unter jeden Flügel zwei kleinere Dreiecke setzen.

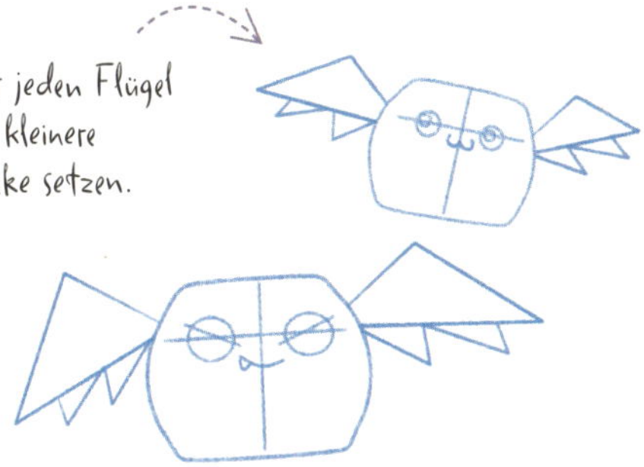

7 Ohren und Beine durch winzige Dreiecke darstellen.

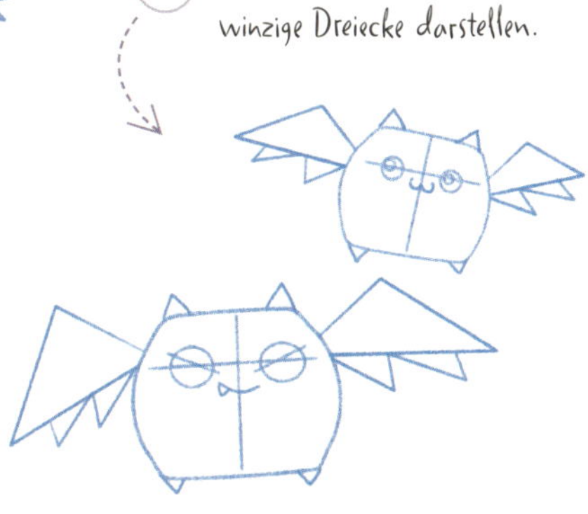

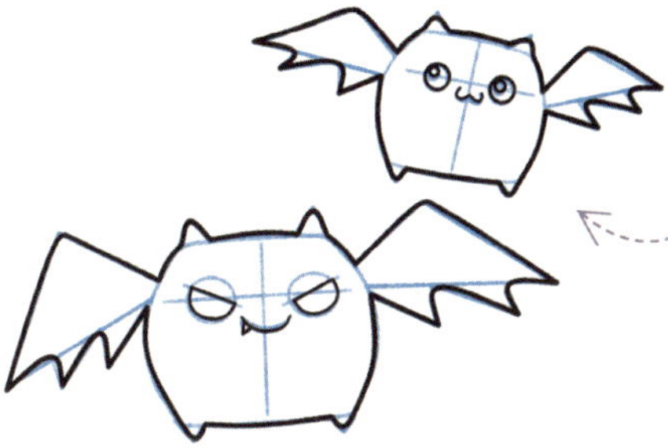

8 Die Linien mit flüssigen Strichen nachzeichnen, dabei die Ecken abrunden. Dann die Konturen gleichmäßig und etwas dicker nachziehen.

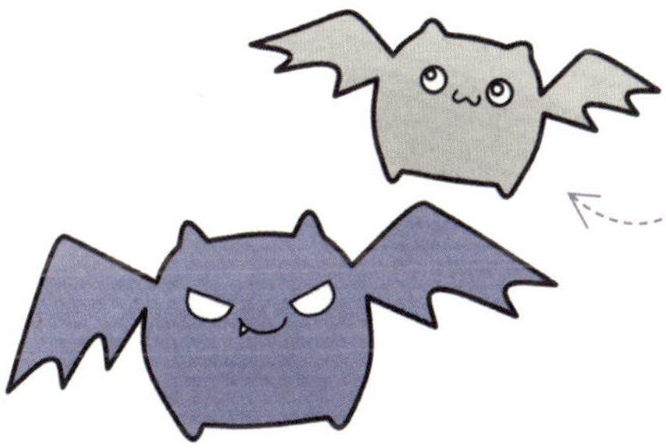

9 Die Fledermäuse gleichmäßig einfarbig kolorieren.

10 Die kleine Fledermaus bekommt schwarze Augen mit weißen Lichtreflexen. Die große Fledermaus hat gelbe Augen, die im Dunkeln zu leuchten scheinen. Rosa Wangen mit weißen Lichtreflexen hinzufügen.

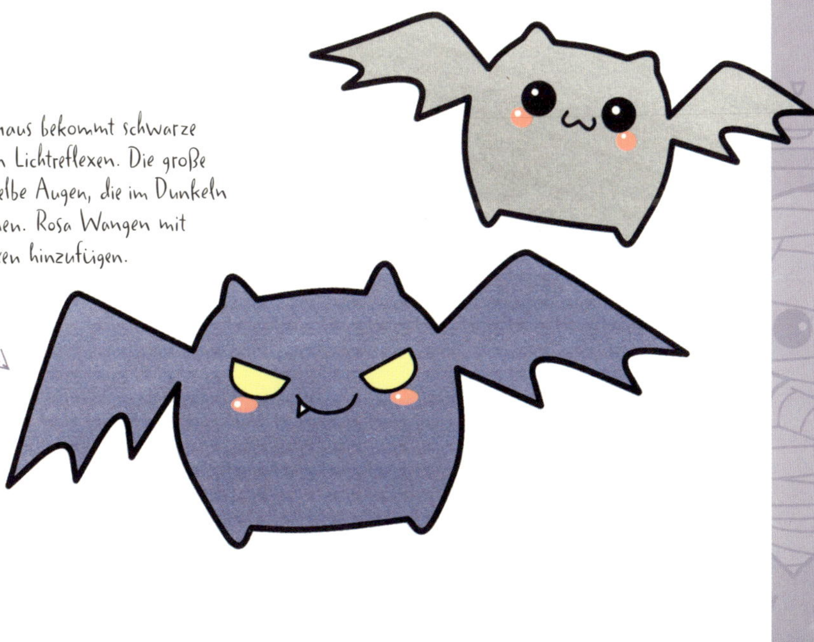

Vampir

Lila ist für Vampire eine besonders kleidsame Farbe. Sie können diesen kleinen Kerl aber auch nach eigenem Geschmack kolorieren.

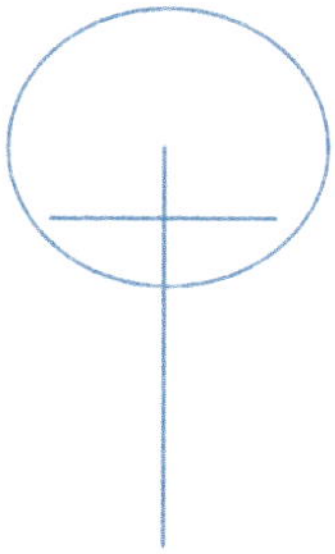

1 Mit einem Oval beginnen. Ein nach unten verlängertes Kreuz hinzufügen.

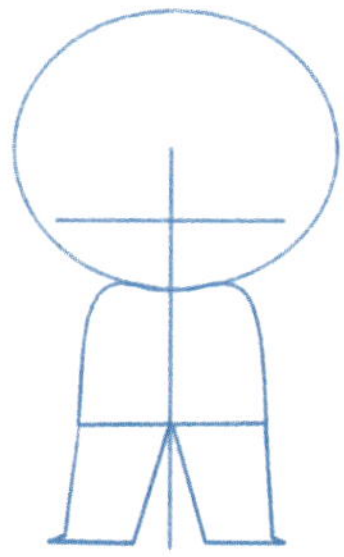

2 Den Körper durch eine Glockenform andeuten. Zwei Rechtecke für die Beine anfügen. Die äußeren Enden etwas spitz zeichnen, um winzige Füße anzudeuten.

3 Die Arme durch Wurstformen andeuten. Augen und Mund anhand der Hilfslinien hinzufügen. Ein Zacken in einem Mundwinkel stellt einen Vampirzahn dar.

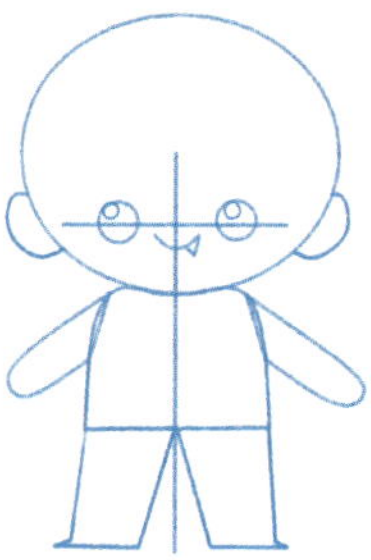

4 Die Haare wie einen Helm einzeichnen. Der Haaransatz verläuft nicht im glatten Bogen, sondern hat vorn in der Mitte eine Spitze. Die Hörner durch zwei kleine Dreiecke andeuten.

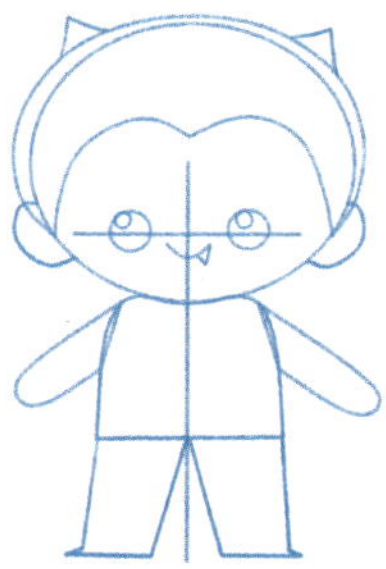

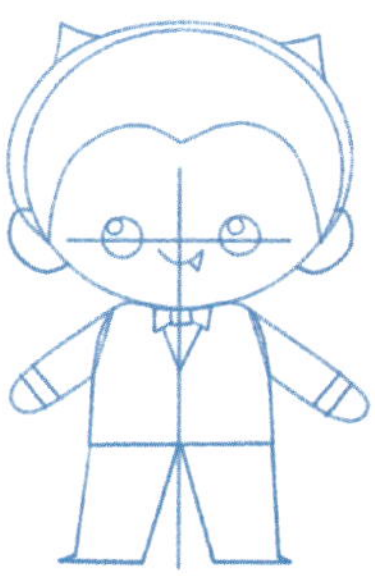

5 Unter dem Kinn einen V-Ausschnitt und eine Fliege zeichnen. Die Manschetten, die aus den Ärmeln herausschauen, durch kurze Striche andeuten.

6 Der Umhang wird aus sieben Dreiecken aufgebaut. (1) und (2) bilden den Kragen, (3) und (4) die Pelerine um die Schultern. (5), (6) und (7) stellen den eigentlichen Umhang dar.

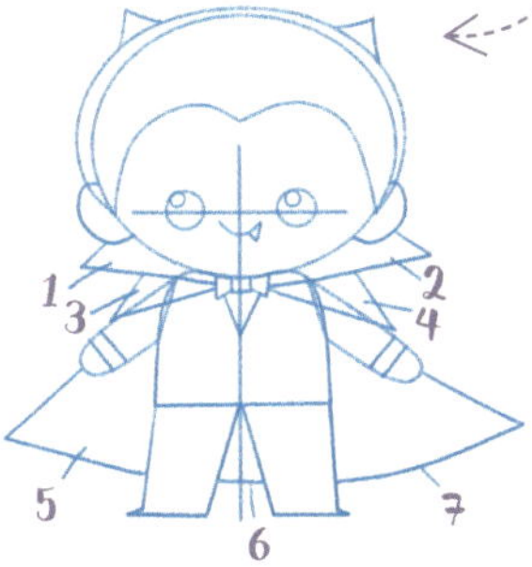

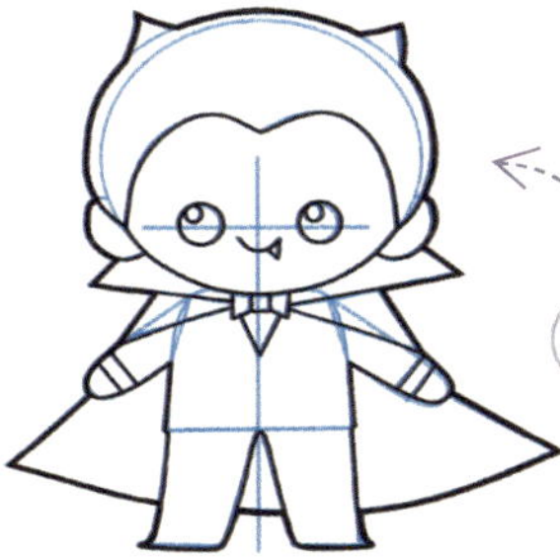

7 Die Linien mit flüssigen, gleichmäßigen Strichen nachzeichnen. Dann die Konturen gleichmäßig verstärken.

8 Haare, Gesicht, Ohren und Hände kolorieren. Für die Haut ein Blaugrau verwenden, um zu zeigen, dass es sich hier um ein Monster handelt.

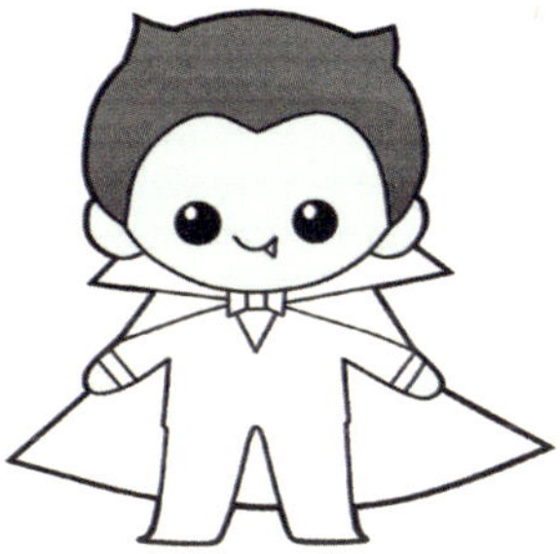

9 Die Innenseite des Umhangs violett kolorieren, die Außenseite schwarz. Die Außenseite sieht man an den Schultern. Den Anzug mit Grau ausmalen.

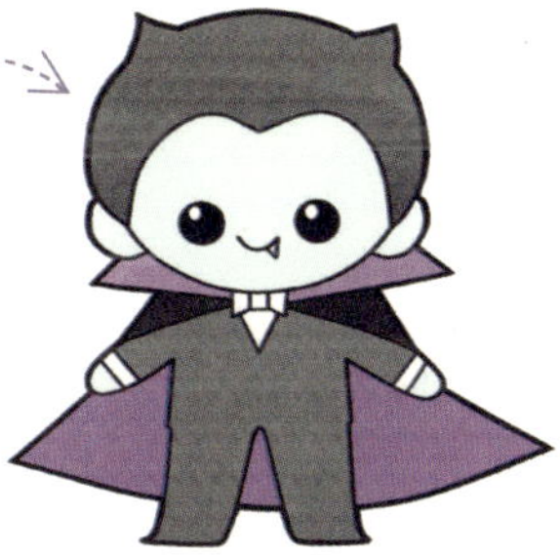

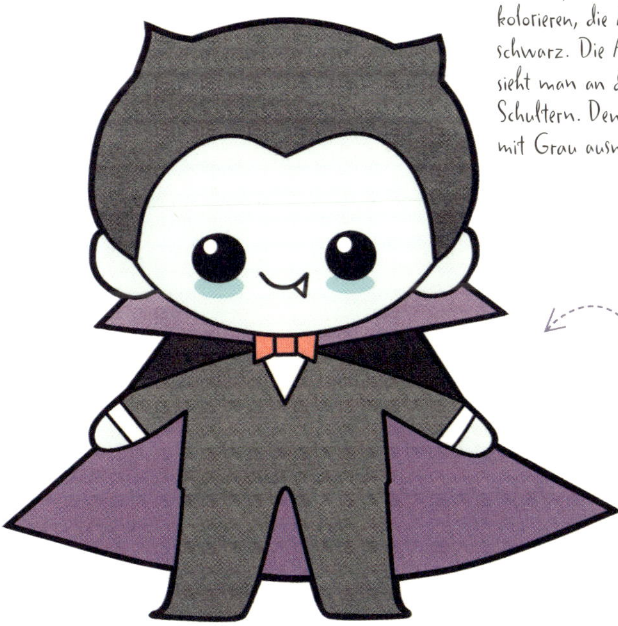

10 Die Fliege ausmalen. Zuletzt bekommt der Vampir noch Wangen in ungesundem Blau.

Hexe

Die kleine Hexe wird aus verschiedenen einfachen Formen zusammengesetzt und bekommt selbstverständlich auch einen Besen.

1 Mit einem Oval beginnen. Ein nach unten verlängertes Kreuz hinzufügen.

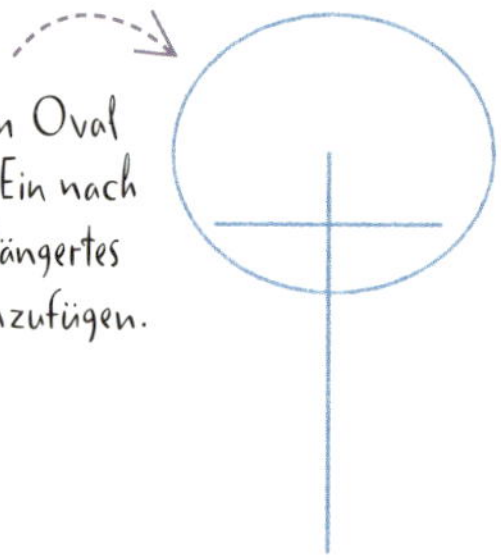

2 Für das Kleid eine Glockenform anfügen, die an einer Seite etwas nach außen ausschwingt.

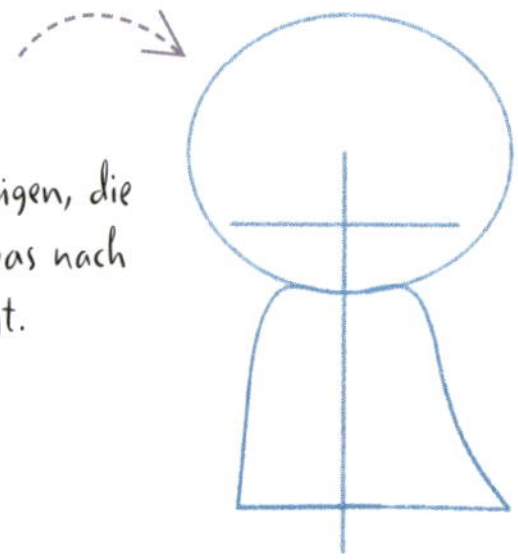

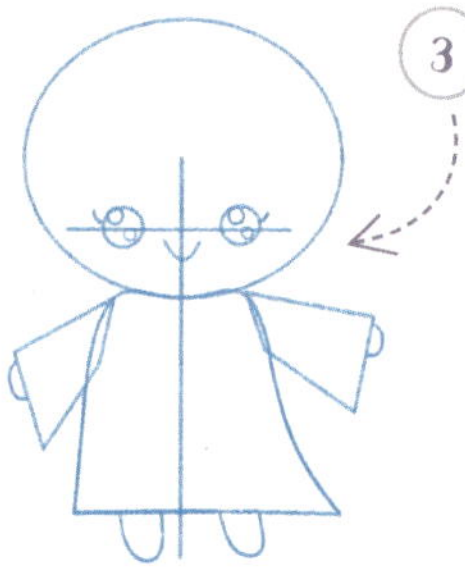

3 Dreiecke für die Ärmel und winzige Halbkreise für die Hände anfügen. Darunter kleine U-Formen für die Füße zeichnen. Augen und Mund anhand der Hilfslinien hinzufügen

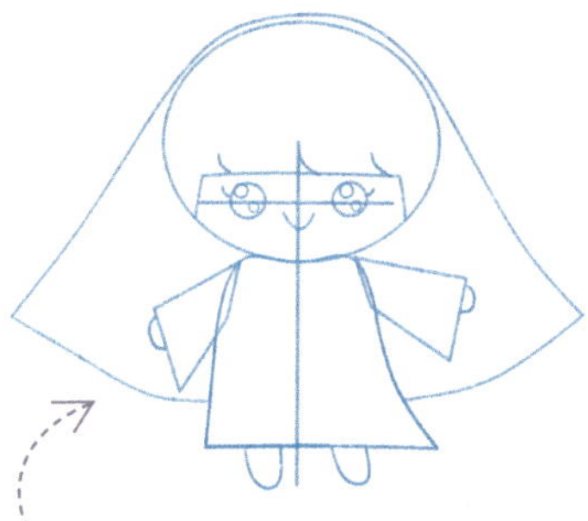

4 Die Haare wie einen Helm auf den Kopf zeichnen, dabei über dem Gesicht einige Ponyfransen andeuten. Für die lang herabhängenden Haare eine umgekehrte Fächerform skizzieren.

5 Für den Hexenhut mit einem Trapez beginnen (1) und zwei Dreiecke (2) und (3) hinzufügen.

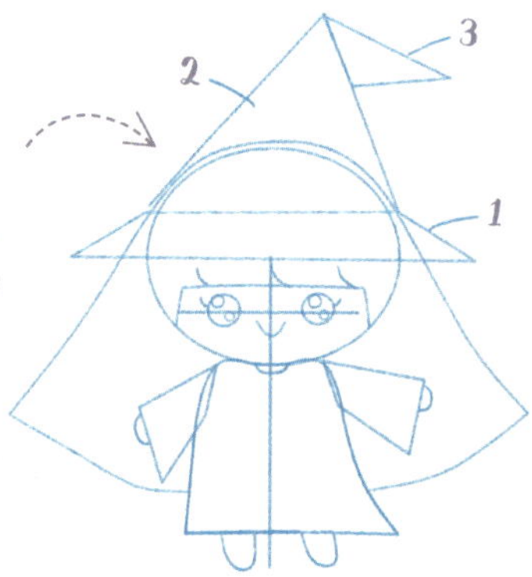

6 Die Umrisse des Huts etwas abrunden und ein Hutband einzeichnen. Den Gürtel und den Halsausschnitt des Kleids hinzufügen.

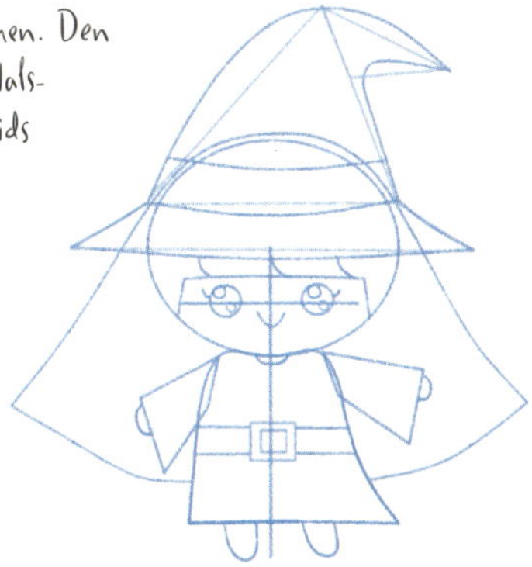

7 Den Besen aus einem großen und einem kleinen Trapez (für die Borsten) und einem langen Rechteck (für den Stiel) aufbauen.

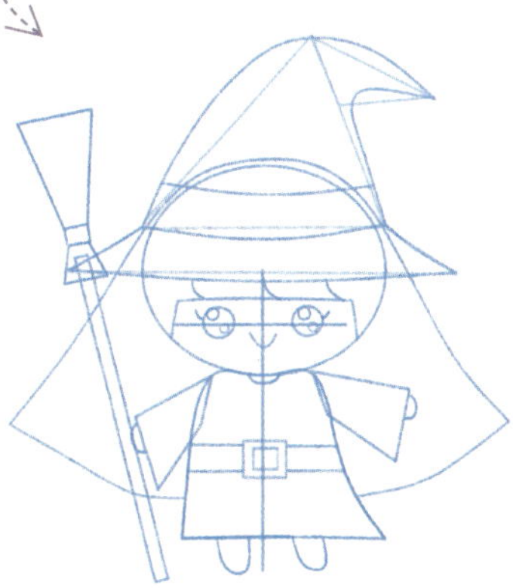

8 Die Linien mit flüssigen, gleichmäßigen Strichen nachzeichnen. Die Kontur der Haare wellig zeichnen. Dann alle Konturlinien gleichmäßig verstärken.

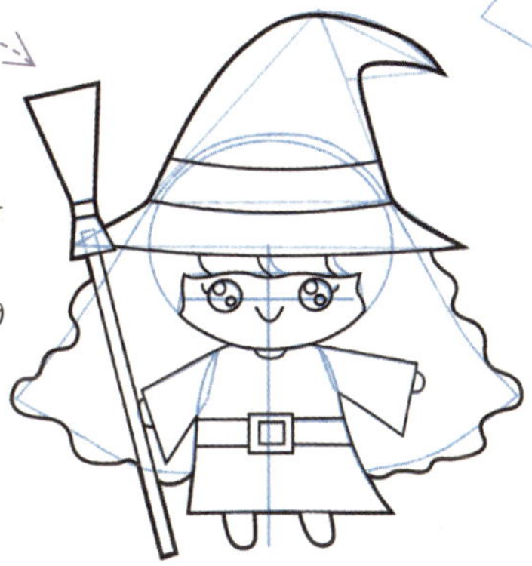

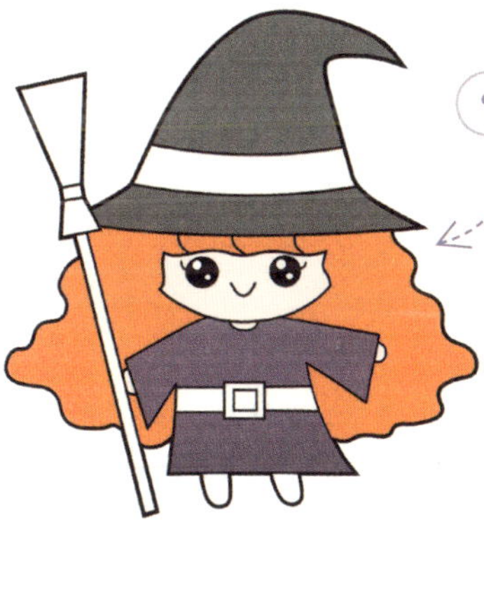

9 Die Farben für Haut und Haare können Sie selbst wählen. Die Farben schön gleichmäßig auftragen.

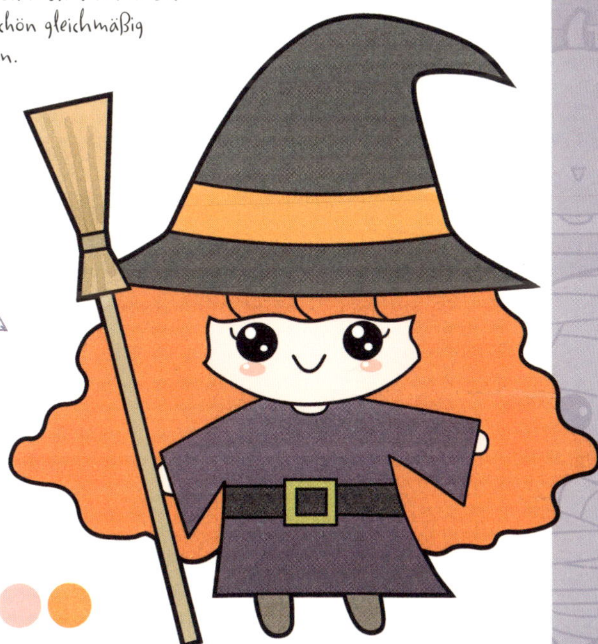

10 Die letzten Details kolorieren. Die Borsten des Besens mit einem dunkleren Braun herausarbeiten. Der Gürtel ist grau mit messingfarbener Schnalle. Zuletzt braune Beine und rosa Wangen mit Lichtreflexen hinzufügen.

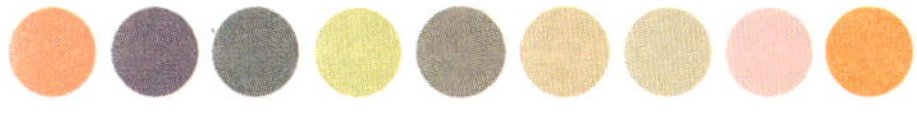

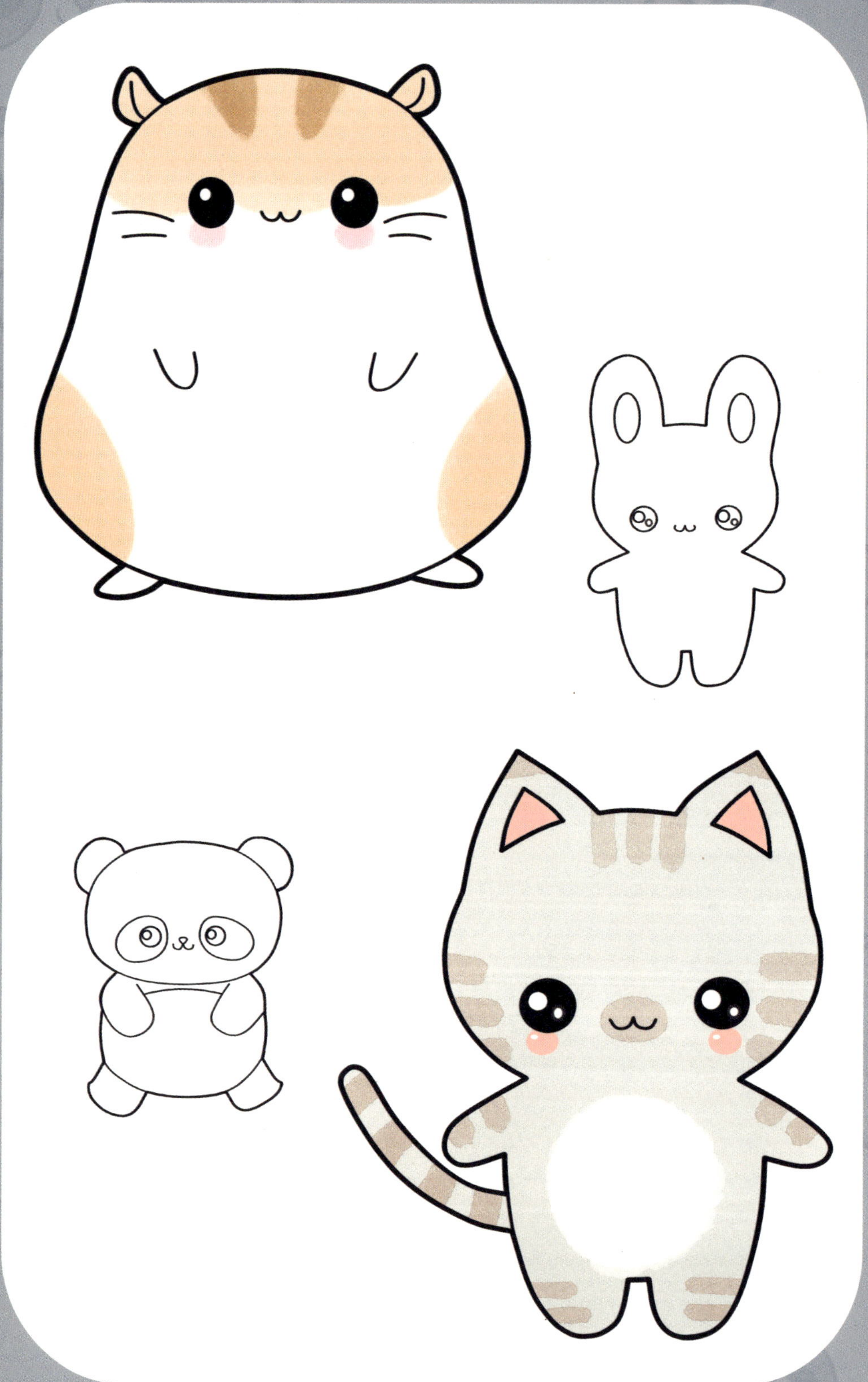

Kawaii-Tiere

Panda

Der niedliche Panda wird hauptsächlich aus weich gerundeten Ovalen aufgebaut.

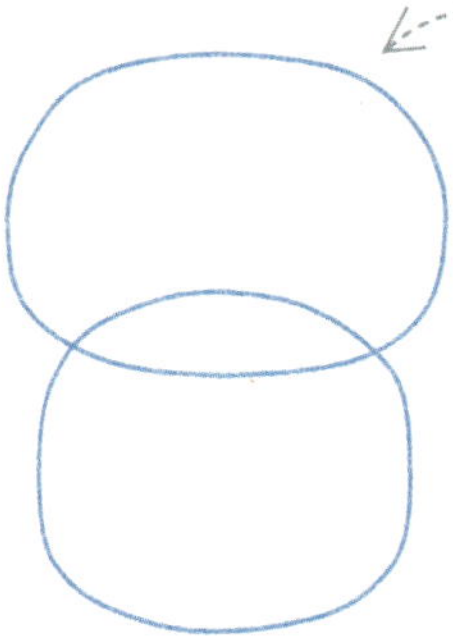

1 Mit zwei überlappenden rundlichen Formen für Kopf und Körper beginnen.

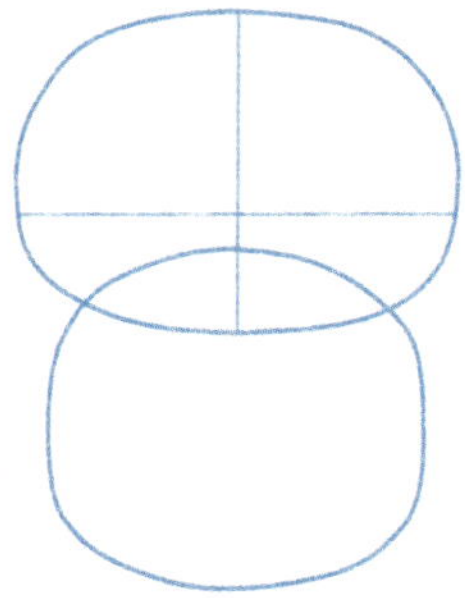

2 Ein Kreuz in die obere Form zeichnen. Die Waagerechte sitzt etwas unterhalb der Mitte.

3 Für die Vorderbeine zwei kleine abgerundete Rechtecke einzeichnen und mit einer gekrümmten Linie verbinden. Die Hinterbeine sind etwas breiter und runder. An ihren Unterkanten die Zehen andeuten.

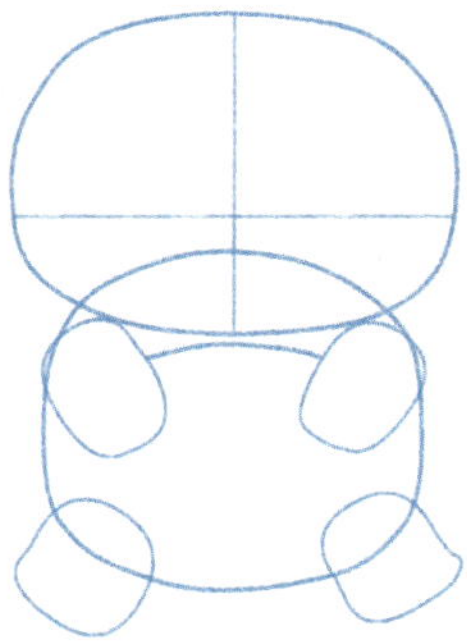

4 An den Oberkopf zwei Halbkreise für die Ohren anfügen.

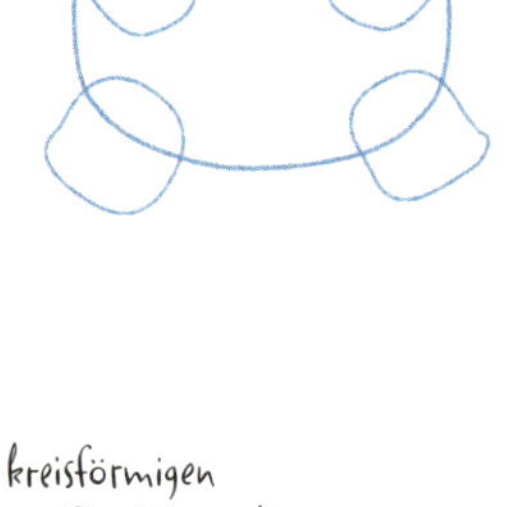

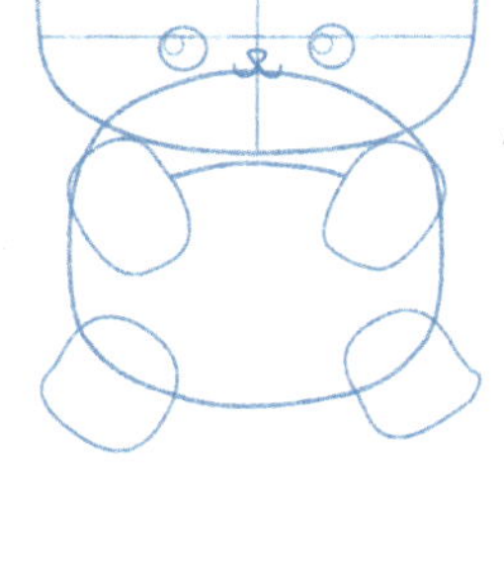

5 Runde Augen mit kreisförmigen Lichtreflexen einfügen. Die Nase als kleines Dreieck und den Mund als kleine W-Form zeichnen.

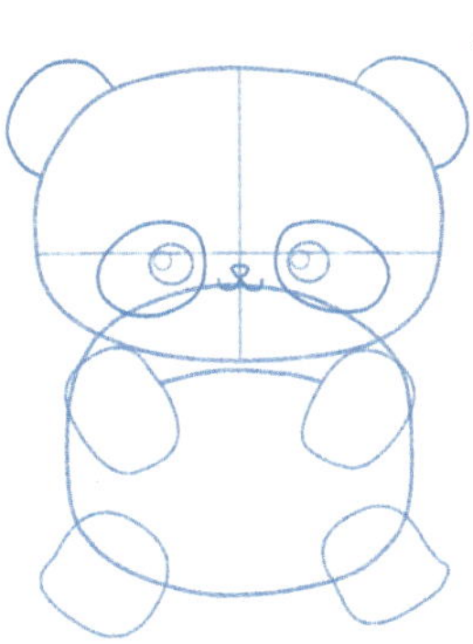

6 Die Umrisse der dunklen Augenflecken einzeichnen.

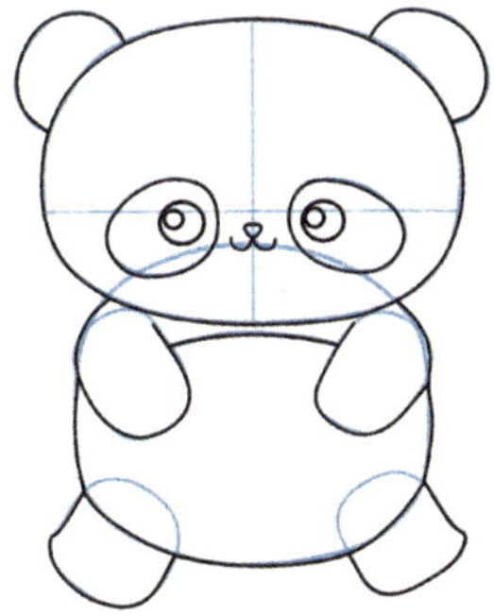

7 Die Linien mit flüssigen, gleichmäßigen Strichen nachzeichnen.

8 Die äußeren Konturen verstärken. Dabei sollen die einfachen Formen erhalten bleiben.

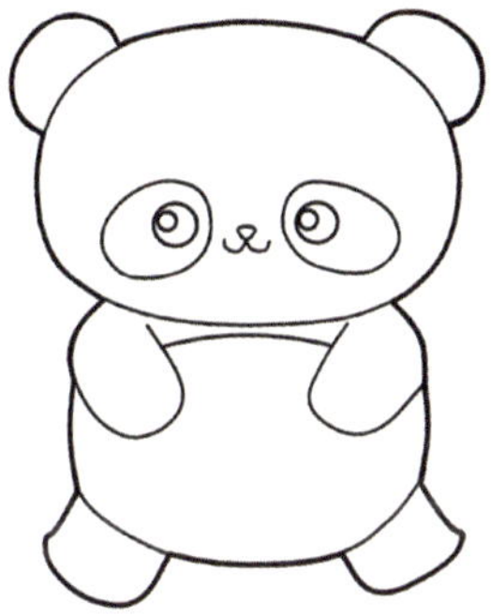

9 Ohren, Augenflecken, Nase, Vorder- und Hinterbeine mit Grau gleichmäßig kolorieren.

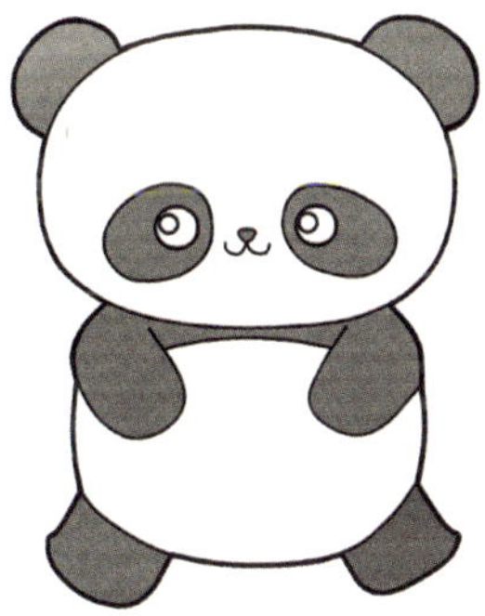

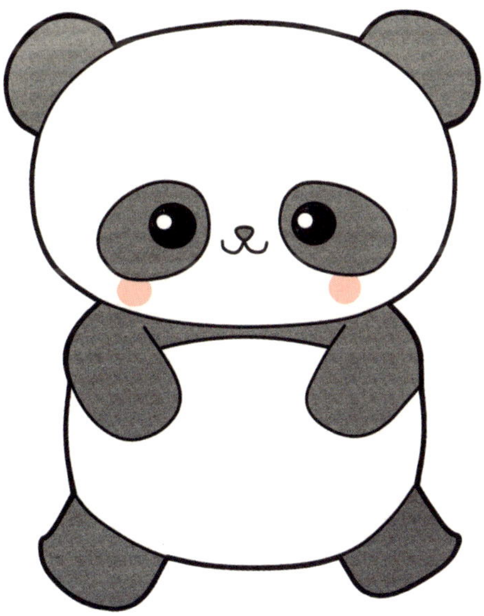

10 Die Augen schwarz ausmalen, aber die Lichtreflexe weiß lassen. Zuletzt die rosa Wangen hinzufügen.

Kaninchen

Das niedliche Kaninchen kann mit jeder beliebigen Pastellfarbe koloriert werden.

1 Mit einem Oval beginnen. Darunter ein überlappendes Quadrat mit abgerundeten Ecken anfügen.

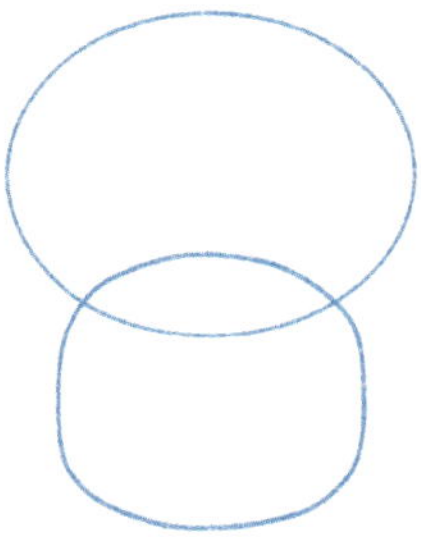

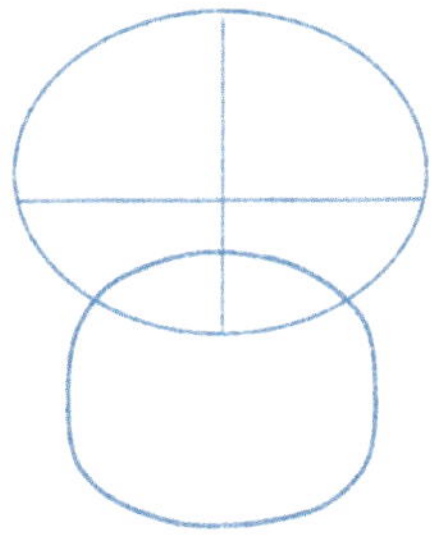

2 In das obere Oval ein Kreuz zeichnen. Die Waagerechte liegt etwas unter der Mitte.

3 Seitlich kurze gerundete Arme anfügen, die Beine unter den Rumpf zeichnen.

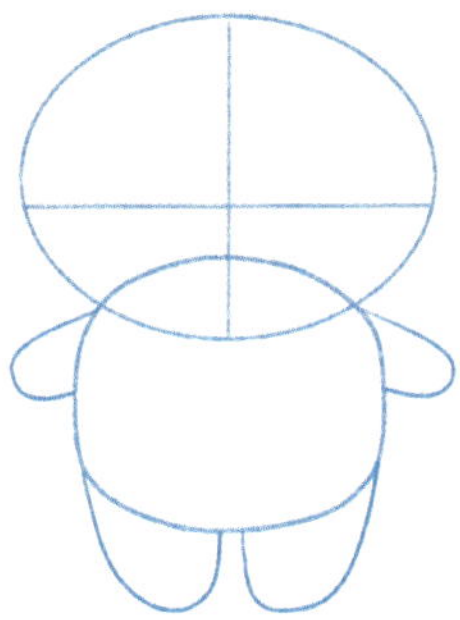

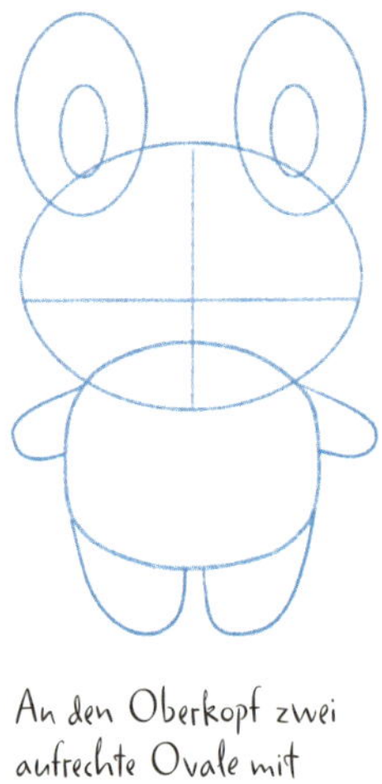

4 An den Oberkopf zwei aufrechte Ovale mit kleineren Ovalen im Inneren zeichnen.

5 Die Ohren mit geschwungenen Linien an den Kopf anschließen (siehe Pfeile).

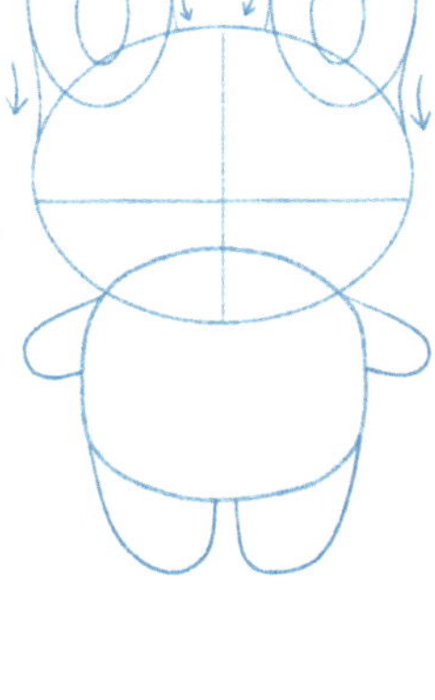

6 Niedliche runde Augen mit kreisförmigen Lichtreflexen und einen W-förmigen Mund hinzufügen.

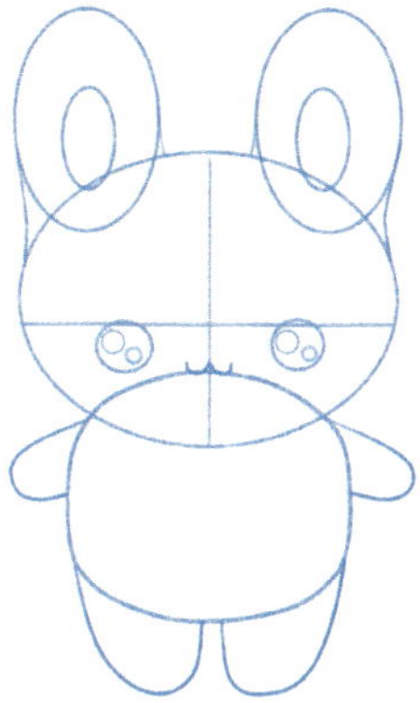

7 Die Linien mit flüssigen, gleichmäßigen Strichen nachzeichnen.

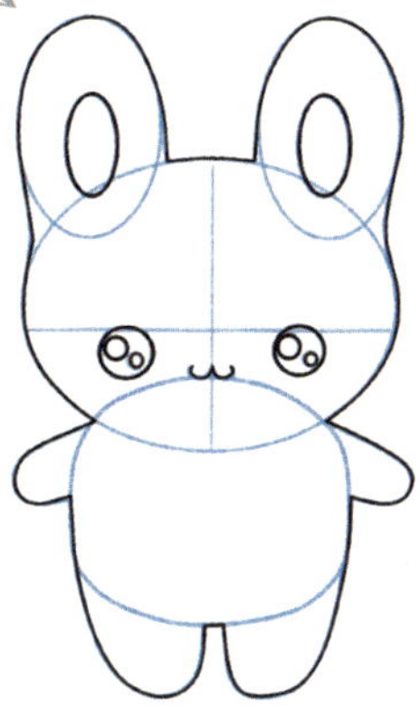

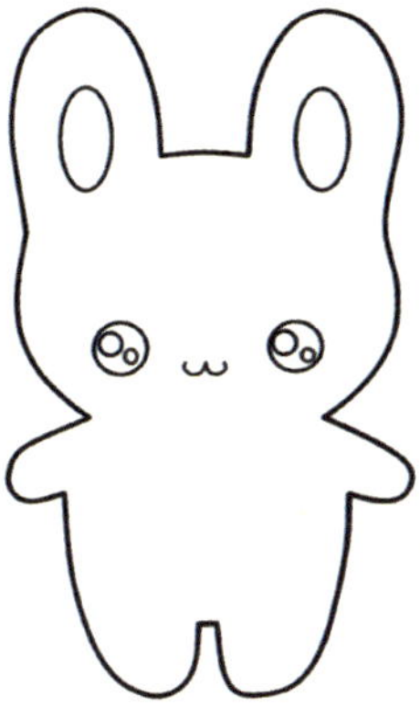

8 Die äußeren Konturen verstärken. Dabei sollen die einfachen Formen erhalten bleiben.

9 Das Kaninchen gleichmäßig einfarbig kolorieren. Die Augen ausmalen.

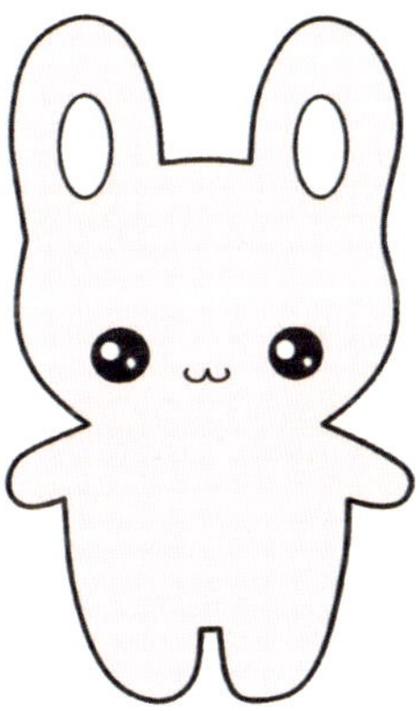

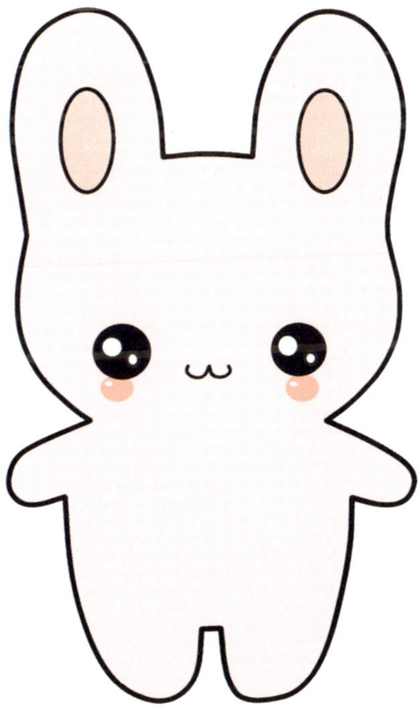

10 Für den inneren Teil der Ohren ein dunkleres Rosa verwenden. Zuletzt rosige Wangen mit weißen Lichtreflexen hinzufügen.

Hund

Dieser kleine Hund mit dem witzigen Wackelschwanz wird aus runden Formen konstruiert.

1 Mit einem Oval beginnen. Darunter ein abgerundetes Quadrat zeichnen. Die beiden Formen überlappen einander.

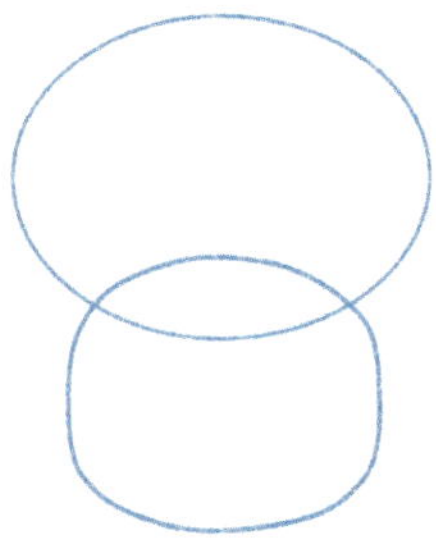

2 In das obere Oval ein Kreuz zeichnen. Die Waagerechte liegt etwas unter der Mitte.

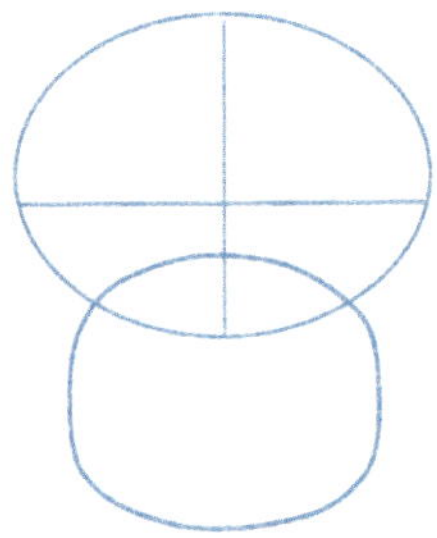

3 Seitlich kurze gerundete Vorderbeine anfügen, die Hinterbeine unter den Rumpf zeichnen.

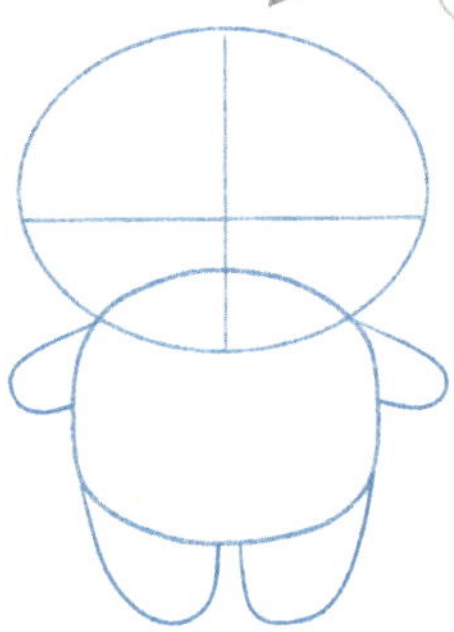

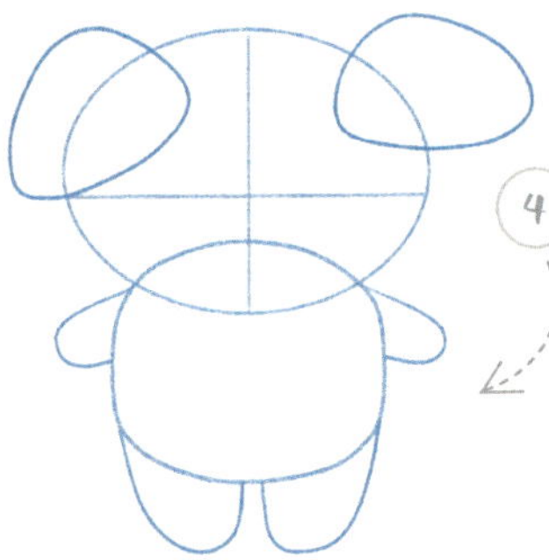

4 Am Oberkopf zwei stark abgerundete Dreiecke anfügen. Eins davon sitzt deutlich schräg.

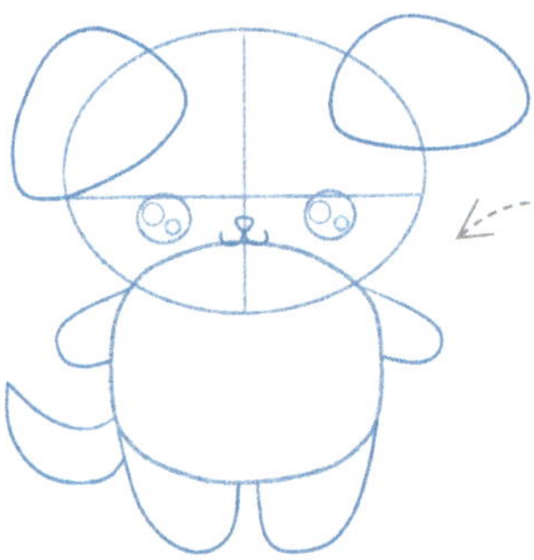

5 Niedliche runde Augen mit kreisförmigen Lichtreflexen hinzufügen. Einen W-förmigen Mund und einen mondsichelförmigen Schwanz zeichnen.

6 Die Linien mit flüssigen, gleichmäßigen Strichen nachzeichnen.

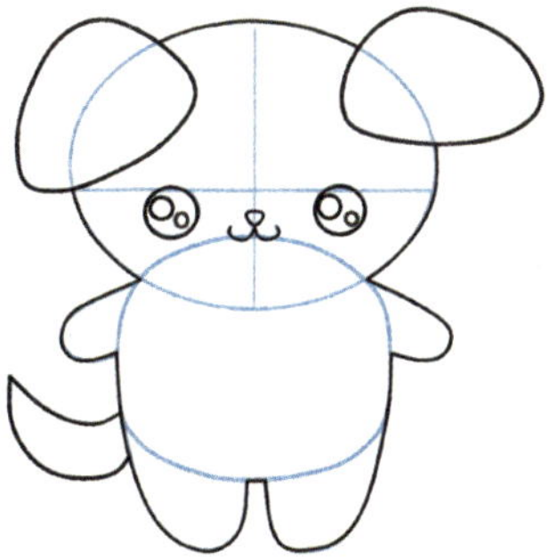

7 Die Konturen gleichmäßig verstärken.

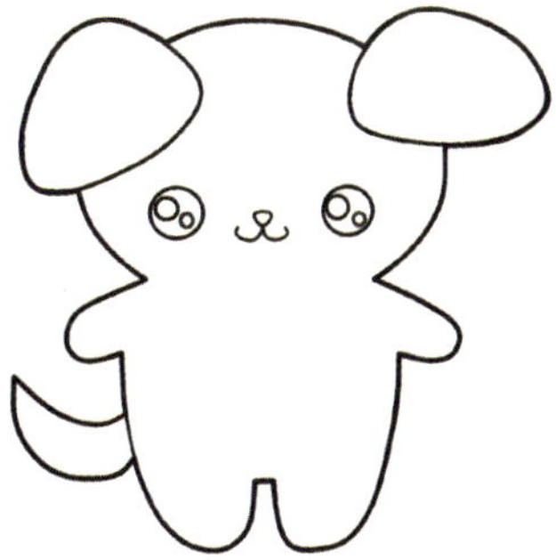

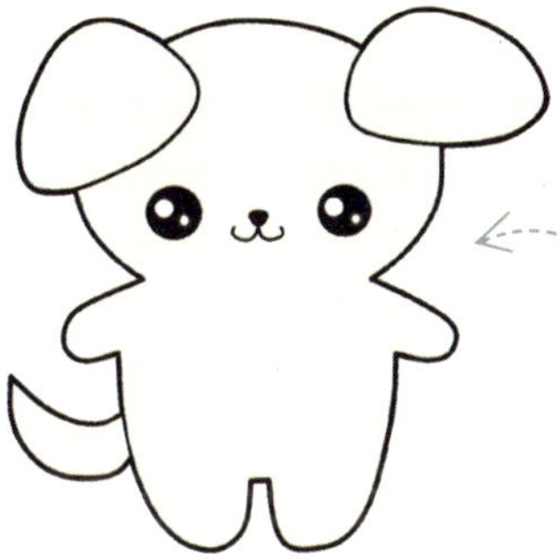

8 Die Grundfarbe gleichmäßig auftragen. Die Augen ausmalen.

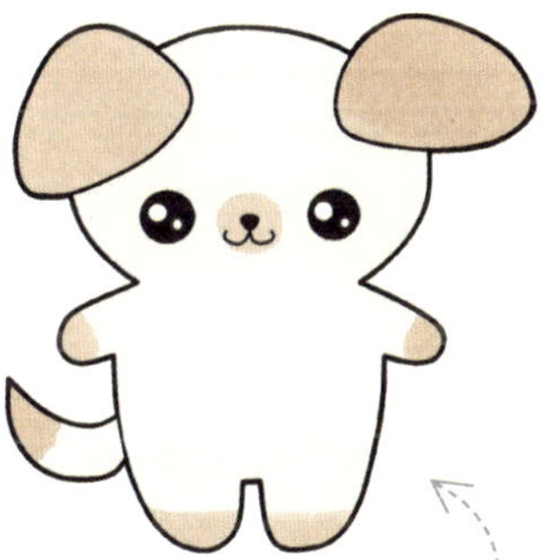

9 Die Ohren, die Nase sowie die Enden der Beine und des Schwanzes in hellem Braun kolorieren.

10 Zuletzt die rosa Wangen einzeichnen und die Lichtreflexe mit einem weißen Gelstift andeuten.

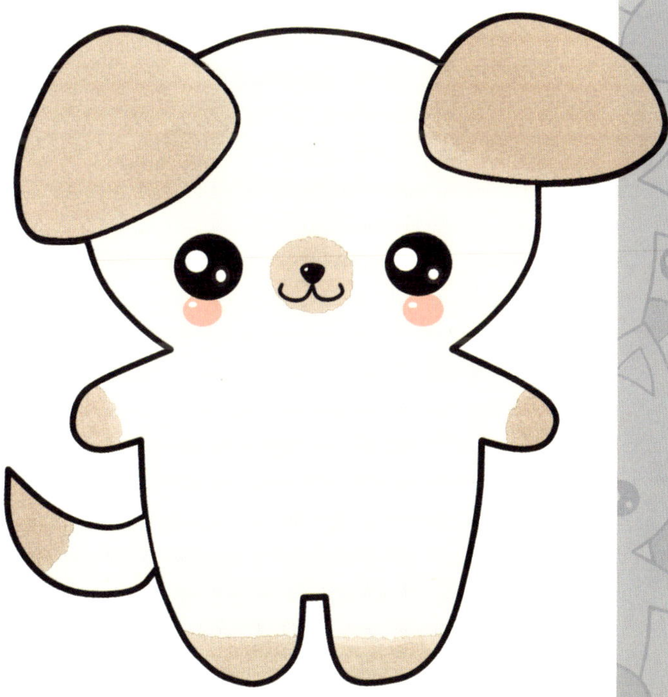

Katze

Diese Katze mit den funkelnden Augen besteht aus Kurven und Dreiecken. Sogar der Brustfleck ist rund.

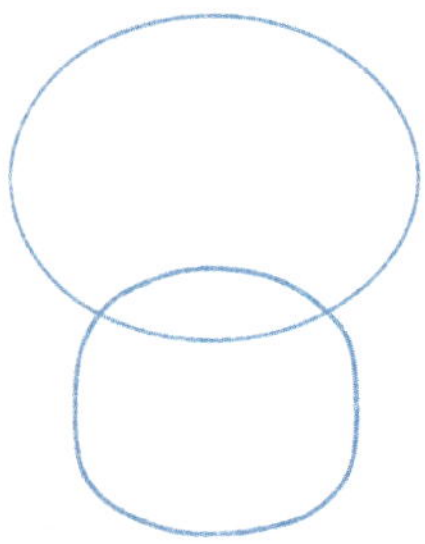

1 Mit einem Oval beginnen. Darunter ein überlappendes, abgerundetes Quadrat zeichnen.

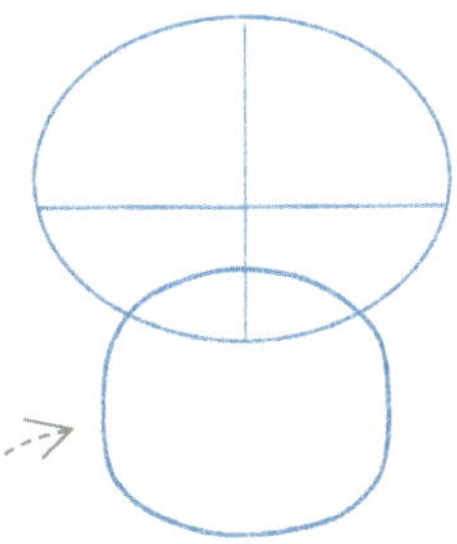

2 In das obere Oval ein Kreuz zeichnen. Die Waagerechte liegt etwas unter der Mitte.

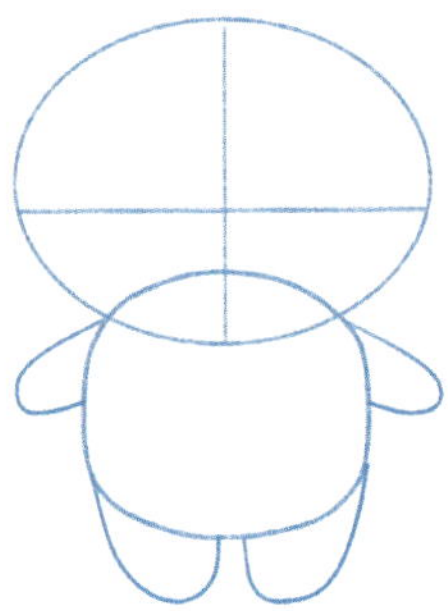

3 Seitlich kurze gerundete Vorderbeine anfügen, die Hinterbeine unter den Rumpf zeichnen.

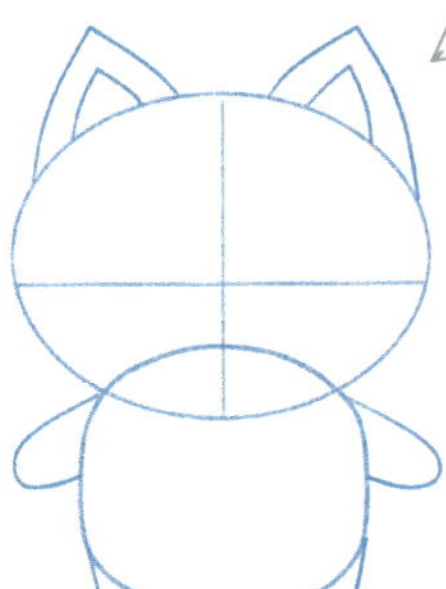

4 Für die Ohren zwei breite Dreiecke auf den Oberkopf setzen und in deren Innerem kleinere Dreiecke einzeichnen.

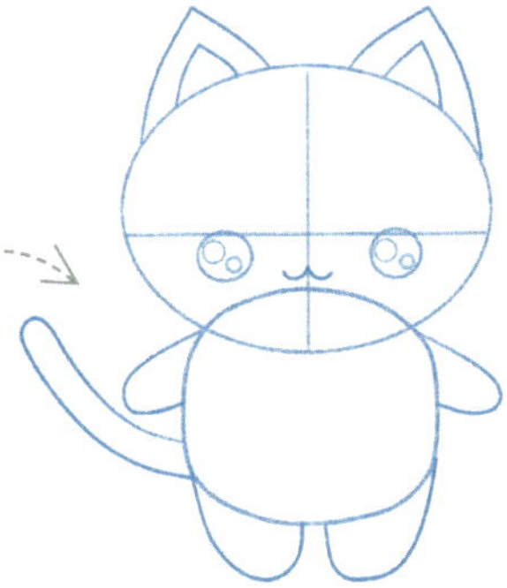

5 Niedliche runde Augen mit kreisförmigen Lichtreflexen hinzufügen. Einen W-förmigen Mund und einen länglichen Schwanz zeichnen.

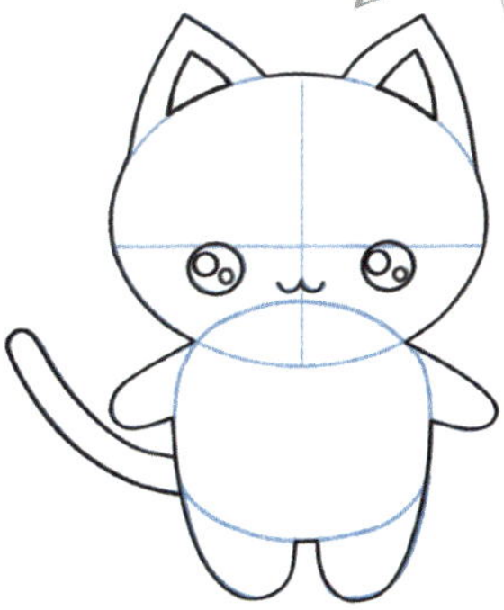

6 Die Linien mit flüssigen, gleichmäßigen Strichen nachzeichnen.

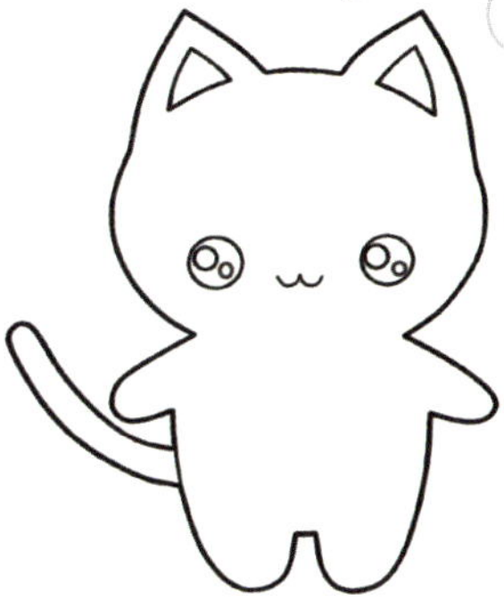

7 Die Konturen gleichmäßig verstärken.

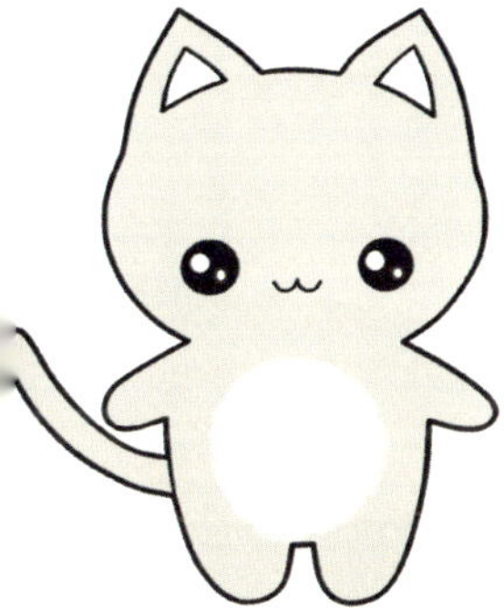

8 Den Körper gleichmäßig einfarbig kolorieren, der Brustfleck bleibt weiß. Die Augen ausmalen.

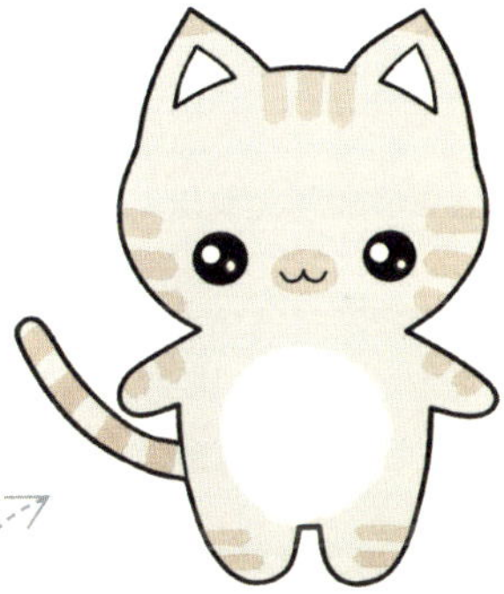

9 Die Fellzeichnung durch Striche in sanftem Braun auf der Stirn, an den Seiten des Gesichts, an Beinen und Schwanz andeuten. Etwas Braun um Nase und Ohrenspitzen hinzufügen.

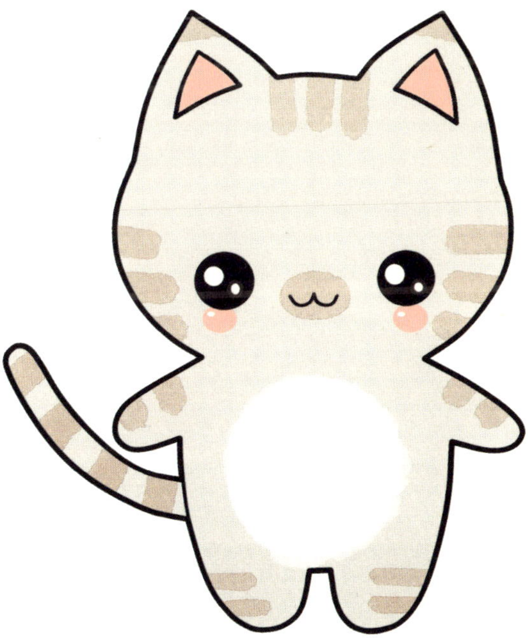

10 Die inneren Ohren kolorieren. Zuletzt die rosa Wangen mit den weißen Lichtreflexen malen.

Hamster

An diesem Hamster ist alles winzig: von den kleinen Ohren bis hin zu den Vorderpfoten, die nur angedeutet werden.

1 Mit zwei überlappenden Ovalen beginnen.

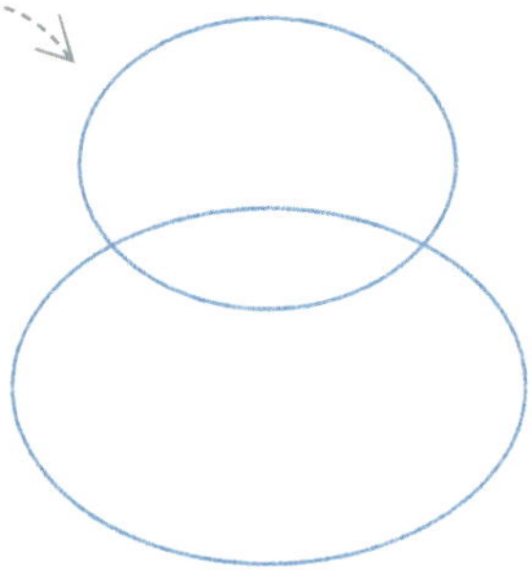

2 Ins obere Oval ein Kreuz zeichnen, dann die beiden oberen Viertel mit Diagonalen halbieren. Dies sind die Hilfslinien für Augen, Mund und Ohren.

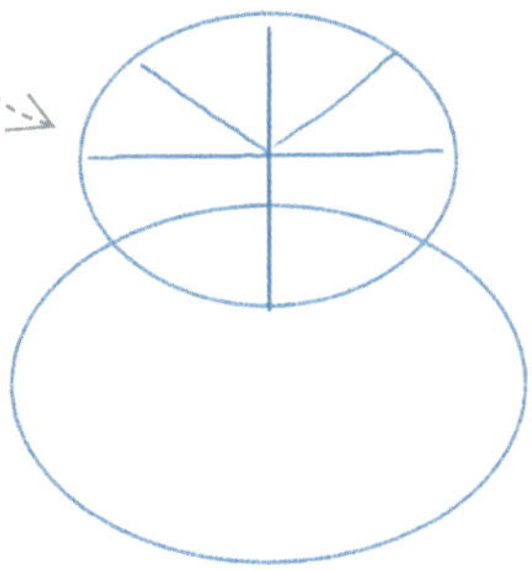

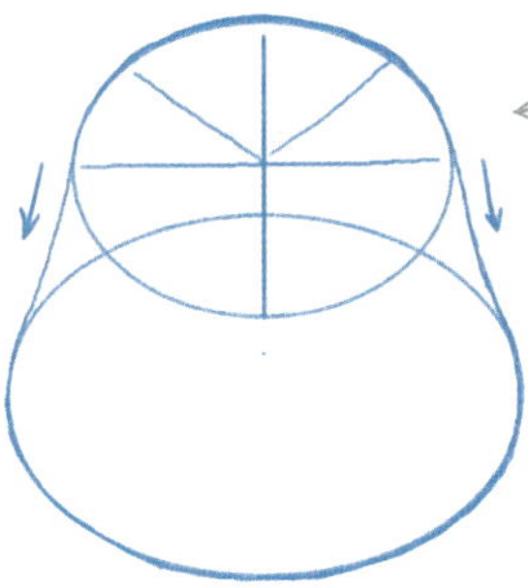

3 Die Ovale verbinden, um die rundliche Körperform des Hamsters zu erhalten.

4 Runde Augen mit kreisförmigen Lichtreflexen einzeichnen. Einen W-förmigen Mund zeichnen. Winzige Ohren, Vorder- und Hinterpfoten hinzufügen. Die Barthaare nicht vergessen.

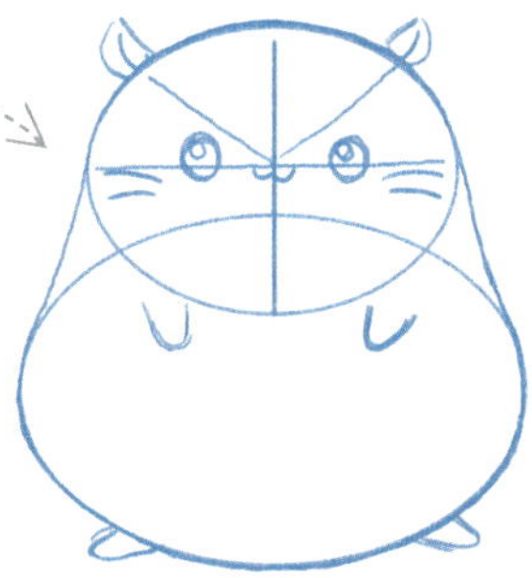

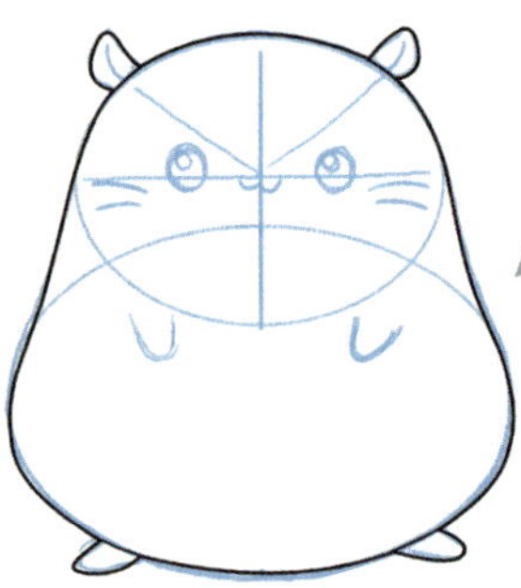

5 Alle Linien mit flüssigen, gleichmäßigen Strichen nachzeichnen.

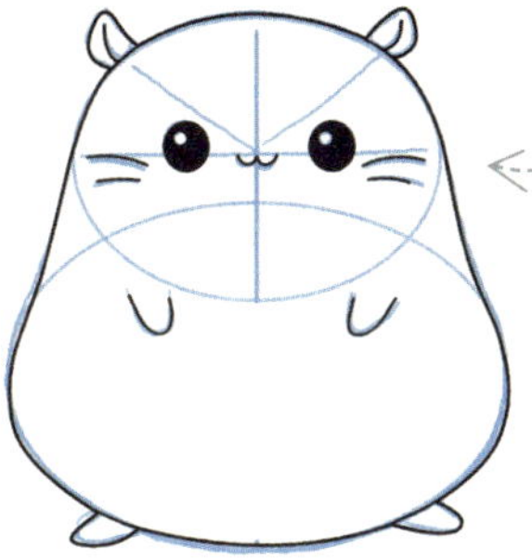

6 Die Umrisse der Details nachzeichnen. Die Augen ausmalen.

7 Die Konturlinien gleichmäßig verstärken.

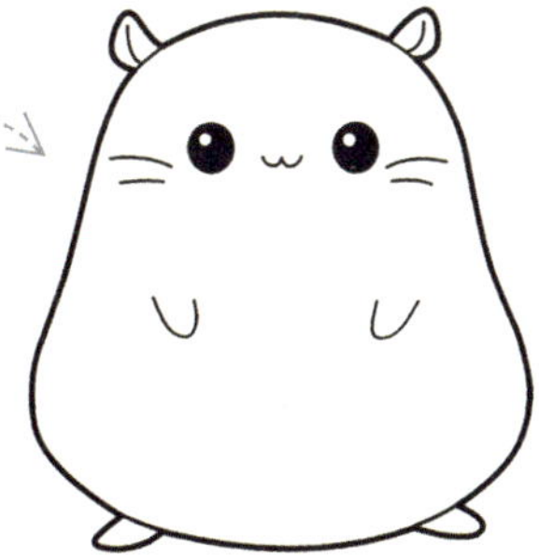

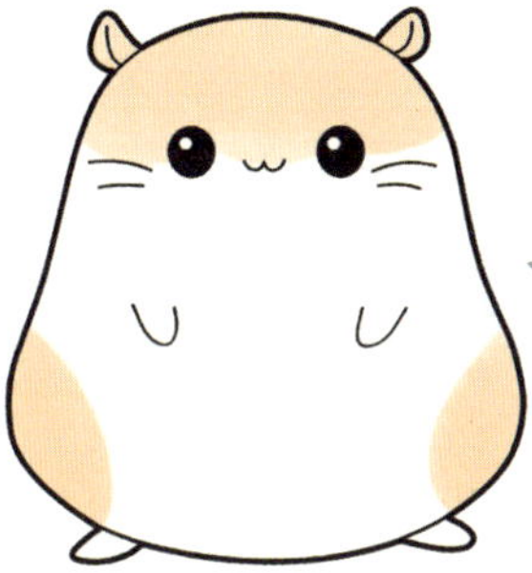

8 Die Farbe gleichmäßig auftragen.

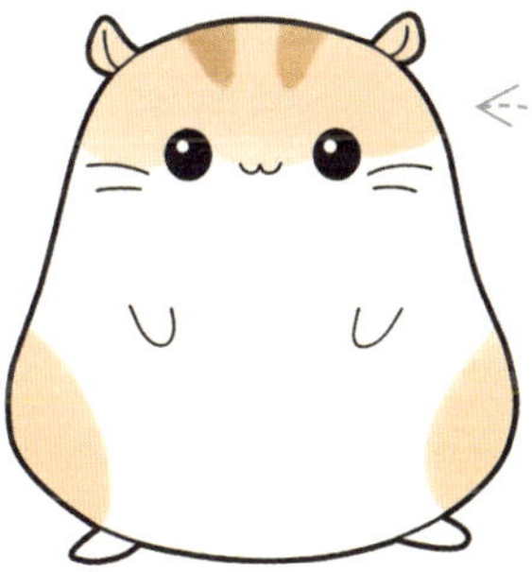

9 Zwei dunklere Dreiecke auf der Stirn einfügen.

10 Zuletzt kreisrunde rosa Wangen hinzufügen. Fertig ist der Hamster!

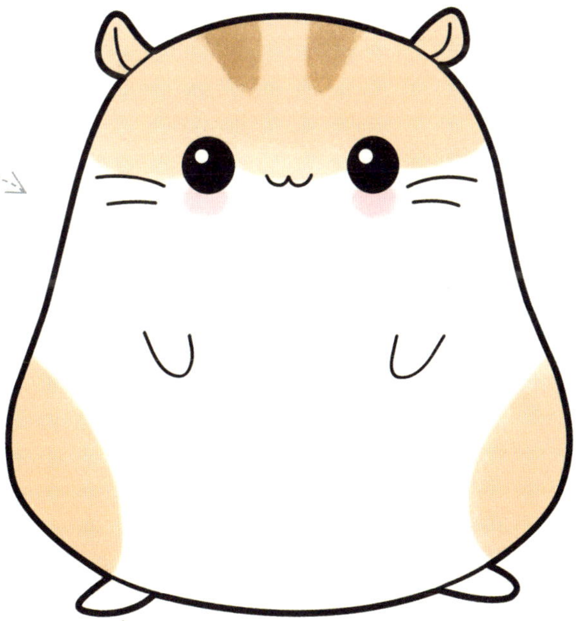

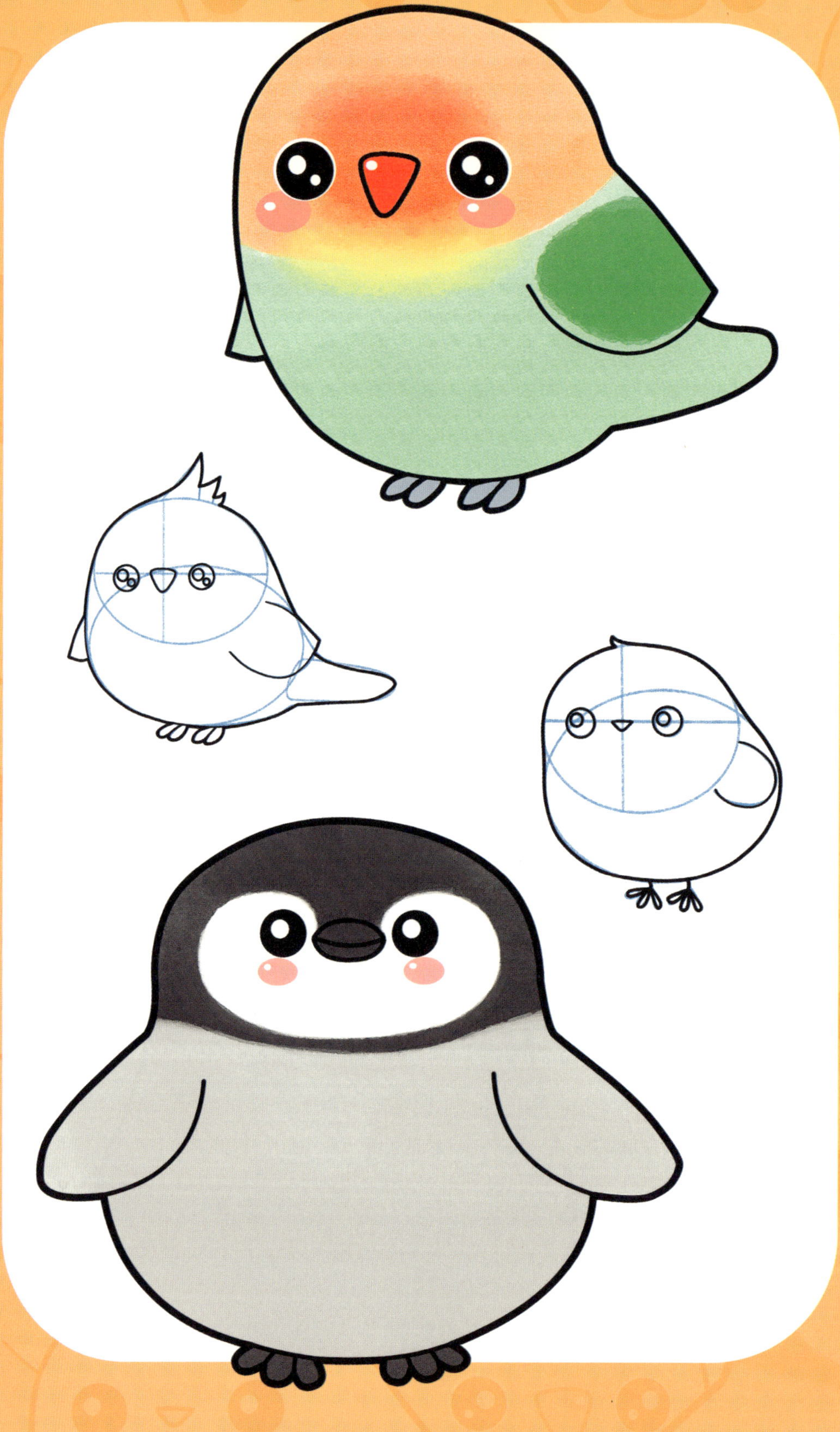

Kawaii-Vögel

Kakadu

Das Erkennungszeichen dieses niedlichen Papageienvogels ist die Federhaube auf dem Kopf.

1 Mit zwei überlappenden Ovalen beginnen.

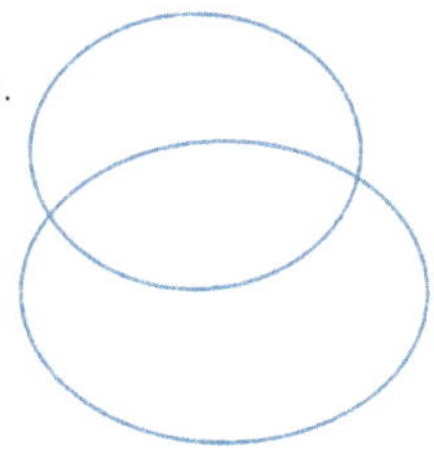

2 Ins obere Oval ein leicht nach links verschobenes Kreuz zeichnen.

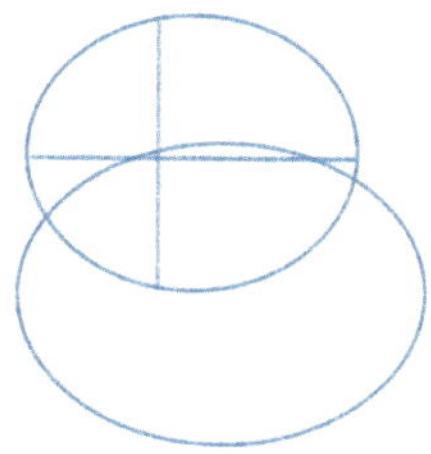

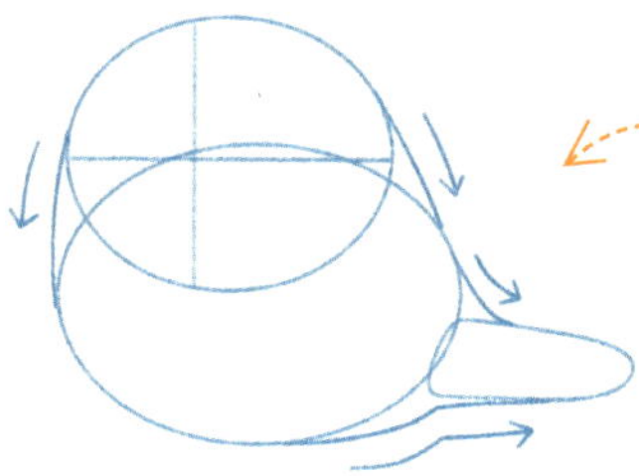

3 Unten rechts eine Kegelform für die Schwanzfedern anfügen. Die drei Grundformen mit fließenden Strichen verbinden.

4 Große runde Augen mit Lichtreflexen und einen kleinen dreieckigen Schnabel einzeichnen.

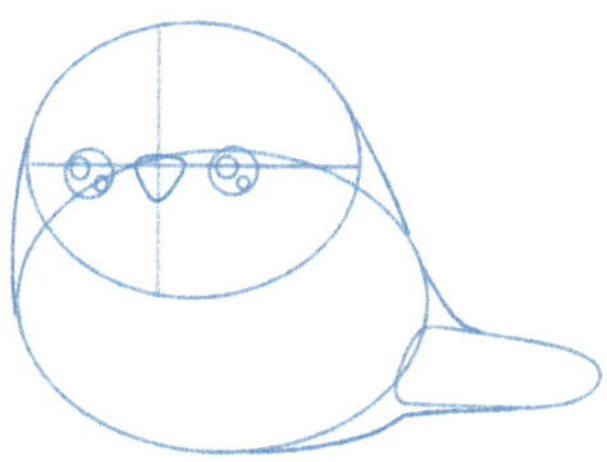

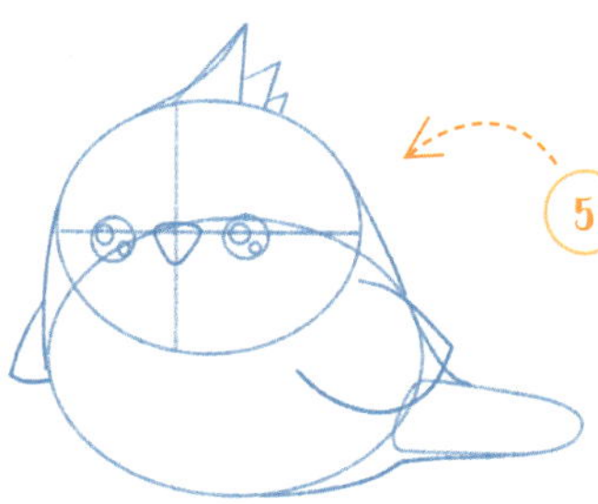

5 Die Flügel andeuten. Der linke Flügel ist größtenteils vom Körper verdeckt. Auf den Kopf drei kleine Dreiecke für die Federhaube zeichnen.

6 Winzige Füße aus je zwei kleinen Ovalen unter den Bauch zeichnen.

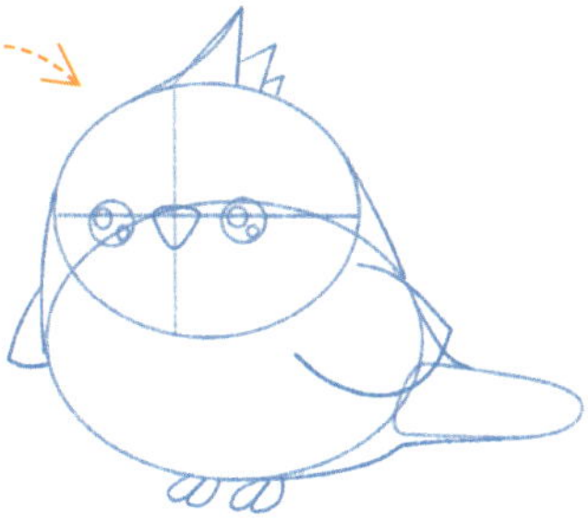

7 Die Linien mit flüssigen Strichen nachzeichnen, dann die Umrisse verstärken.

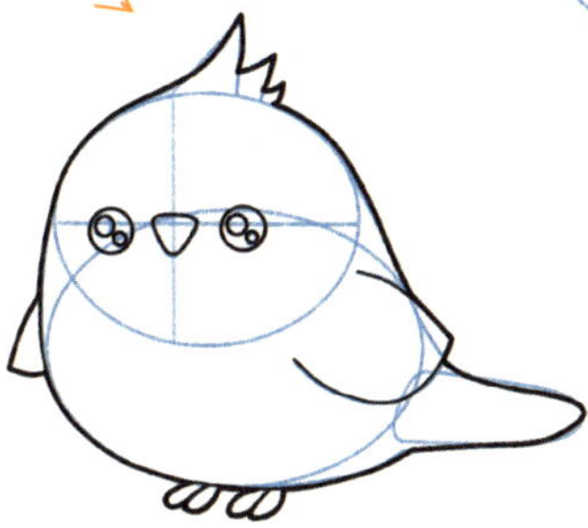

8 Die Farben gleichmäßig auftragen. Für den Kopf Gelb verwenden, für den Körper ein helles Grau. Der untere Rand der Flügel bleibt weiß.

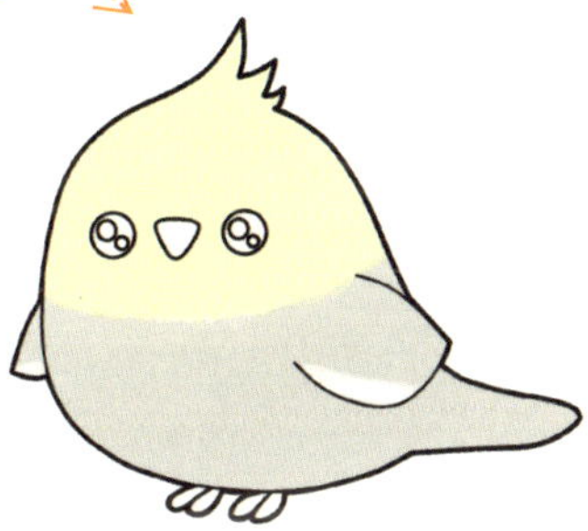

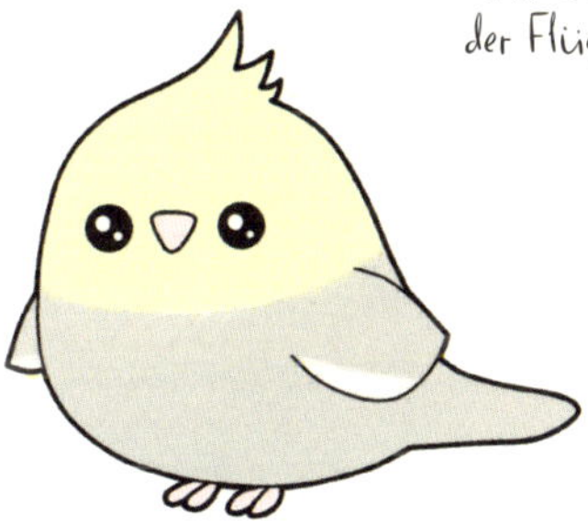

9 Augen, Schnabel und Füße kolorieren.

10 Zuletzt bekommt der kleine Kakadu noch kreisrunde orangefarbene Wangen.

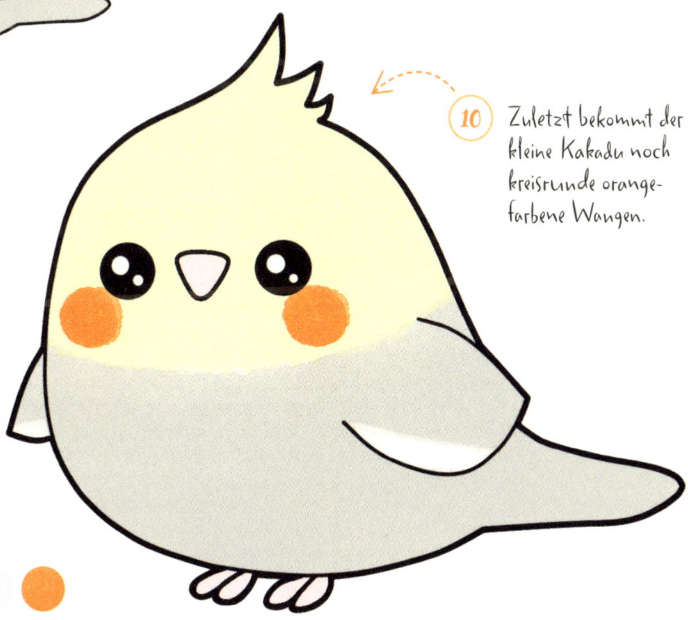

Pinguin

So ein kleiner Pinguin ist die perfekte Ergänzung für eine winterliche Szene im Kawaii-Stil.

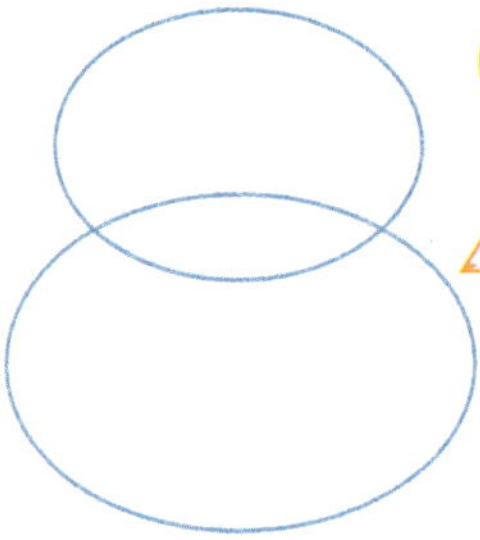

1 Mit zwei überlappenden Ovalen beginnen.

2 Die Ovale mit leicht nach innen gekrümmten Strichen verbinden.

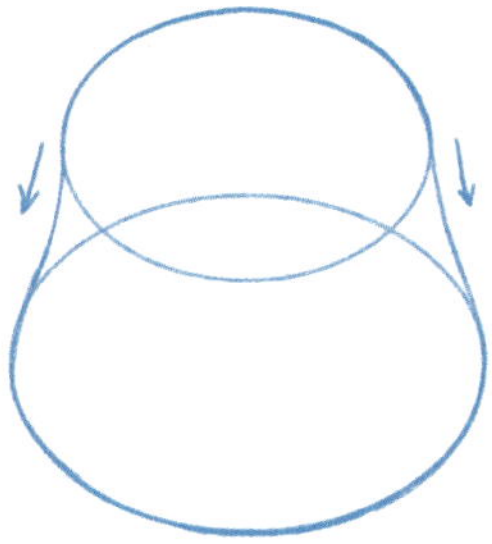

3 In das obere Oval ein kleineres zeichnen. Ins obere Oval ein Kreuz zeichnen. Seine Waagerechte liegt etwas über der Mitte. Die Senkrechte bis an den Rand des unteren Ovals führen.

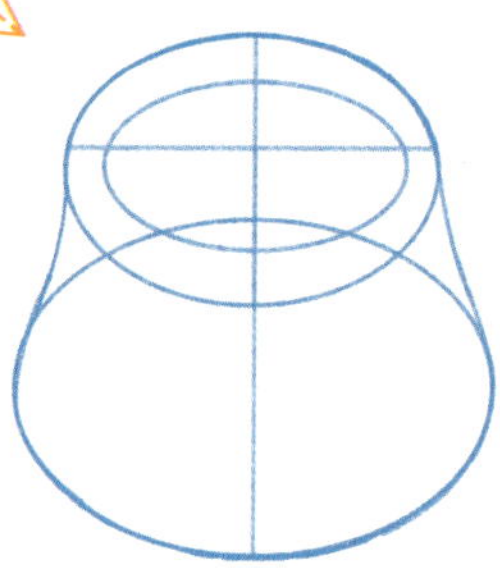

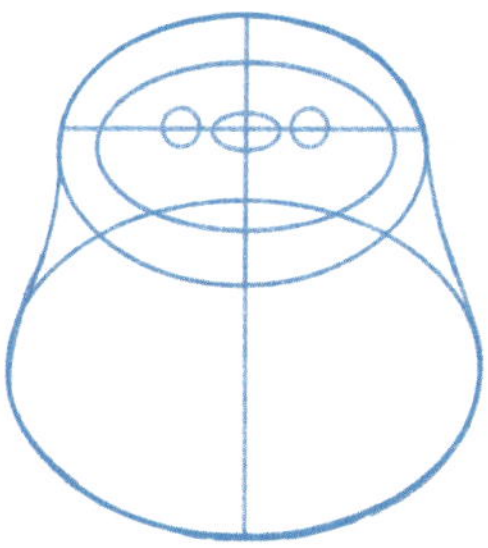

4 In das obere Oval zwei runde Augen und einen kleinen ovalen Schnabel zeichnen.

5 Die länglichen Flügel und die Füße mit je drei Zehen hinzufügen. Für das Gesicht vom Schnabel Bögen zum Rand des inneren Ovals ziehen. Lichtreflexe in den Augen hinzufügen und auf dem Schnabel ein Lächeln andeuten.

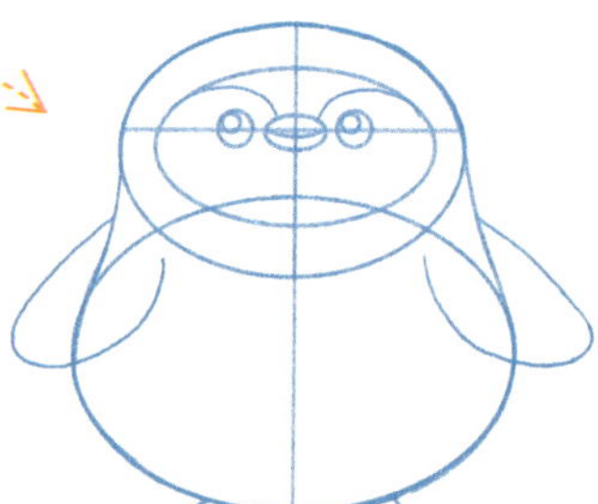

6 Die Linien mit flüssigen, gleichmäßigen Strichen nachzeichnen.

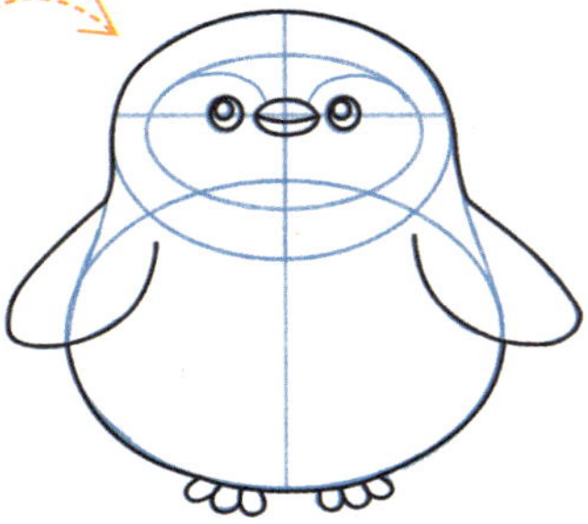

7 Die Umrisse gleichmäßig verstärken. Dabei soll die einfache Form erhalten bleiben.

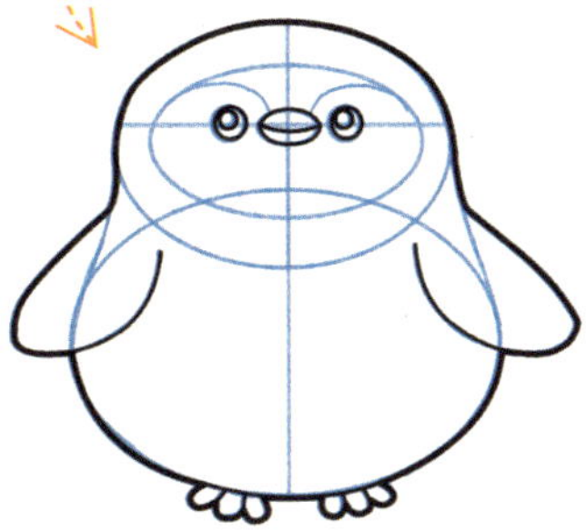

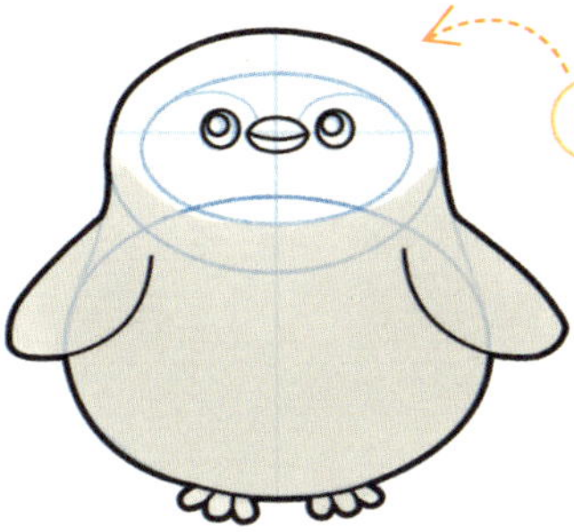

8 Den Körper vom Hals abwärts gleichmäßig mit Grau kolorieren.

9 Für den Kopf ein dunkleres Grau verwenden, das Gesicht bleibt weiß. Den Übergang verwischen, um das flauschige Gefieder anzudeuten. Füße und Augen ausmalen.

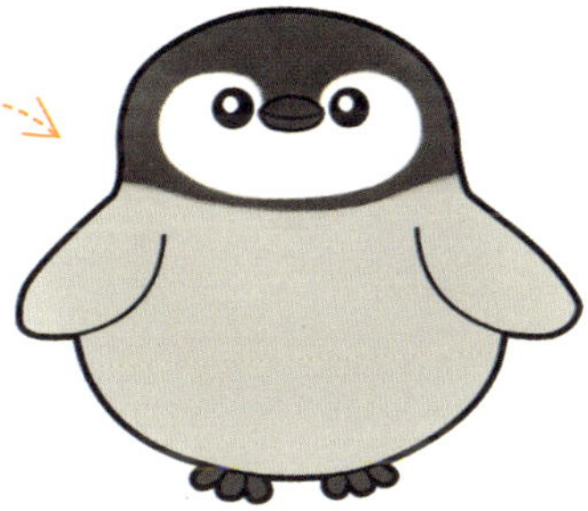

10 Zuletzt runde rosa Wangen mit kleinen Lichtreflexen hinzufügen.

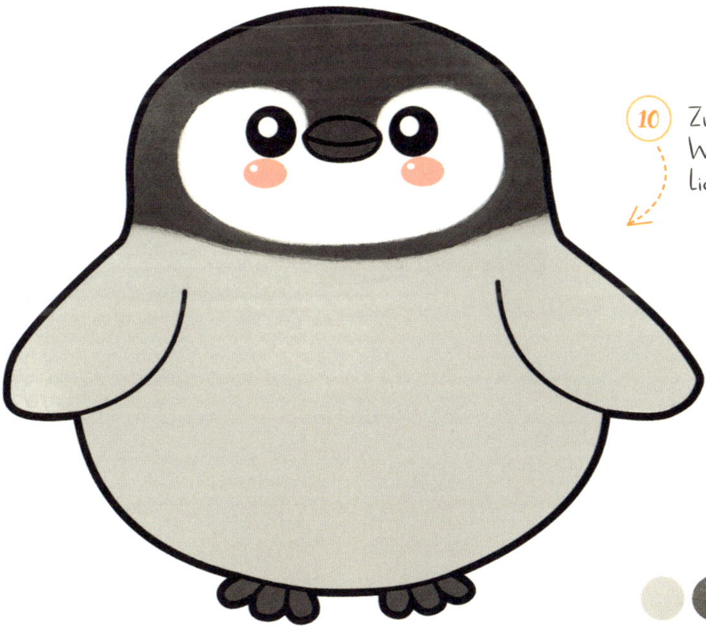

Küken

Dieses kleine Vogelkind trägt auf seinem Kopf eine einzelne, vorwitzig hochstehende Feder.

1 Mit zwei überlappenden Ovalen beginnen.

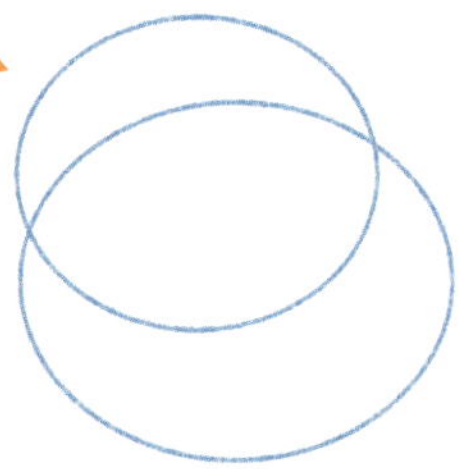

2 Ins obere Oval ein Kreuz zeichnen. Die Senkrechte ist leicht nach links verschoben.

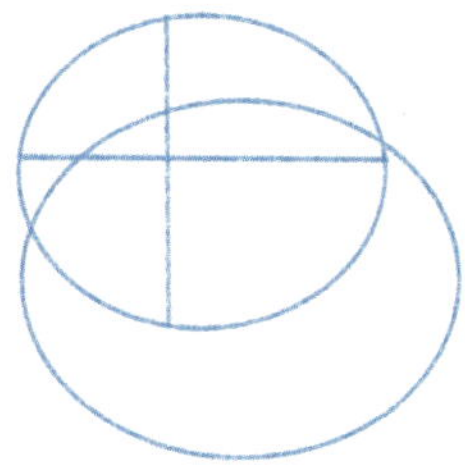

3 Die beiden Ovale miteinander verbinden.

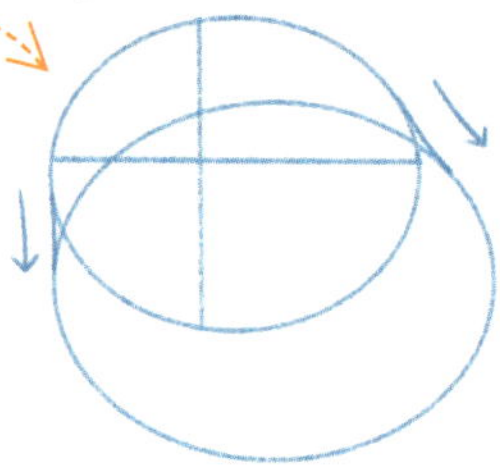

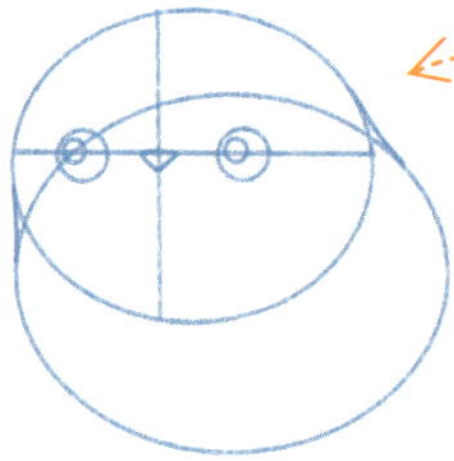

4 Runde Augen mit kreisförmigen Lichtreflexen und einen dreieckigen Schnabel einzeichnen.

5 Einen kleinen runden Flügel hinzufügen.

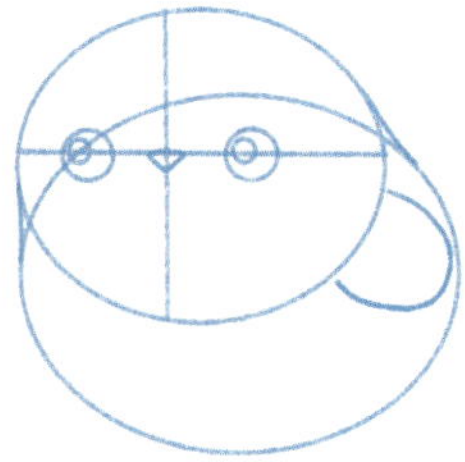

6 Auf dem Kopf eine winzige Feder andeuten.

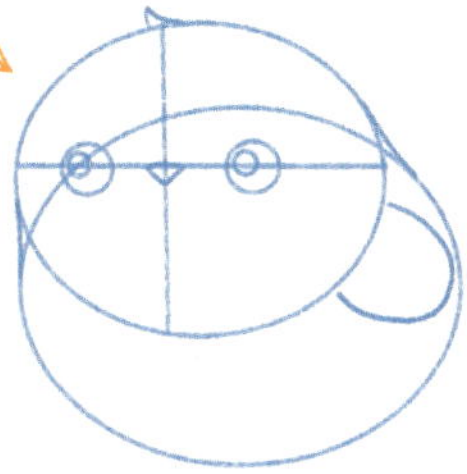

7 Kurze Beine mit je drei rundlichen Zehen zeichnen.

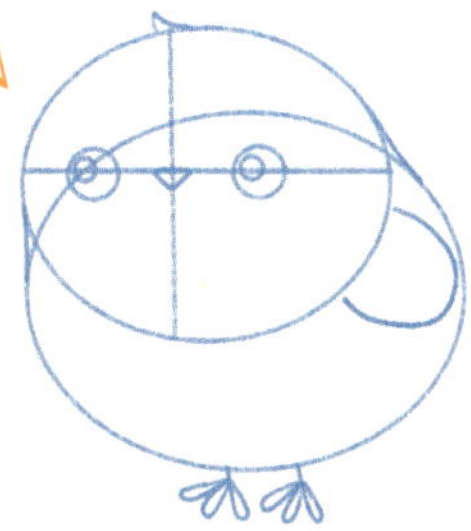

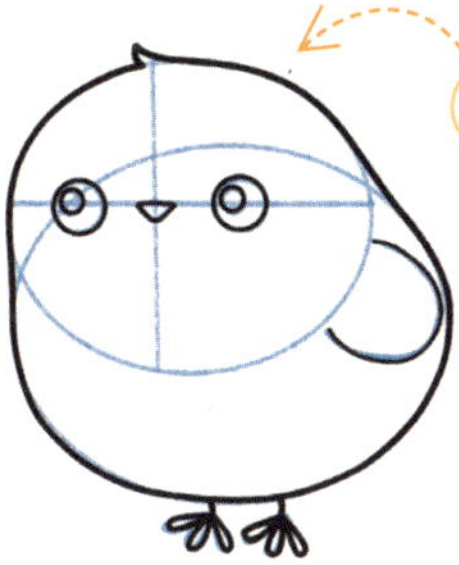

8 Die Linien mit flüssigen, gleichmäßigen Strichen nachzeichnen. Den Umriss gleichmäßig verstärken. Dabei soll die einfache Form erhalten bleiben.

9 Das Küken gleichmäßig kolorieren. Die Augen ausmalen.

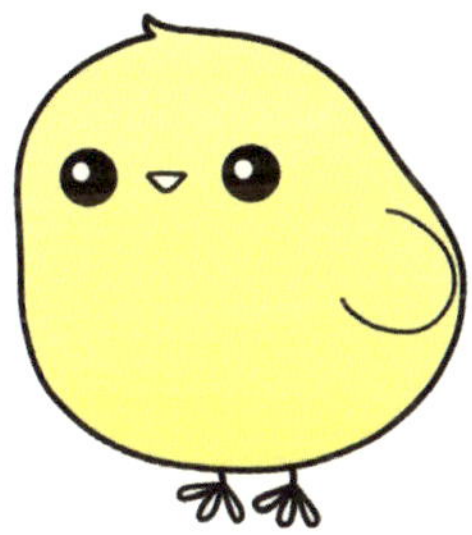

10 Schnabel und Füße kolorieren. Zuletzt runde rosa Wangen mit weißen Lichtreflexen hinzufügen.

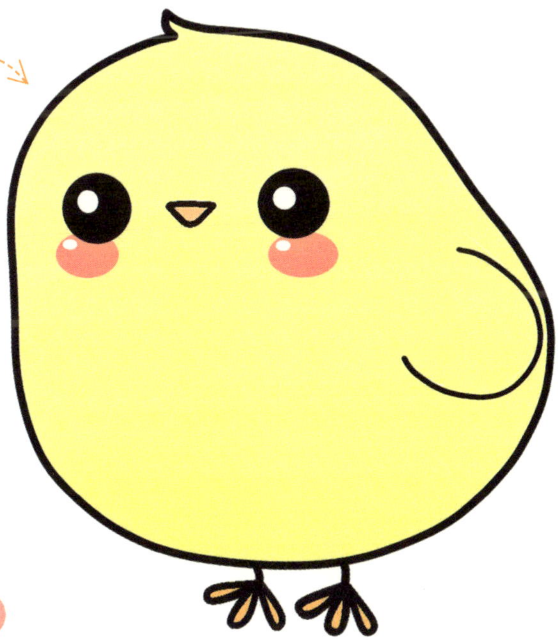

Rosenköpfchen

Diese kleinen afrikanischen Papageien werden auch »Unzertrennliche« genannt, weil Paare ein Leben lang zusammenbleiben.

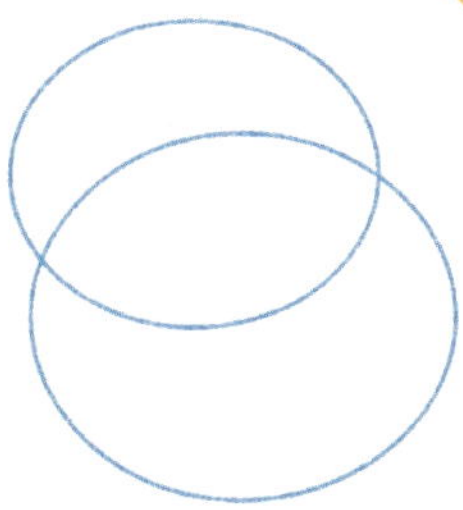

1 Mit zwei überlappenden Ovalen beginnen.

2 Ins obere Oval ein Kreuz zeichnen. Die Senkrechte ist leicht nach links verschoben.

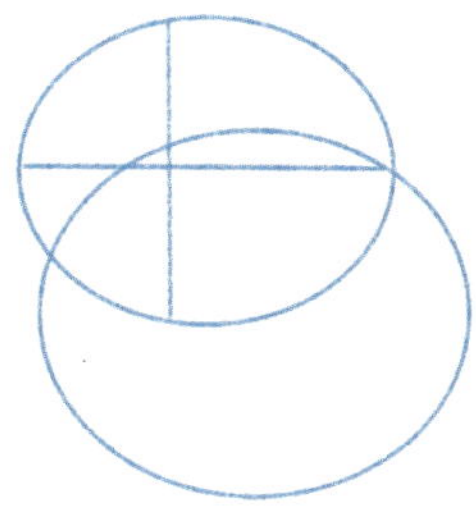

3 Unten rechts eine Kegelform für die Schwanzfedern anfügen. Die drei Grundformen mit fließenden Strichen verbinden.

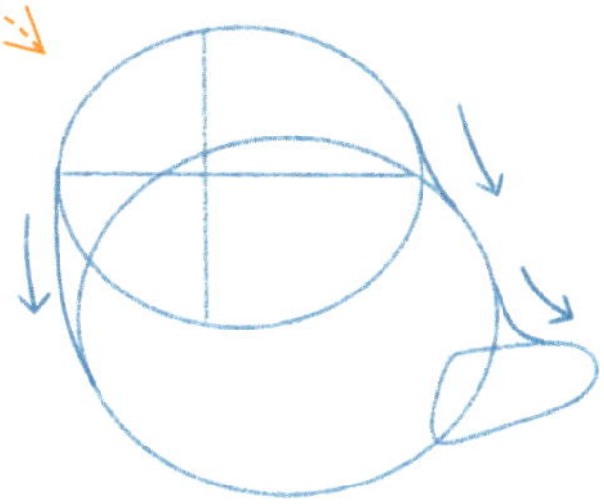

4 Große runde Augen mit Lichtreflexen und einen großen dreieckigen Schnabel einzeichnen.

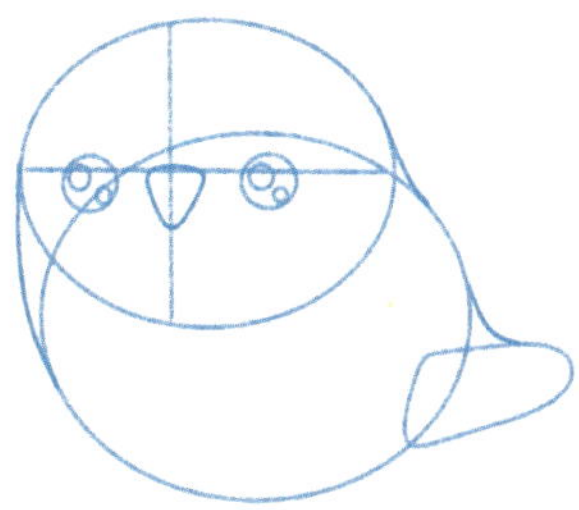

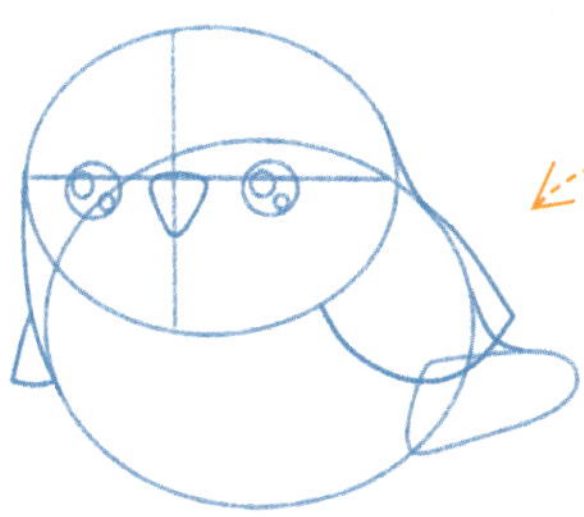

5 Die Flügel hinzufügen. Der linke Flügel ist größtenteils vom Körper verdeckt.

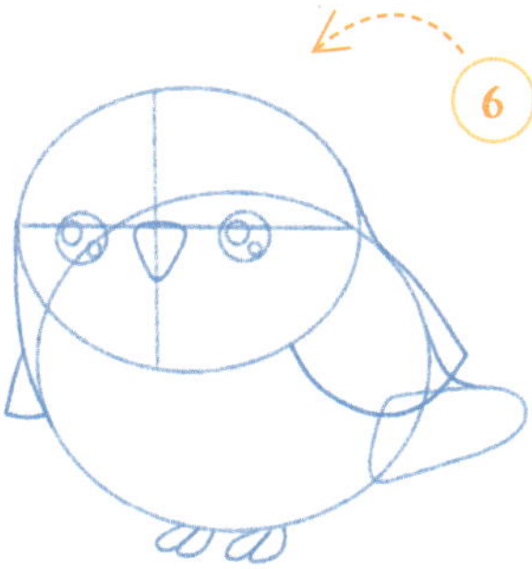

6 Winzige Füße aus je zwei kleinen Ovalen unter den Bauch zeichnen.

7 Die Linien mit flüssigen, gleichmäßigen Strichen nachzeichnen. Dann den Umriss gleichmäßig verstärken.

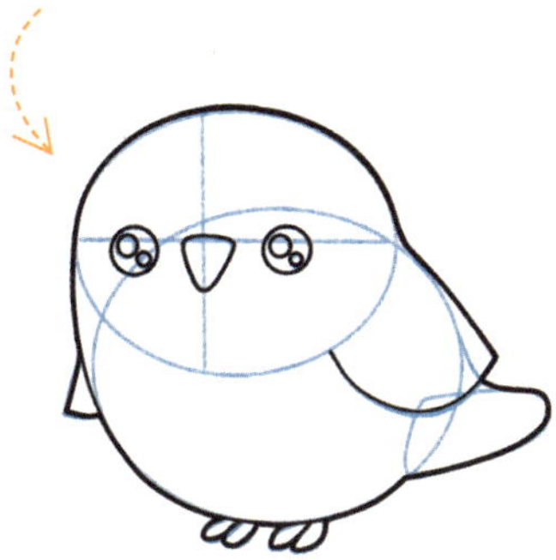

8 Jetzt wird der Vogel koloriert. Für den Kopf Orange verwenden, aber die Umrisse der Augen weiß lassen. Für den Körper ein helles Grün und für den rechten Flügel ein kräftigeres Grün verwenden. Die Augen ausmalen, dabei die Lichtreflexe aussparen.

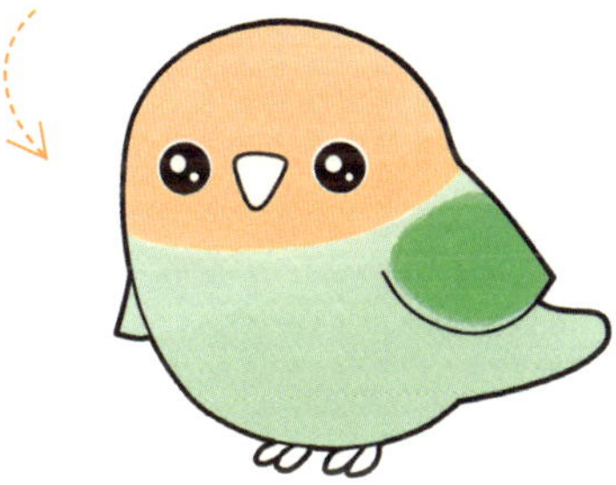

9 Die Umgebung des Schnabels mit dunklerem Orange eintönen und den gelben Streifen am Hals zeichnen.

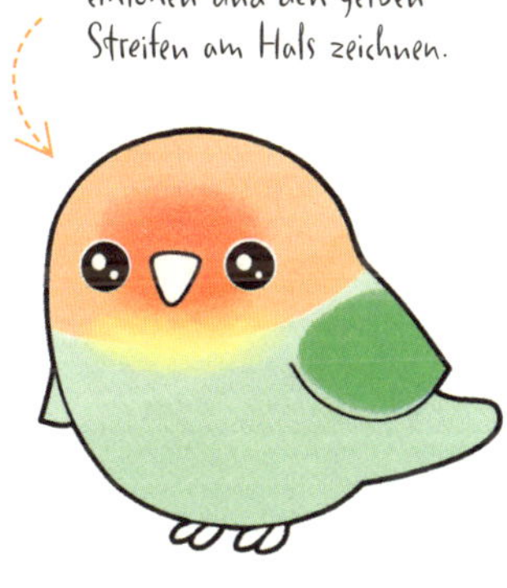

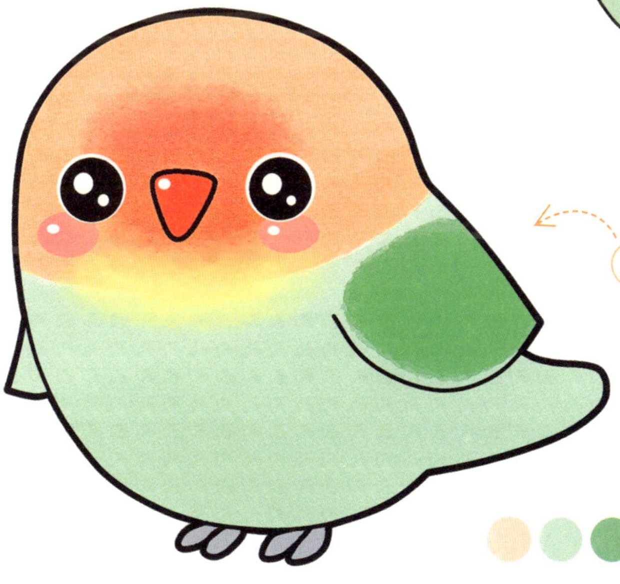

10 Den Schnabel mit rötlichem Orange ausmalen, die Füße mit Grau. Zuletzt folgen noch die rosa Wangen mit weißen Lichtreflexen.

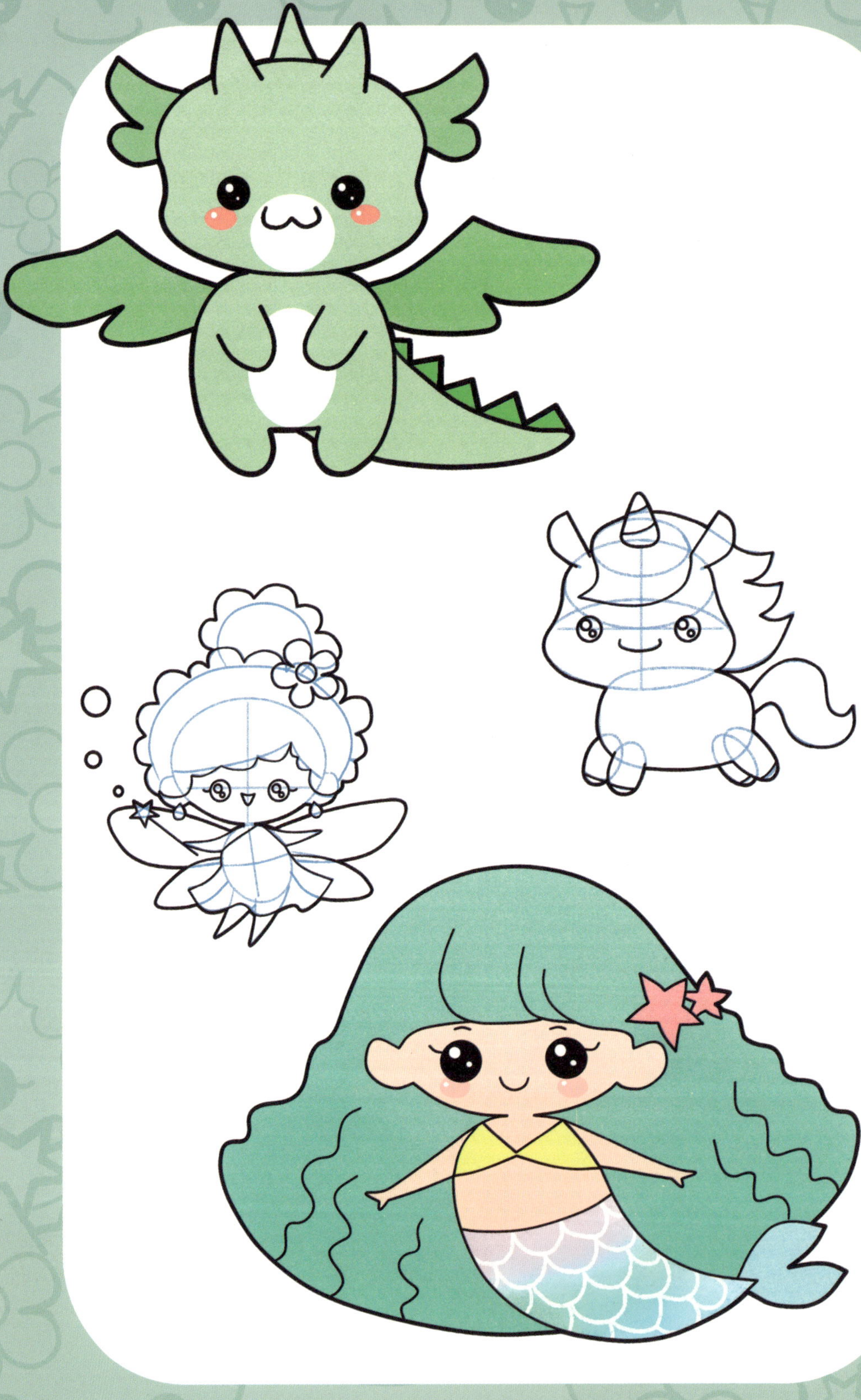

Kawaii-Fantasy

Einhorn

Ovale und Wellenlinien kommen zum Einsatz, damit die Beine des Einhorns an den richtigen Positionen sitzen.

1 Mit zwei überlappenden Ovalen beginnen, das obere ist kleiner als das untere. Eine Mittelsenkrechte durch beide Ovale ziehen.

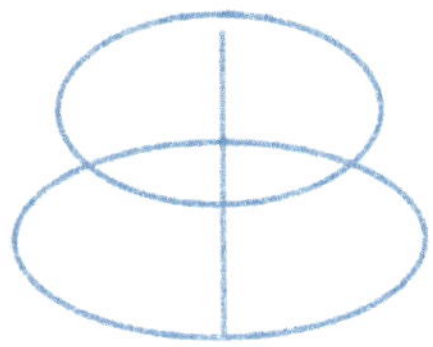

2 Die Ovale mit leicht nach innen gekrümmten Strichen verbinden.

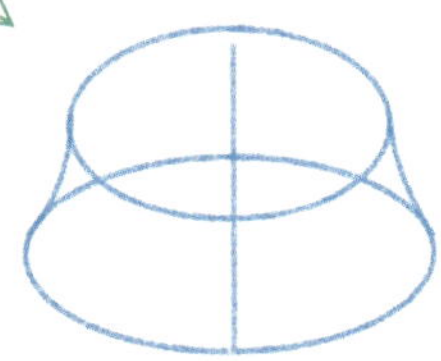

3 Für den Körper ein abgerundetes Rechteck anfügen. Darunter zwei Paare aus leicht überlappenden Ovalen für die Beine setzen. Mit kurzen Querstrichen an den unteren Enden der Beine die Hufe andeuten.

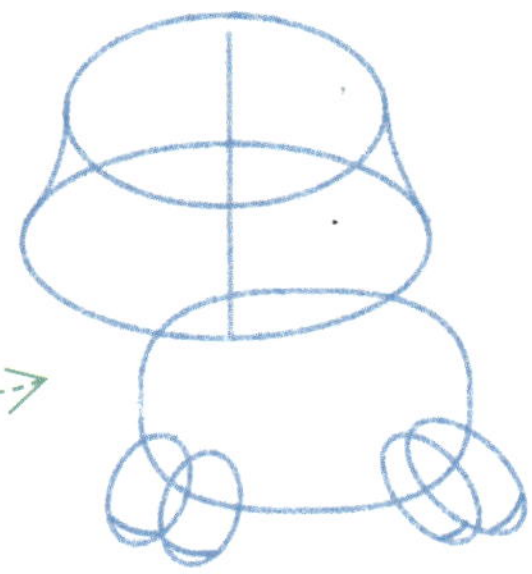

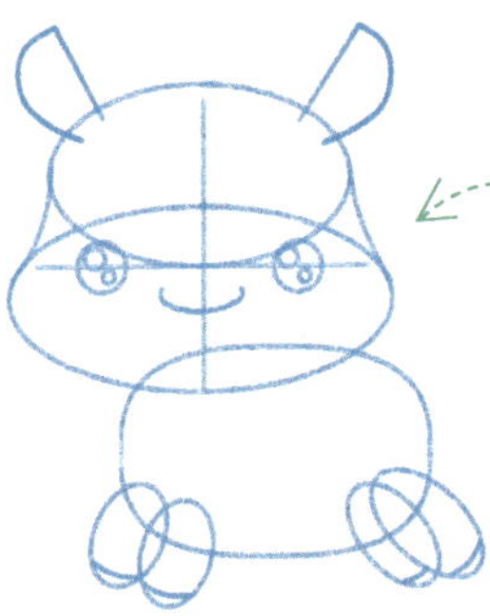

4 Direkt unter dem oberen Oval eine waagerechte Linie ziehen. Große runde Augen mit Lichtreflexen einzeichnen und dazwischen einen einfachen Mund setzen. Die Ohren hinzufügen.

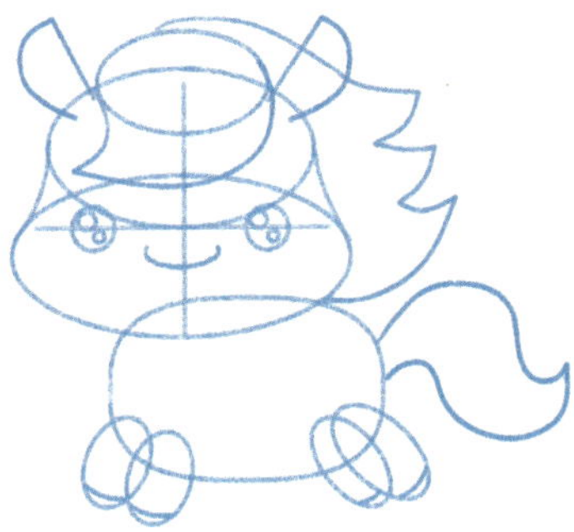

5 Die Stirnlocke zwischen die Ohren zeichnen, dann für die Mähne eine geschwungene Zackenlinie bis auf Kinnhöhe hinzufügen. Den geschwungenen Schwanz zeichnen.

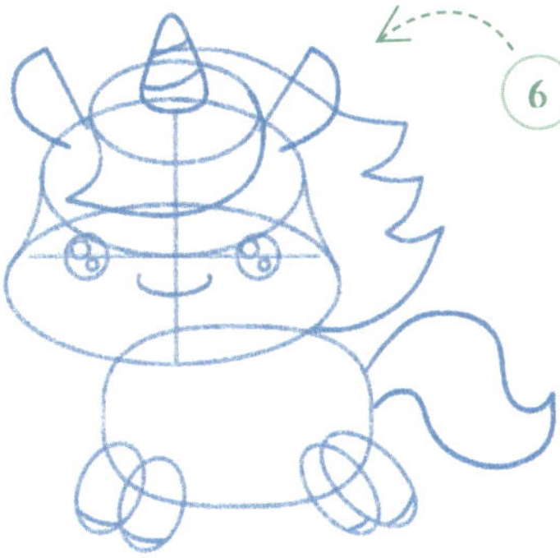

6 Mit spiralförmigen Strichen einen Kegel auf den Kopf zeichnen. Das ist das Horn.

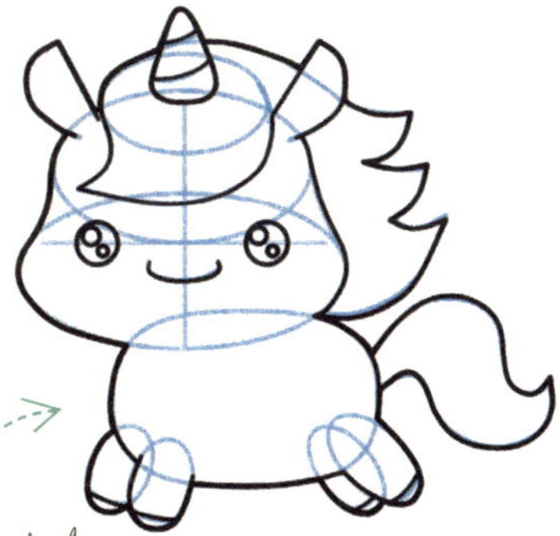

7 Die Linien mit flüssigen, gleichmäßigen Strichen nachzeichnen. Den Umriss gleichmäßig verstärken.

8 Die inneren Ohren und den Bereich von Mund und Nase mit hellem Rosa kolorieren. Horn und Hufe ausmalen.

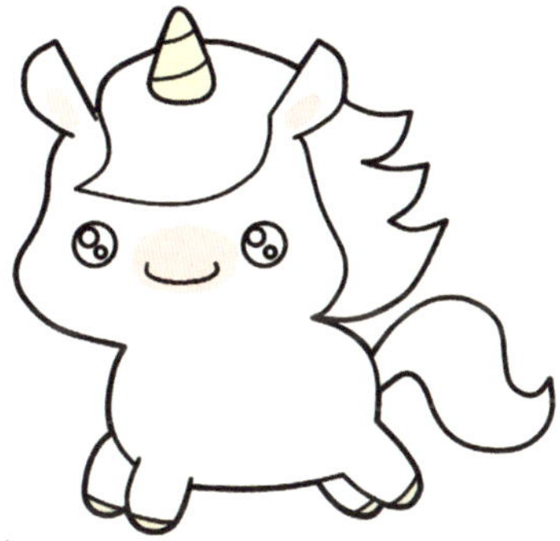

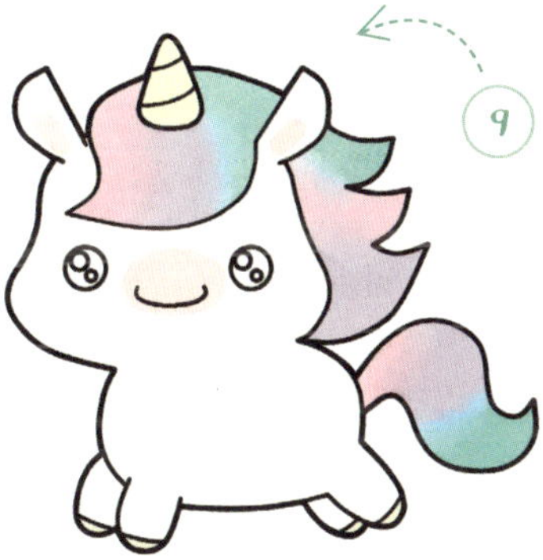

9 Für die Mähne verschiedene Pastellfarben verwenden und die Übergänge verwischen.

10 Die Augen ausmalen. Zuletzt runde rosa Wangen mit weißen Lichtreflexen hinzufügen.

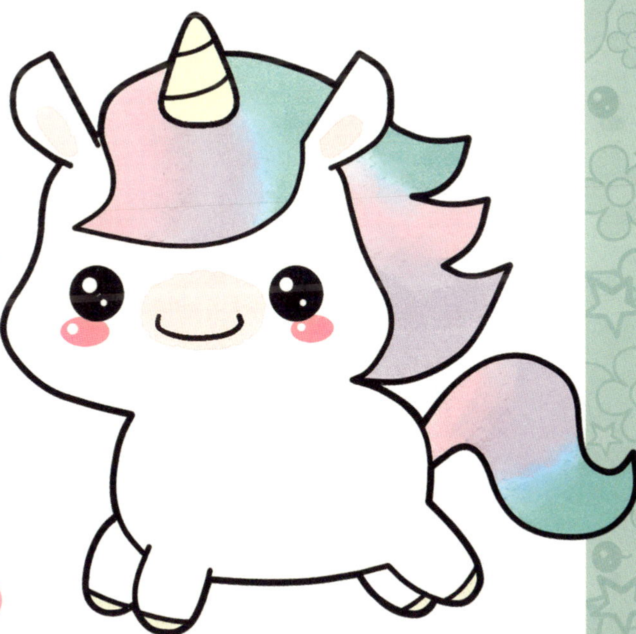

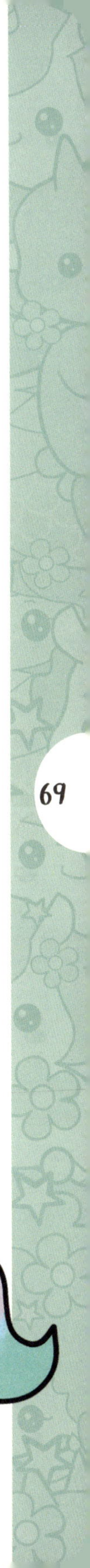

Fee

Ein bisschen Feenstaub und schon kann diese kleine Figur fliegen! Die welligen Haare und ihre Requisiten werden aus einfachen Grundformen entwickelt.

1 Mit einem Oval beginnen. Eine Mittelsenkrechte einzeichnen, dann in der unteren Hälfte eine Waagerechte ziehen. Unter das Oval einen schrägen Strich setzen.

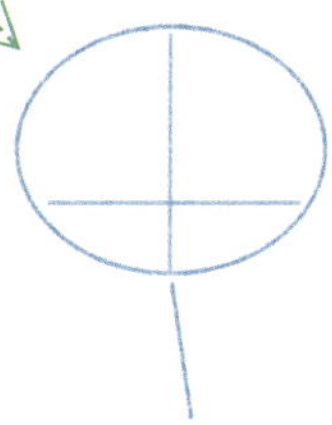

2 Um den schrägen Strich für den Körper ein kleines Oval zeichnen. Für Arme und Beine schmale, leicht gekrümmte Dreiecke anfügen.

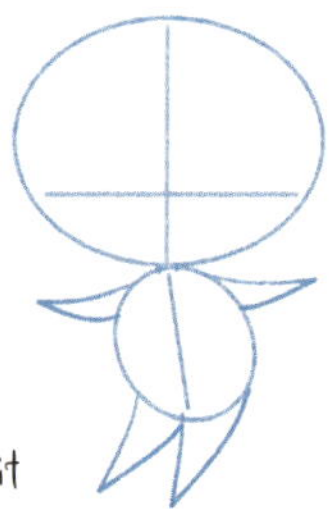

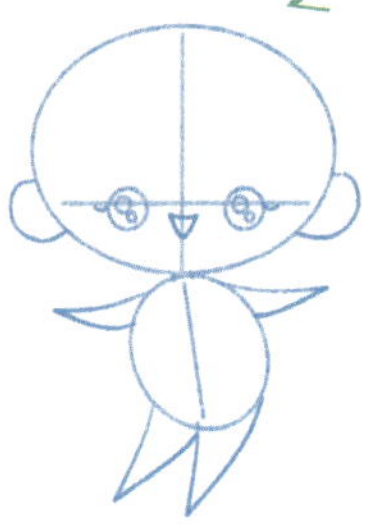

3 Große runde Augen mit Lichtreflexen, einen dreieckigen Mund und halbkreisförmige Ohren hinzufügen.

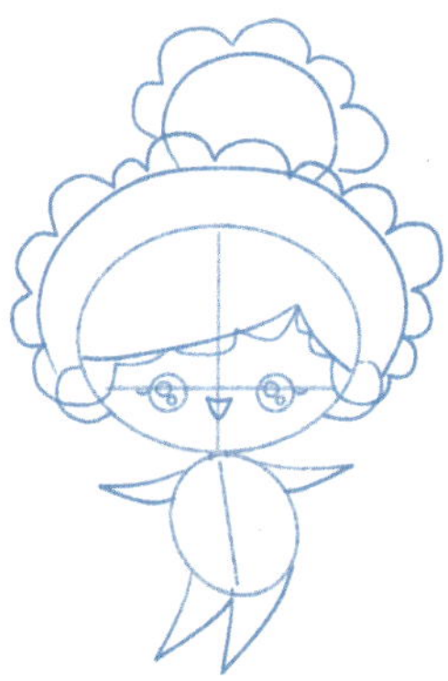

4 Die Kontur der Haare mit einem Seitenscheitel ins Gesicht zeichnen. Ein Oval für den Haarknoten auf den Kopf setzen. Viele kleine Bögen um die Haarkonturen zeichnen, um die Locken anzudeuten.

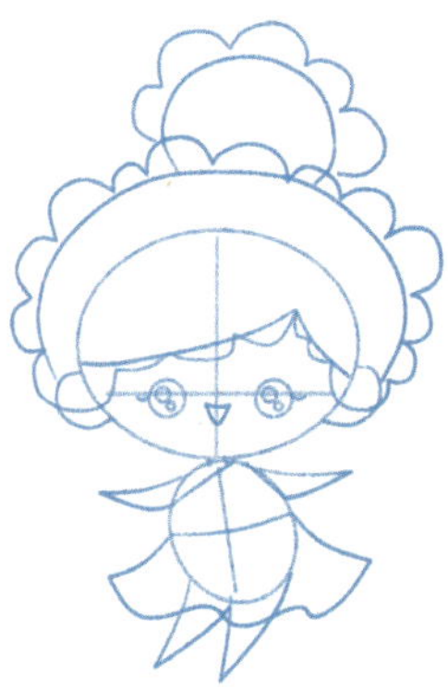

5 Den Halsausschnitt des Kleids mit einem kurzen schrägen Strich über die linke Schulter andeuten. Danach den schwingenden Rock mit dem welligen Saum hinzufügen.

6 Zwei Flügelpaare zeichnen, das obere ist größer als das untere. Zuerst die Flügel auf einer Seite zeichnen, dann die anderen möglichst spiegelbildlich.

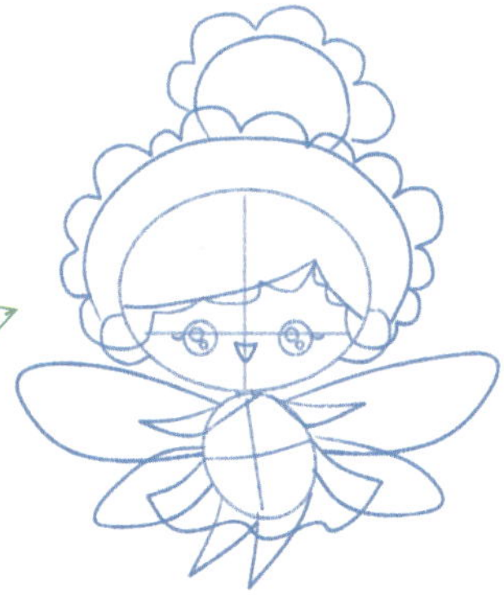

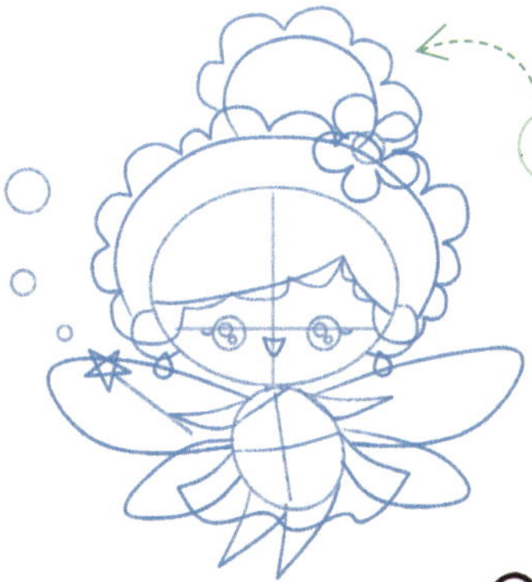

7 Eine Blüte am Haarknoten, tropfenförmige Ohrringe und einen Zauberstab mit einem Stern und Feenstaub hinzufügen.

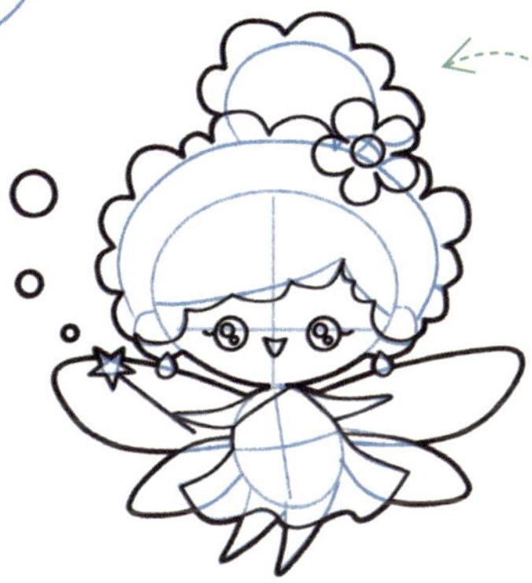

8 Die Linien mit flüssigen, gleichmäßigen Strichen nachzeichnen. Für Details einen dünneren Stift verwenden. Den Umriss gleichmäßig verstärken. Dabei soll die einfache Form erhalten bleiben.

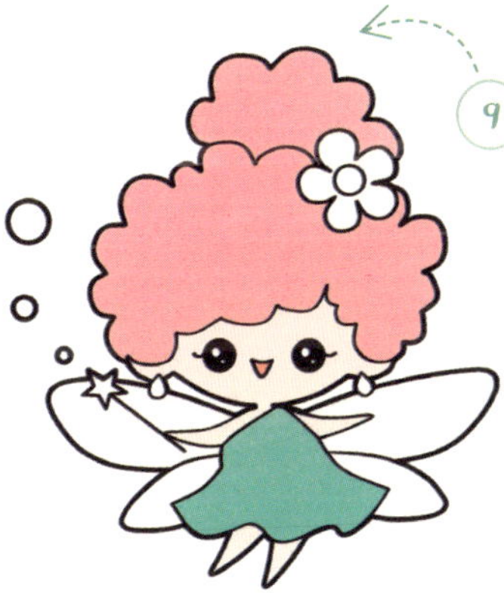

9 Die Farben für Haut, Haare und Kleid wählen und gleichmäßig auftragen. Mund und Augen ausmalen.

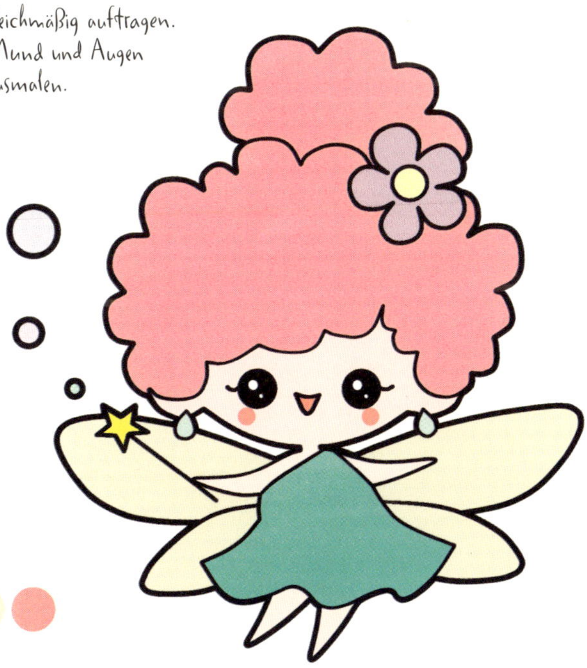

10 Die Flügel und alle Einzelheiten kolorieren. Zuletzt kleine runde Wangen mit Rosa hinzufügen.

Drache

Auch dieser kleine Drache mit seinen Hörnern und dem Zackenschwanz wird aus ganz einfachen Grundformen zusammengesetzt.

1 Mit zwei überlappenden Ovalen beginnen. Das obere ist etwas höher als das untere. Eine Mittelsenkrechte einzeichnen. Wo sich die Ovale schneiden, eine waagerechte Linie ziehen.

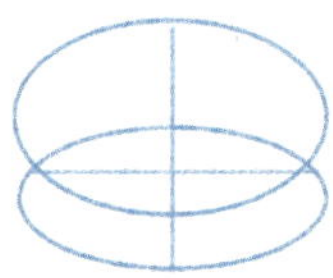

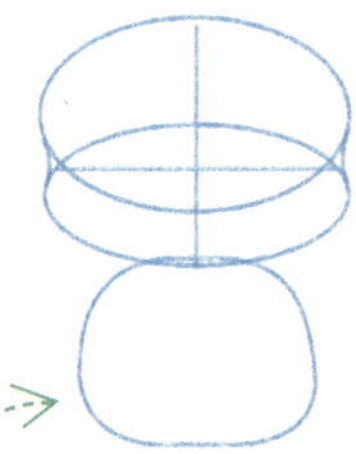

2 Die Seiten der Ovale mit nach innen gekrümmten Linien verbinden. Darunter ein abgerundetes Quadrat anfügen.

3 U-Formen für die Vorderbeine und Ovale für die Hinterbeine hinzufügen. Körper und Beine mit flüssigen Strichen verbinden.

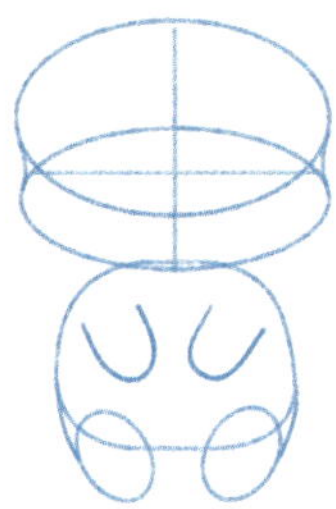

4 Anhand der Hilfslinien runde Augen mit Lichtreflexen und einen breiten W-förmigen Mund einzeichnen. Die Ohren hinzufügen.

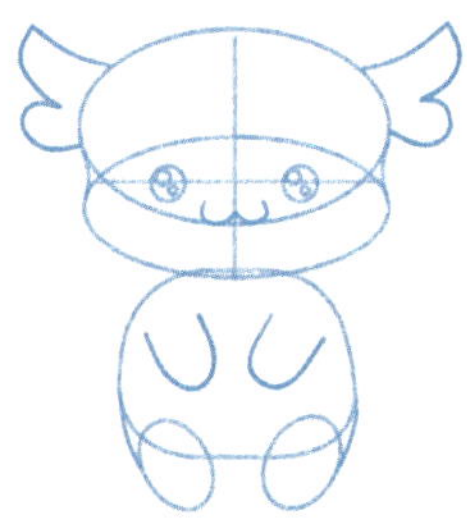

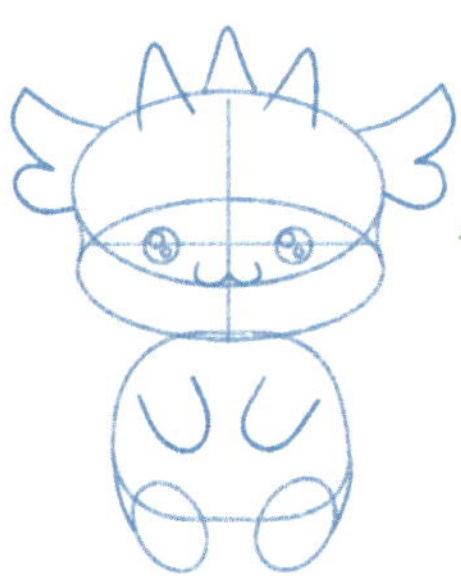

5 Auf den Kopf drei spitze Hörner zeichnen: eins in die Mitte, die beiden anderen rechts und links davon.

6 Die Flügel zeichnen.

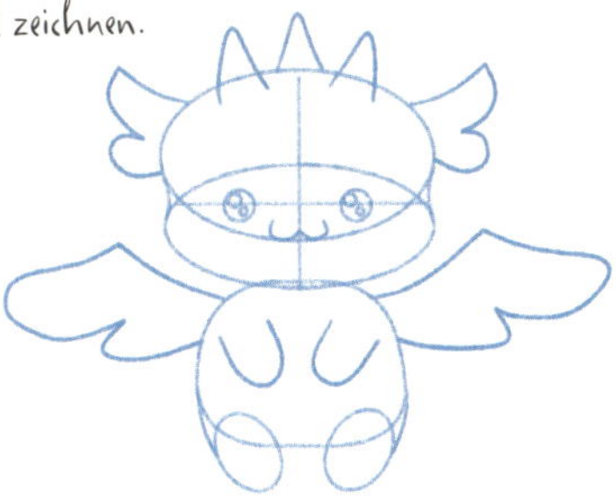

7 Für den Schwanz zuerst ein längliches Dreieck an den Körper anfügen, dann entlang seiner Oberkante die Zacken zeichnen.

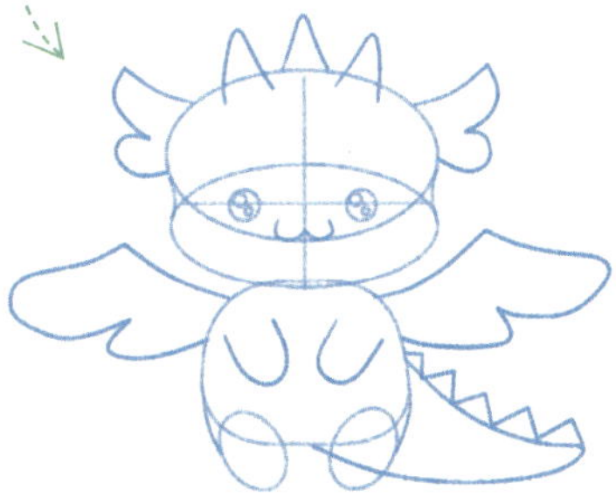

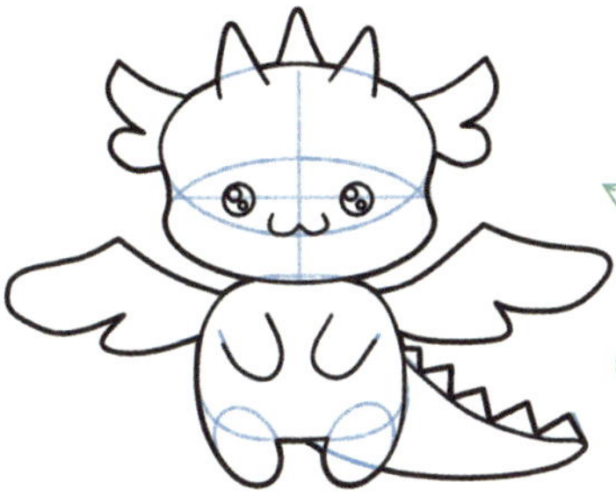

8 Die Linien mit flüssigen, gleichmäßigen Strichen nachzeichnen. Den Umriss gleichmäßig verstärken.

9 Gesicht, Körper und Schwanz mit Hellgrün kolorieren. Schnauze und Brustfleck bleiben weiß.

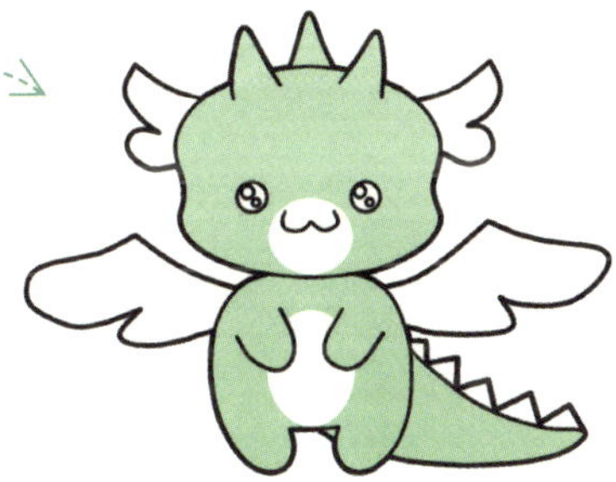

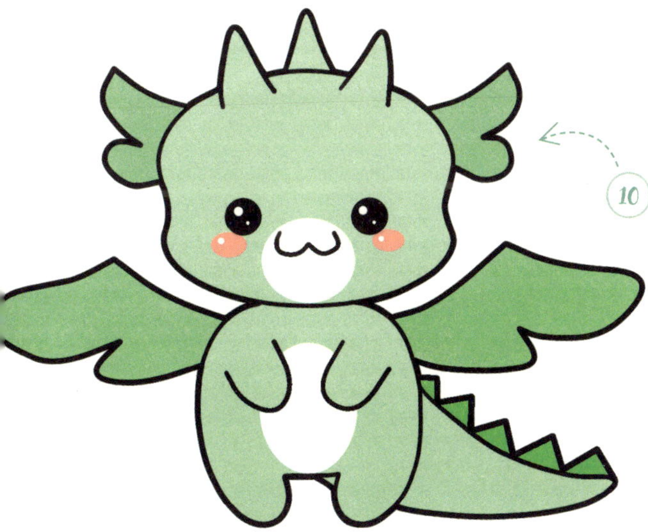

10 Ohren, Flügel und Zacken mit einem dunkleren Grün kolorieren. Die Augen ausmalen. Zuletzt runde rosa Wangen mit weißen Lichtreflexen hinzufügen.

Meerjungfrau

Schwanz, Flosse und Haare der Meerjungfrau werden mit schwungvollen und welligen Strichen gezeichnet.

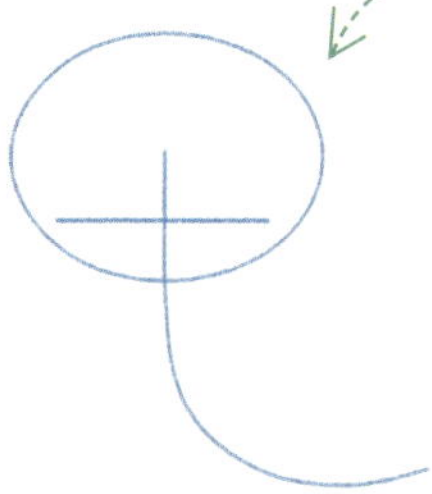

1 Mit einem Oval beginnen. In die untere Hälfte ein Kreuz zeichnen und mit einem Bogen nach rechts verlängern.

2 Um den Bogen herum eine gekrümmte, blattähnliche Form zeichnen.

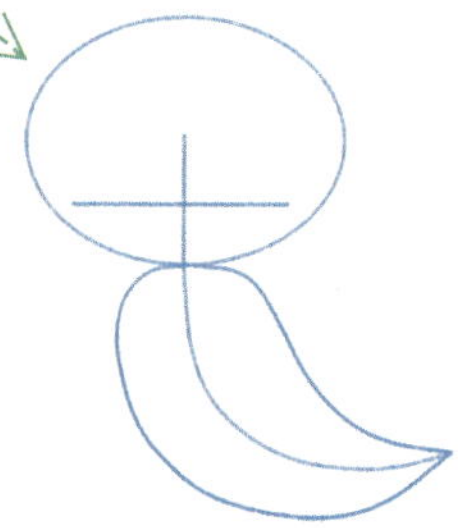

3 Für die Arme schmale Dreiecke anfügen. Runde Augen mit Lichtreflexen und einfachen Wimpern sowie einen kleinen U-förmigen Mund zeichnen.

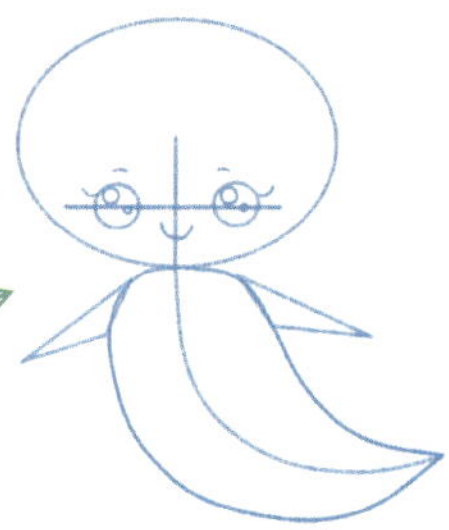

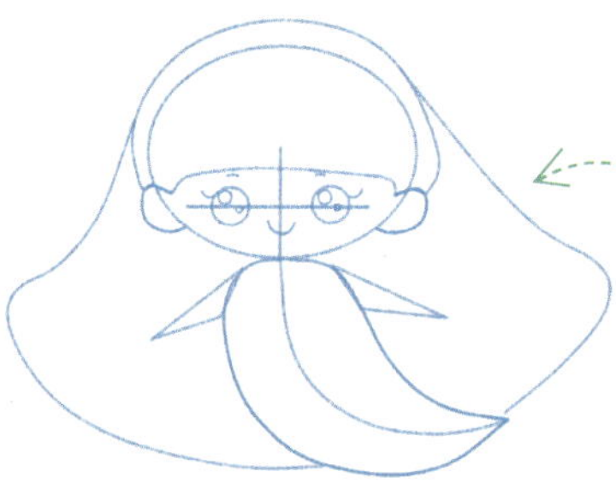

4 Die Ohren anfügen. Die Kontur des Ponys in das Gesicht zeichnen, dann den Umriss der langen Hare hinzufügen.

5 Für die Hände winzige V-Formen an die Arme anfügen. Für das Bikinioberteil ein Kreuz aus leicht gekrümmten Strichen auf die Brust zeichnen. Die Taille markieren. Für die Schwanzflosse zwei kleine Blattformen ans Schwanzende setzen.

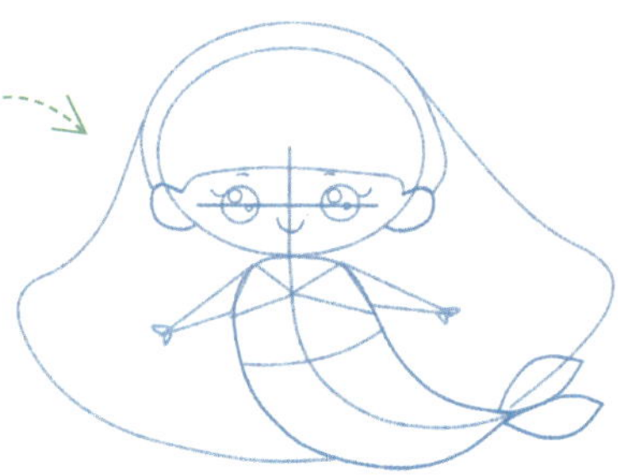

6 Die seitlichen Umrisse der Haare wellig gestalten und einige Wellen ins Haar zeichnen. Zwei sternförmige Haarspangen über dem rechten Ohr hinzufügen. Die hintere ist etwas kleiner. Das Schuppenmuster auf dem Schwanz andeuten.

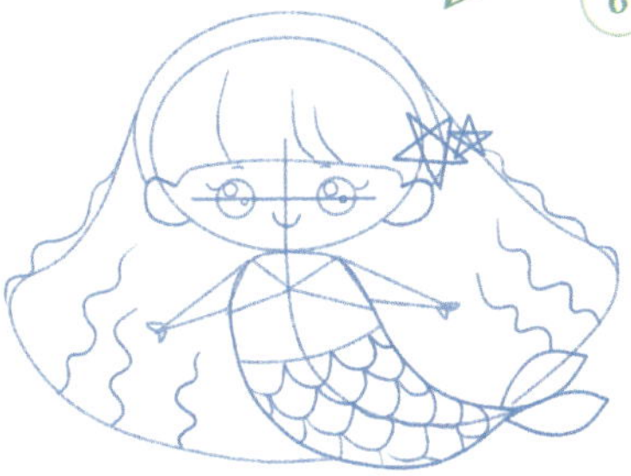

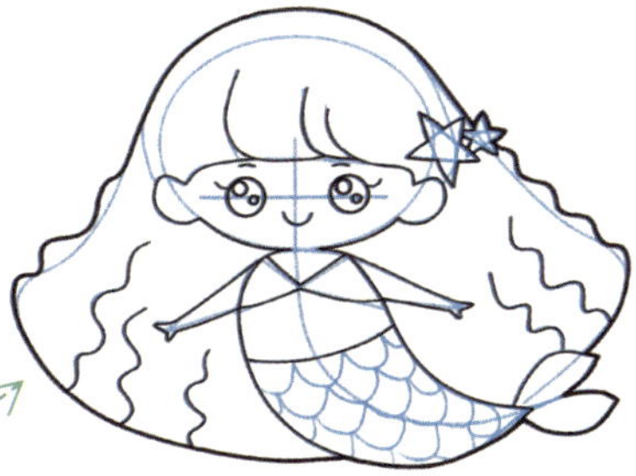

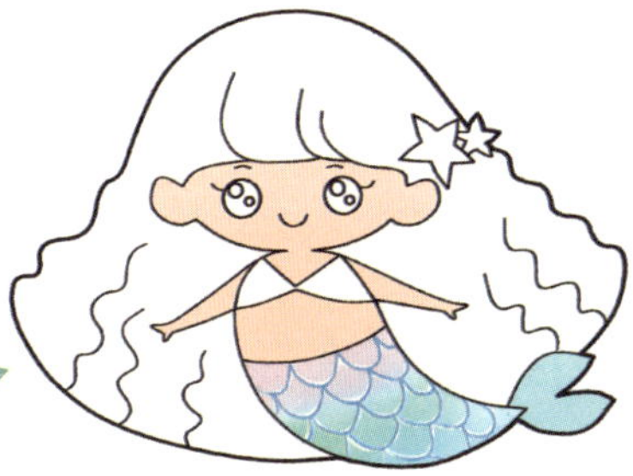

7 Die Linien mit flüssigen, gleichmäßigen Strichen nachzeichnen. Den Umriss gleichmäßig verstärken.

8 Die Haut gleichmäßig kolorieren. Für die Schuppen Rosa, Grün und Blau verwenden. Die Konturen der Schuppen bleiben weiß.

9 Haare und Augen kolorieren. Die Konturen der Schuppen mit dem weißen Gelstift nachzeichnen.

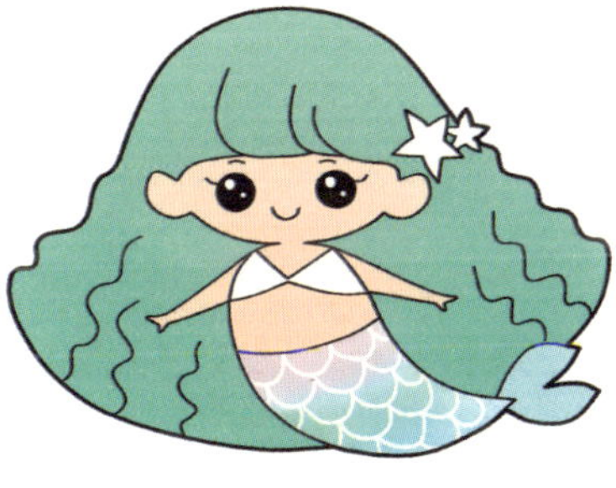

10 Haarspangen und Bikinioberteil kolorieren. Zuletzt die rosa Wangen mit den weißen Lichtreflexen hinzufügen.

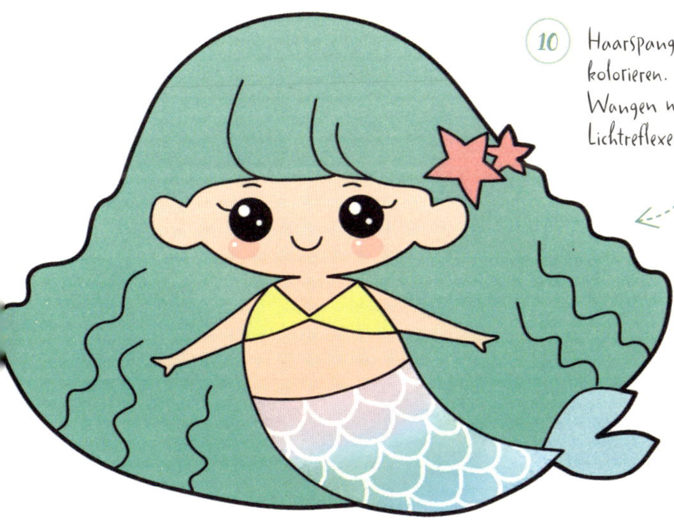

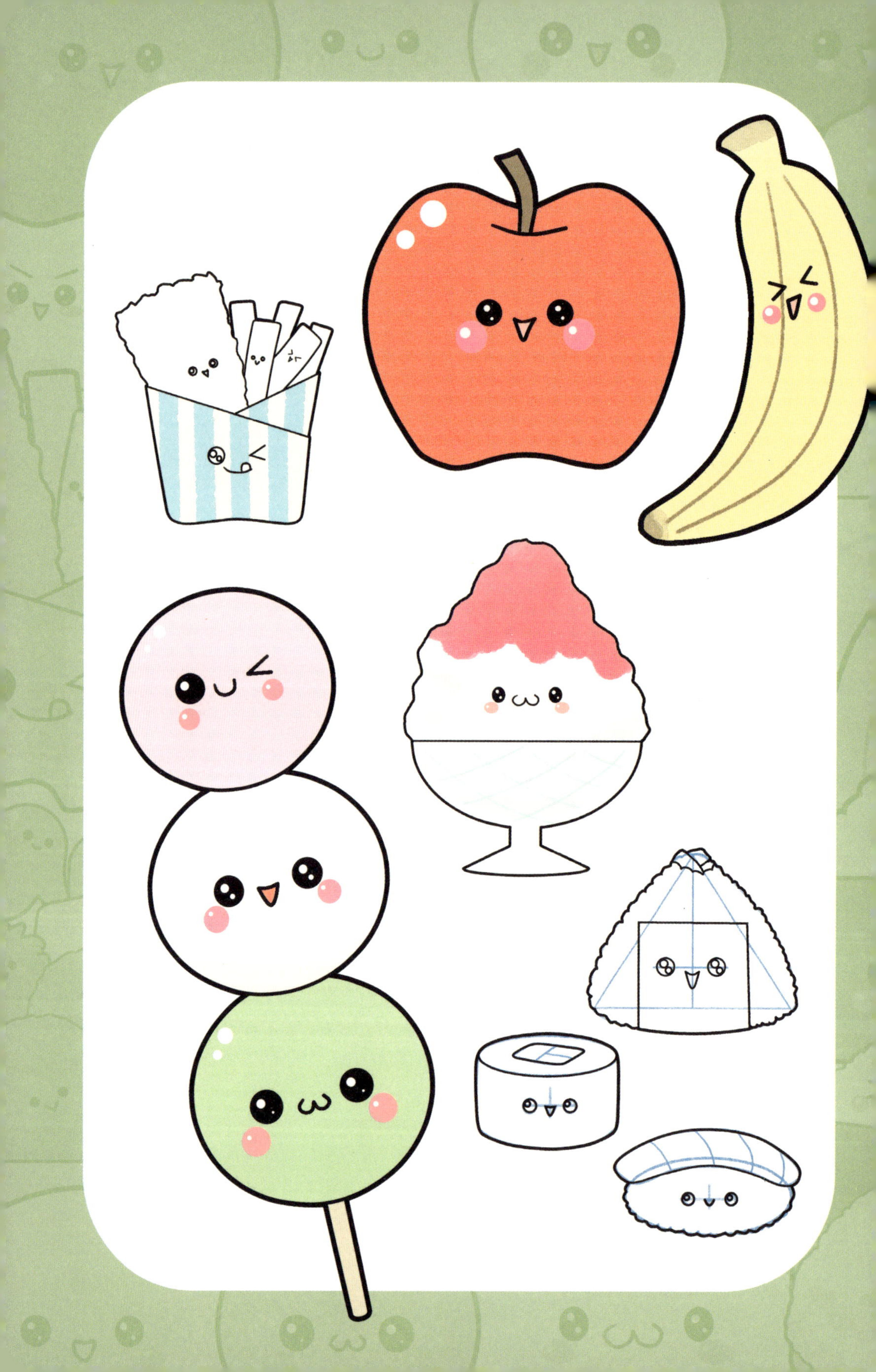

Essbares

Sushi

Hier gibt es gleich zwei Sushi-Klassiker: Futomaki (gerollt) und Nigiri (Reis mit Belag).

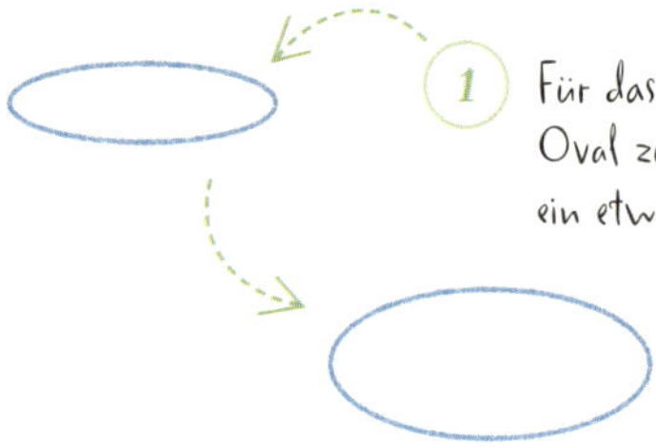

1 Für das Futomaki (links) ein flaches Oval zeichnen, für das Nigiri (rechts) ein etwas höheres Oval.

2 Für das Futomaki aus dem Oval einen Zylinder konstruieren. Dafür sind nur drei Striche nötig. Für das Nigiri auf das Oval eine leicht überlappende Wurstform zeichnen.

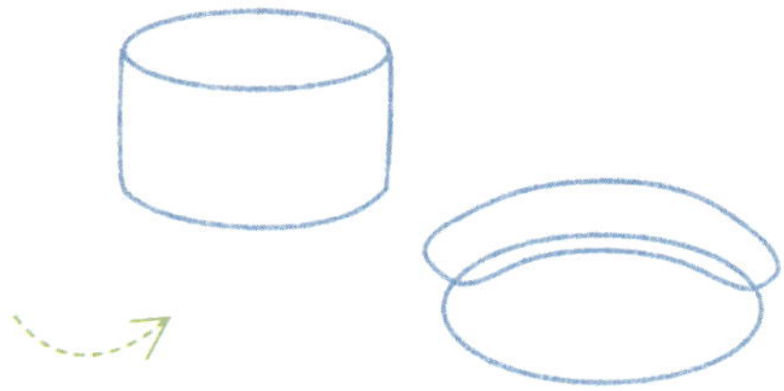

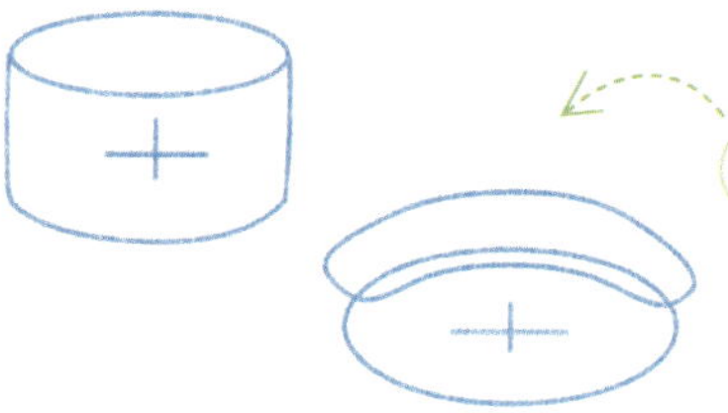

3 In die Mitte jedes Sushi ein Kreuz setzen.

4 Anhand dieser Hilfslinien auf beide Sushi runde Augen mit Lichtreflexen zeichnen. Das Futomaki bekommt einen dreieckigen Mund, das Nigiri einen V-förmigen.

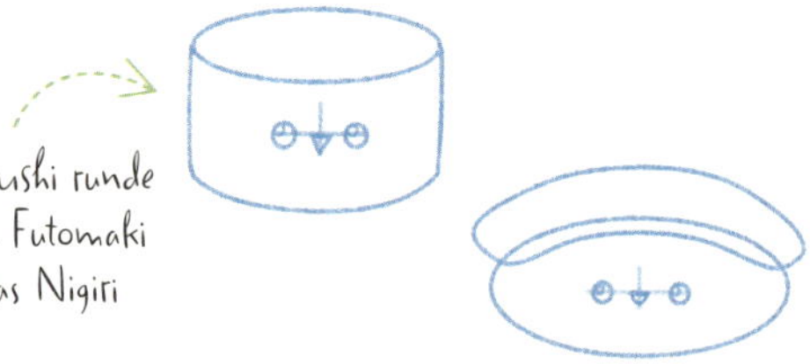

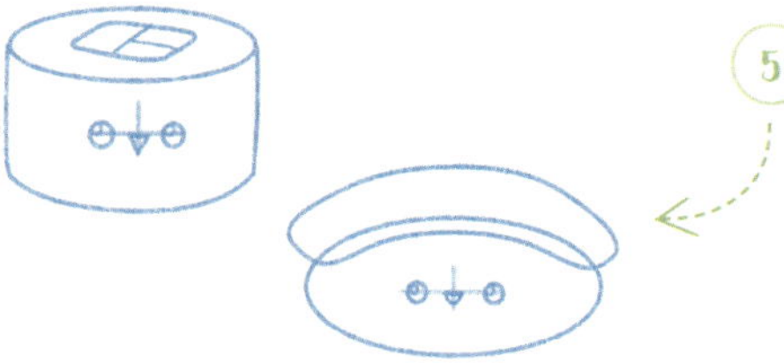

5 Nun folgen einige Details. Auf die Oberseite des Futomaki ein abgerundetes Rechteck zeichnen, halbieren und die rechte Seite nochmals halbieren. Das ist die eingerollte Füllung.

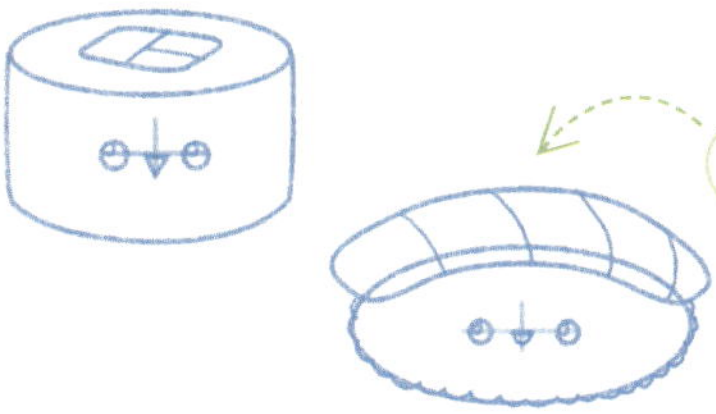

6 Auf dem oberen Teil des Nigiri vier gekrümmte Striche einzeichnen. Die untere Kontur etwas welliggestalten, um die Reiskörner anzudeuten.

7 Die Linien mit flüssigen, gleichmäßigen Strichen nachzeichnen. Alle Ecken sollen rund und weich aussehen. Den Umriss gleichmäßig verstärken.

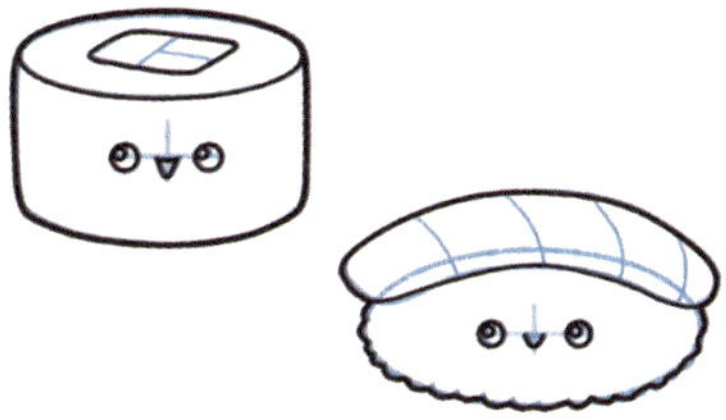

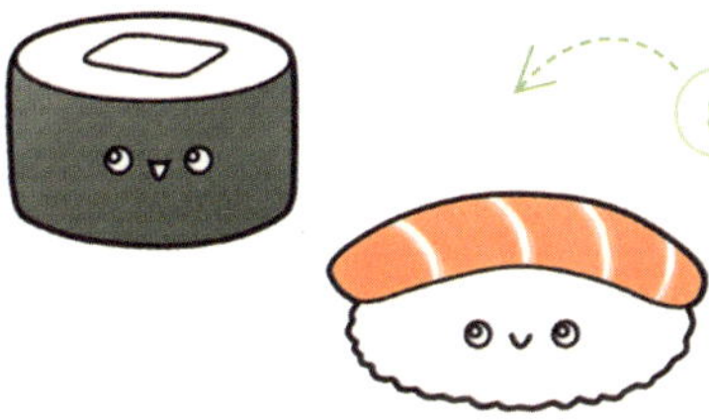

8 Jetzt wird koloriert. Beim Futomaki die äußere Umhüllung aus Seetang schwärzlich-grün malen. Für den Belag des Nigiri Lachsrosa verwenden, die Querstriche aber weiß lassen.

9 Für die Füllung des Futomaki mehrere Farben verwenden: Gelb für das Omelette, grün für das Gemüse und scheckiges Rot-Weiß für das Krebsfleisch.

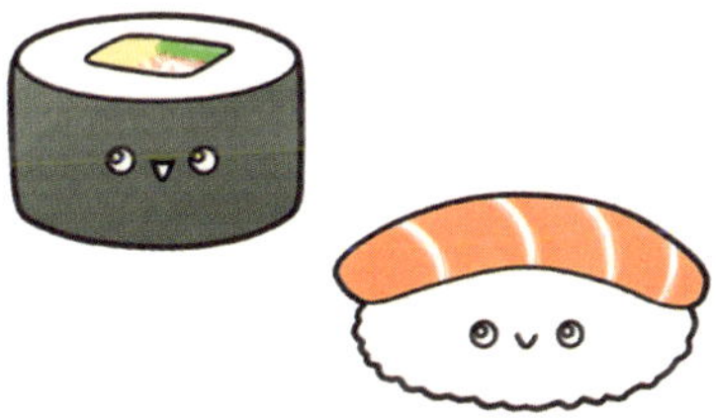

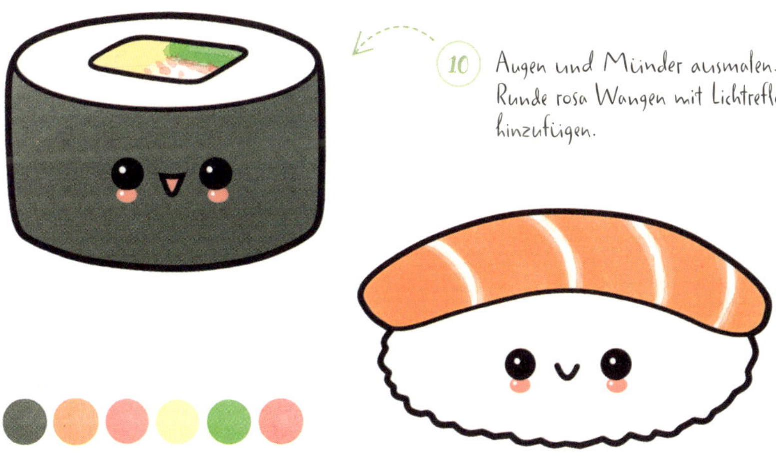

10 Augen und Münder ausmalen. Runde rosa Wangen mit Lichtreflexen hinzufügen.

Fish and Chips

So eine Tüte Fish and Chips kann man gut aus der Hand essen. Lebensmittel sehen appetitlicher aus, wenn man sie in sanften Farben koloriert.

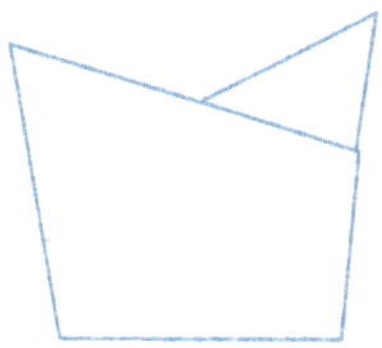

1 Mit einem Trapez und einem kleinen Dreieck beginnen. Das ist die Papptüte.

2 Die unteren Ecken abrunden und den Boden etwas nach oben krümmen.

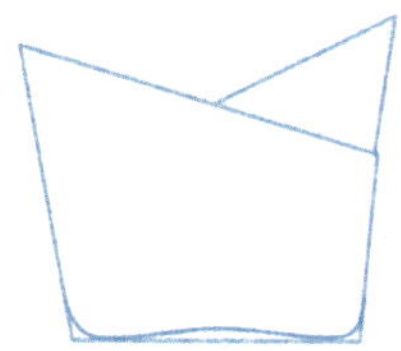

3 Das Fischfilet mit drei Strichen zeichnen. Eine etwas wellige Kontur hinzufügen, um den luftigen Backteig anzudeuten.

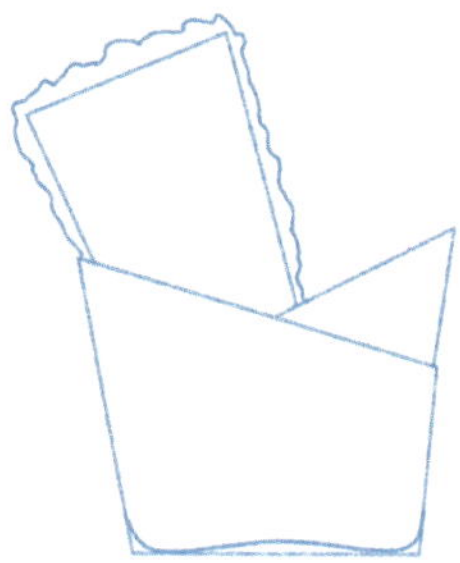

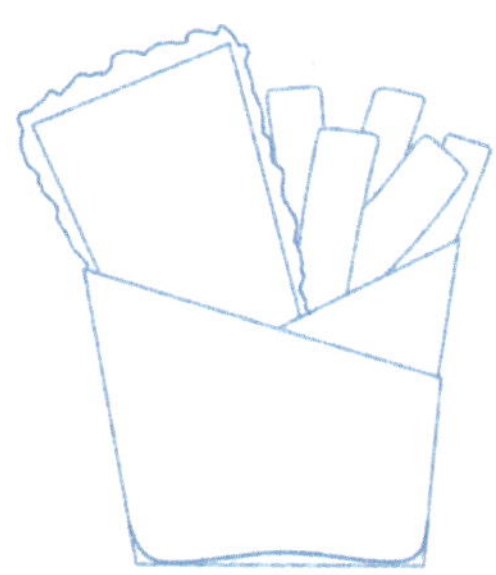

4 Neben dem Fisch mehrere länglich-rechteckige Pommes unregelmäßig anordnen.

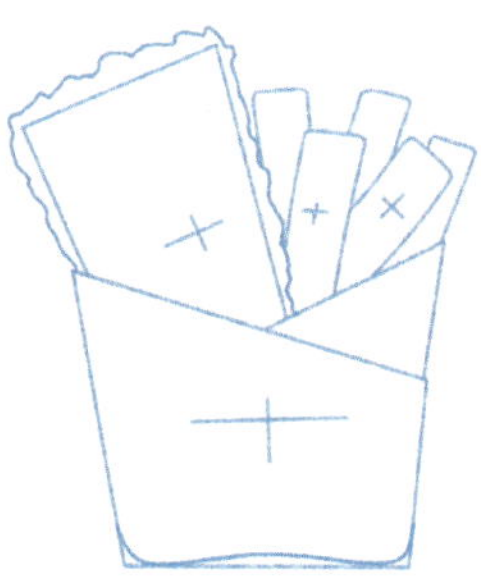

5 Kreuze auf Fisch, Pommes und Papptüte zeichnen. Sie helfen beim Platzieren der Gesichter.

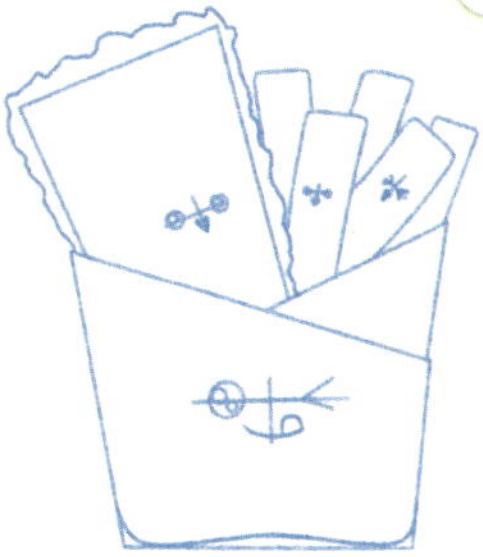

6 Augen und Münder einzeichnen – am besten mit verschiedenen Gesichtsausdrücken.

7 Die Linien mit flüssigen, gleichmäßigen Strichen nachzeichnen. Für Details einen dünneren Stift verwenden. Den Umriss gleichmäßig verstärken.

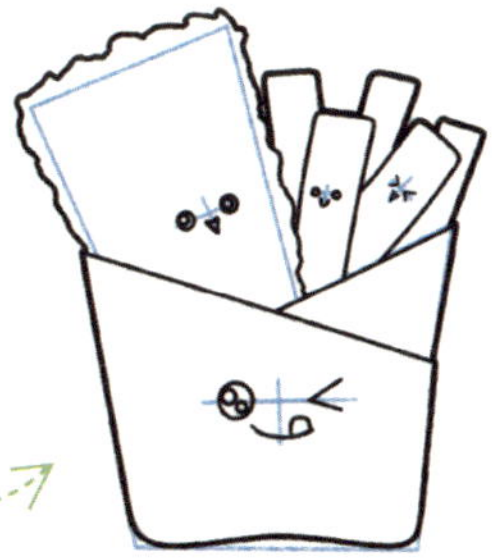

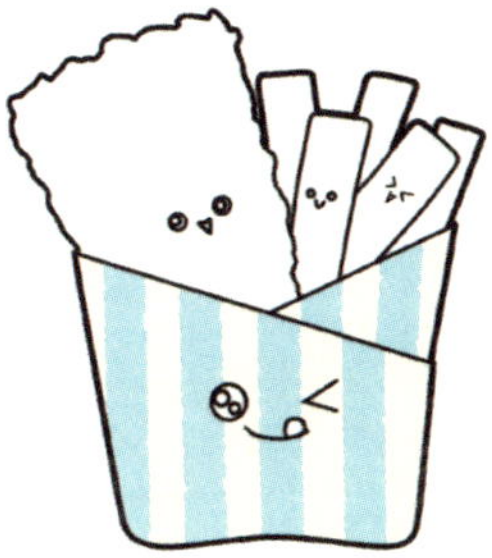

8 Die Papptüte in einer hellen Farbe gleichmäßig kolorieren, dann die Streifen hinzufügen.

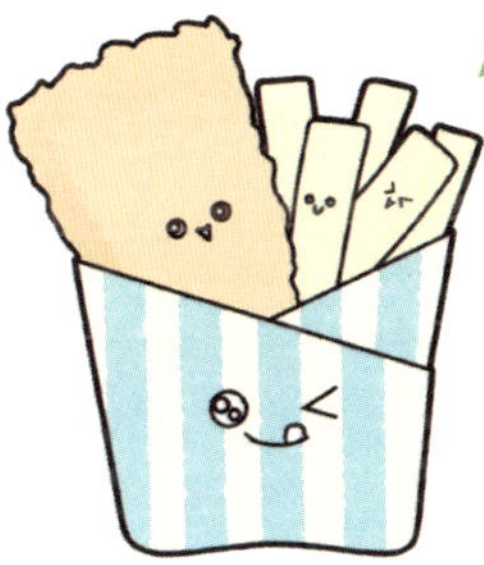

9 Fisch und Pommes kolorieren. Jeweils auf der linken Seite einen etwas dunkleren Farbton verwenden, um Schatten anzudeuten.

10 Augen und Münder ausmalen, dann runde rosa Wangen hinzufügen. Zuletzt mit dem weißen Gelstift kleine Lichtreflexe auf die Wangen setzen.

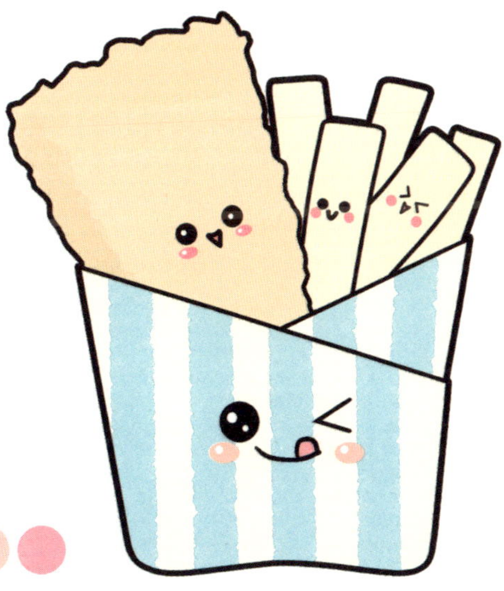

Bubble Tea

Dieses erfrischende Getränk stammt aus Taiwan. Es besteht aus Tee, Milch, Früchten und Tapiokaperlen.

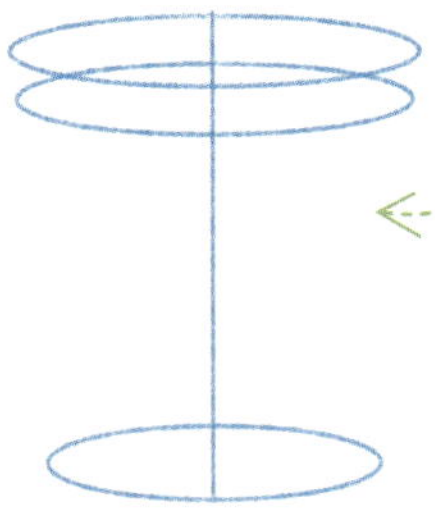

1 Mit einem senkrechten Strich beginnen. Drei flache Ovale anfügen – zwei überlappende oben, eins unten. Das größte Oval liegt oben, das kleinste unten.

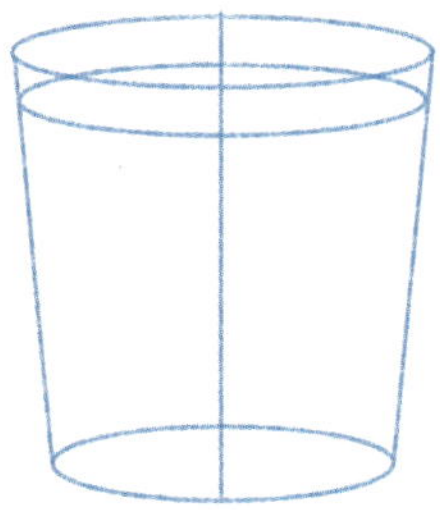

2 Die Seiten verbinden – fertig ist der Becher.

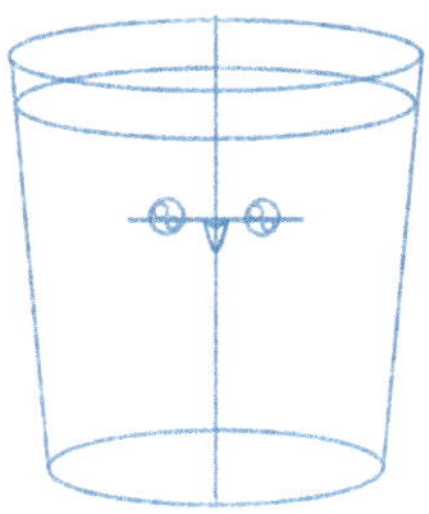

3 Etwas über der Mitte eine kurze waagerechte Hilfslinie für das Gesicht zeichnen. Die Augen und einen dreieckigen Mund einzeichnen.

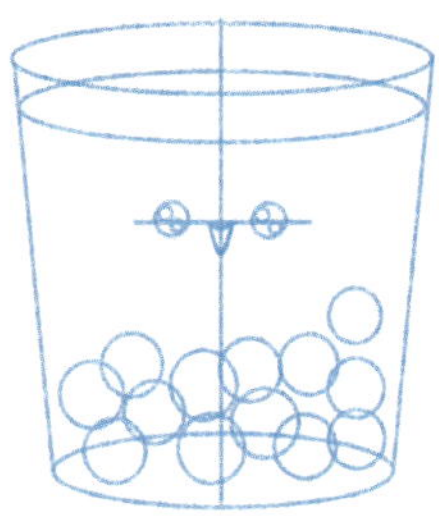

4 Mehrere Kreise auf den Boden des Bechers zeichnen. Einige davon sollen einander überlappen.

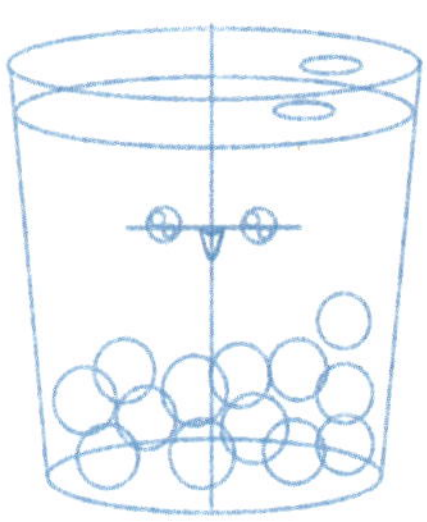

5 Nahe am Becherrand zwei kleine, flache Ovale zeichnen.

6 Die Seiten der Ovale verbinden und daraus einen Trinkhalm entwickeln.

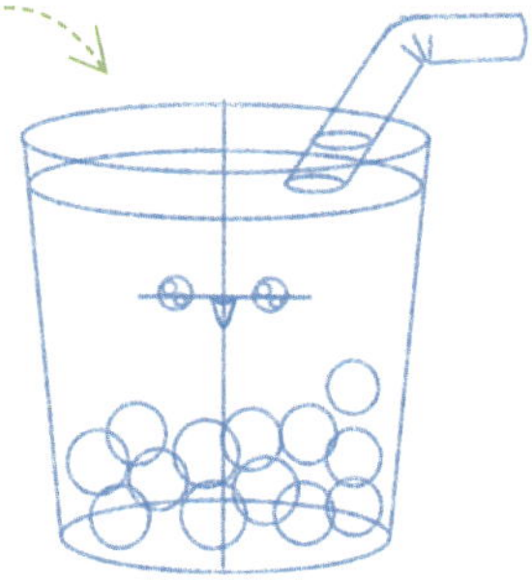

7 Die Linien mit flüssigen, gleichmäßigen Strichen nachzeichnen. Den Umriss gleichmäßig verstärken.

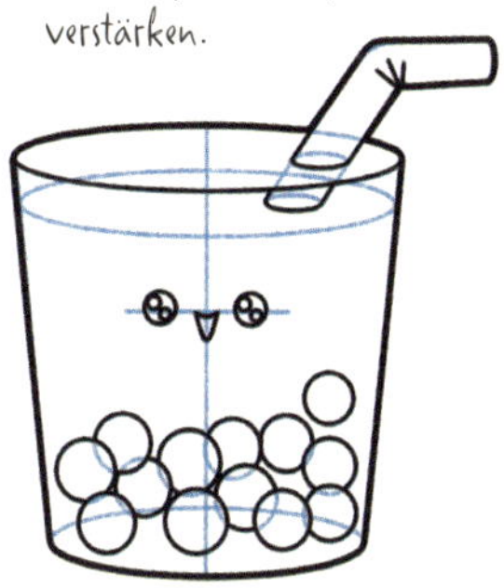

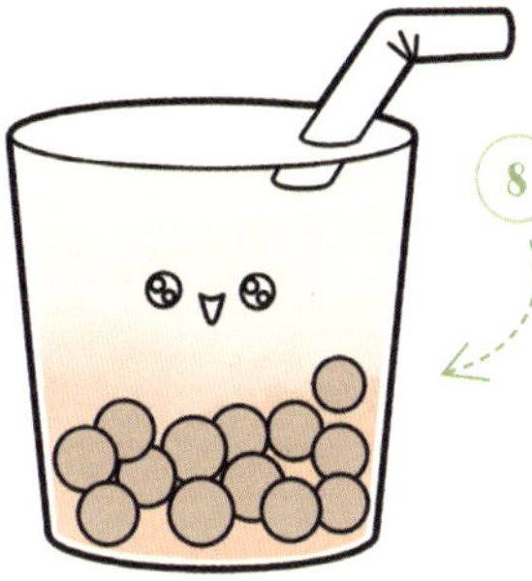

8 Jetzt wird koloriert. Für das Innere des Bechers unten mit Hellbraun beginnen und die Farbe nach oben zu Weiß übergehen lassen.

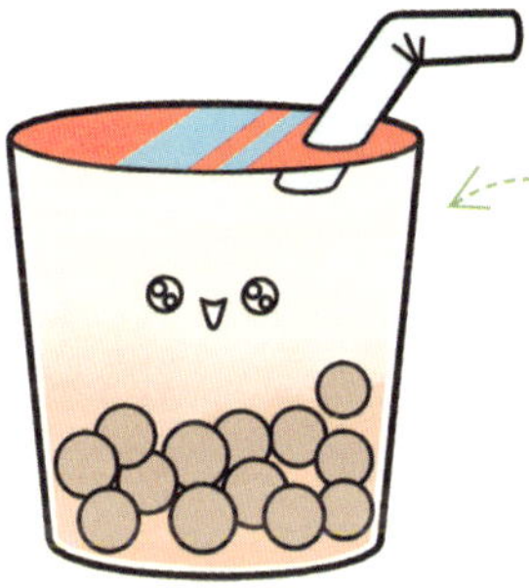

9 Den Deckel kolorieren und die schrägen Streifen aufmalen. Dann den Trinkhalm ausmalen.

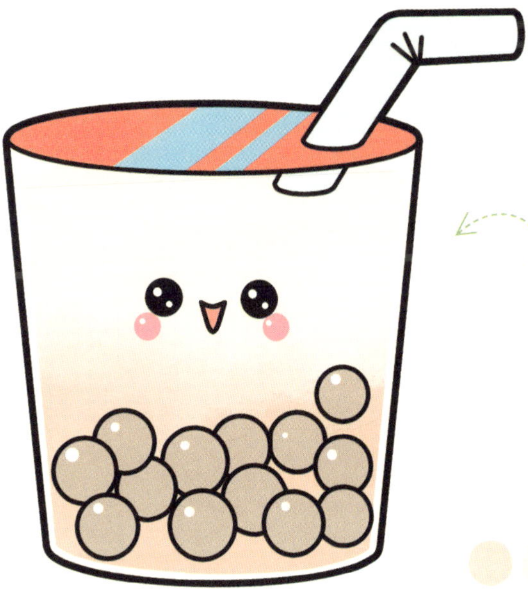

10 Augen und Mund ausmalen. Runde rosa Wangen hinzufügen. Zuletzt mit dem weißen Gelstift Lichtreflexe auf die Wangen und einige der Kugeln im Becher setzen.

Reiskugel

Kugeln aus Klebreis, die in Seetang gewickelt werden, isst man in Japan gern als Snack.

1 Ein gleichseitiges Dreieck mit einer Mittelsenkrechten zeichnen.

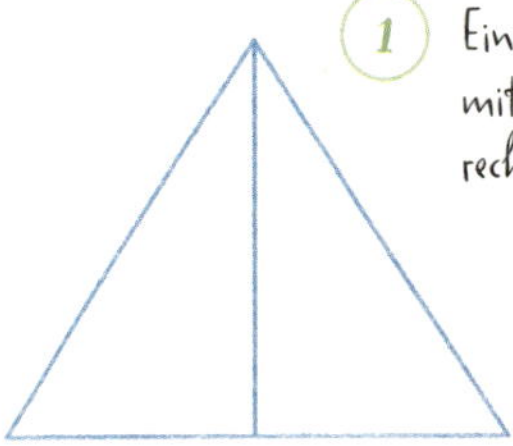

2 Ringsherum eine etwas rundere Dreiecksform zeichnen.

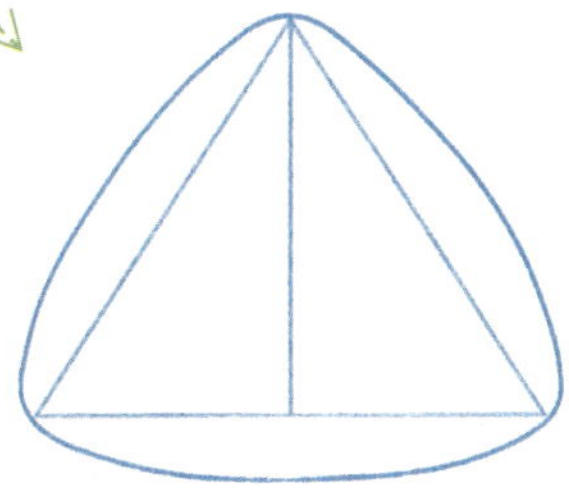

3 In den unteren Bereich des Dreiecks ein Quadrat einfügen.

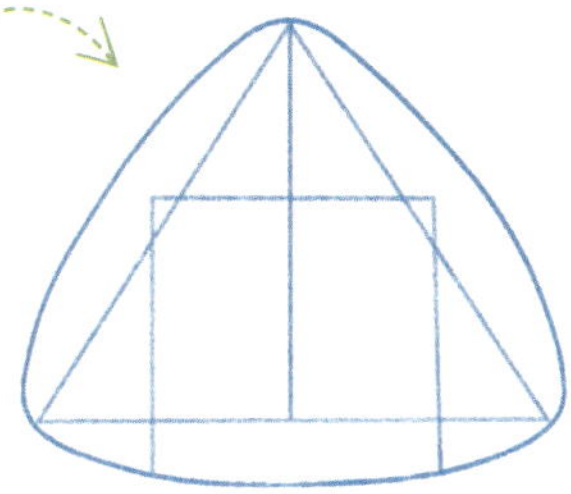

4 Die äußere Kontur wellig gestalten, um die Reiskörner anzudeuten.

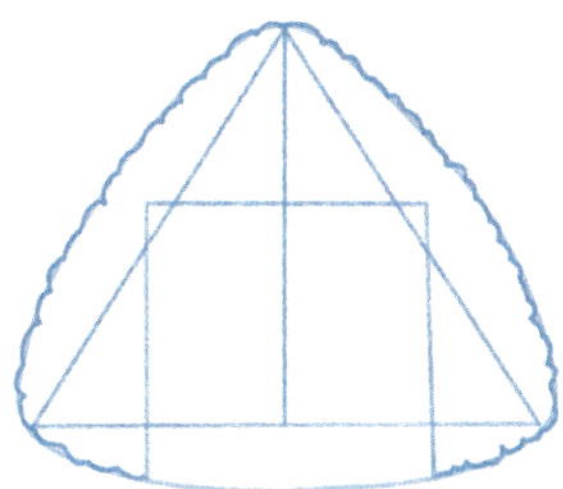

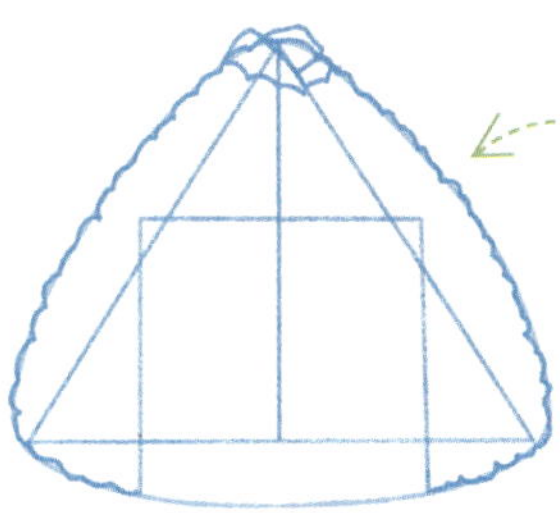

5 Einige Flockenformen auf der Spitze des Dreiecks skizzieren. Das ist das Topping aus gegrilltem, zerpflücktem Lachs.

6 Eine kurze Waagerechte in das Quadrat zeichnen. Sie dient als Hilfslinie für das Gesicht. Augen mit Lichtreflexen und den Mund hinzufügen.

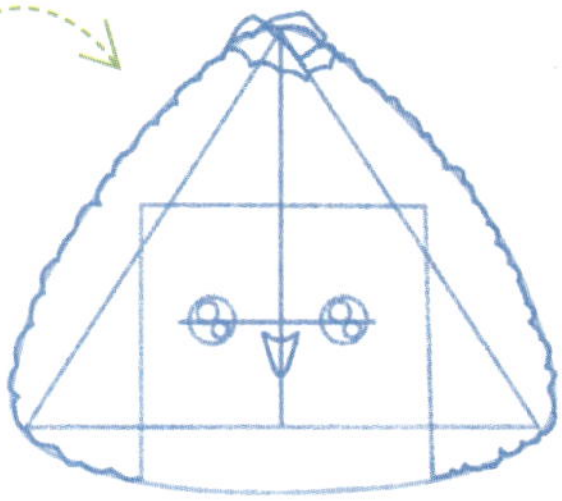

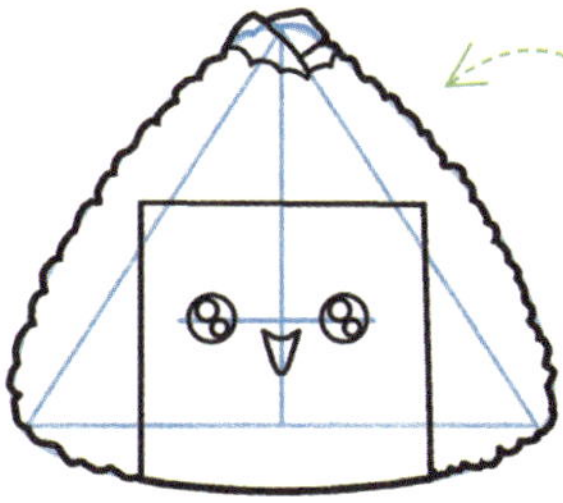

7 Die Linien mit flüssigen, gleichmäßigen Strichen nachzeichnen. Den Umriss gleichmäßig verstärken.

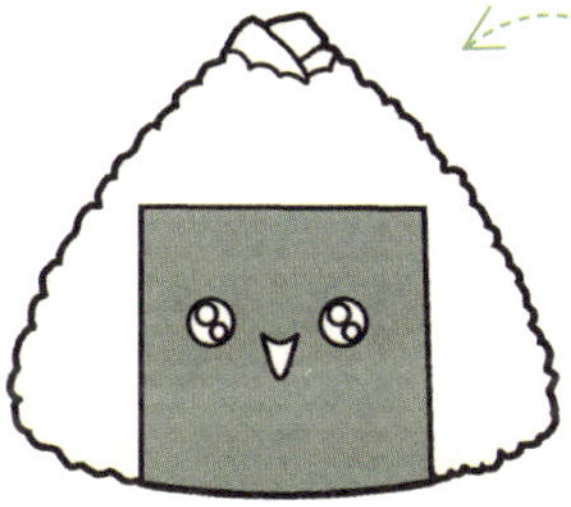

8 Den Seetang gleichmäßig mit einem schwärzlichen Grün kolorieren.

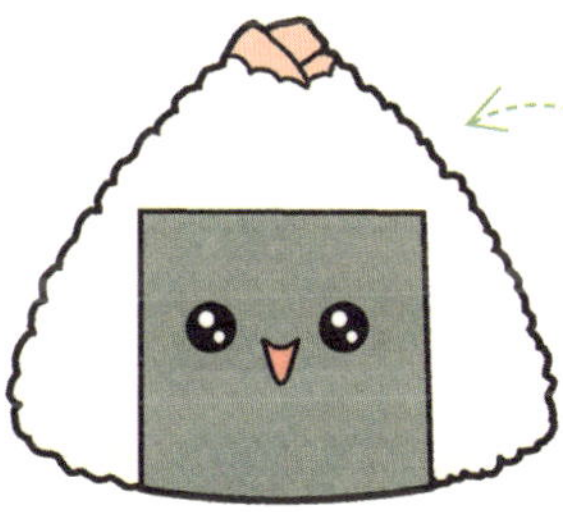

9 Für das Topping ein Lachsrosa verwenden. Augen und Mund ausmalen.

10 Die runden rosa Wangen hinzufügen. Zuletzt mit einem weißen Gelstift die Lichtreflexe einfügen.

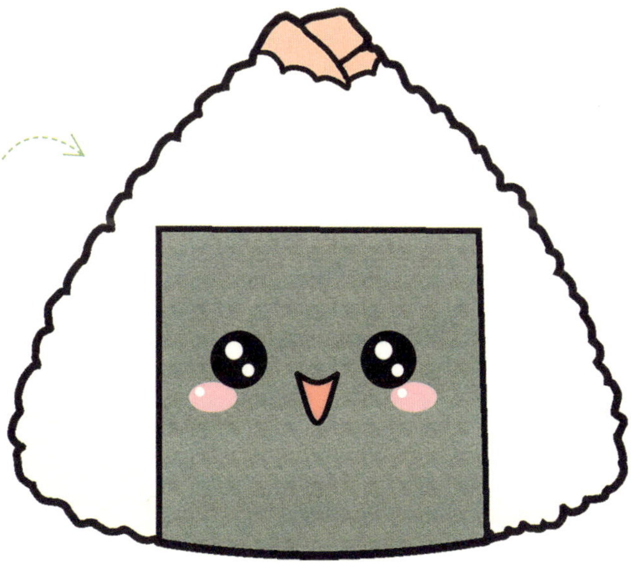

Bento

Bento nennt man in Japan eine Lunchbox, die mit allerlei Leckereien gefüllt und zur Arbeit oder zur Schule mitgenommen wird.

1 Für die Box mit einem Rechteck mit abgerundeten Ecken beginnen. Durch einen Strich darunter die Tiefe der Box andeuten.

2 Links in die Box zwei abgerundete Dreiecke zeichnen. Das sind Reiskugeln. Auf eine der Kugeln ein Quadrat für die Nori-Alge zeichnen.

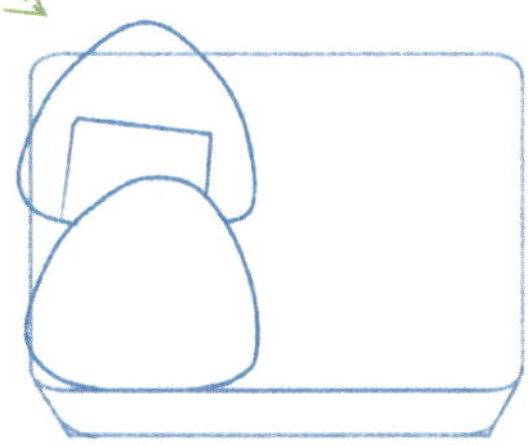

3 Daneben zwei überlappende Kreise zeichnen. Das sind Fleischklößchen.

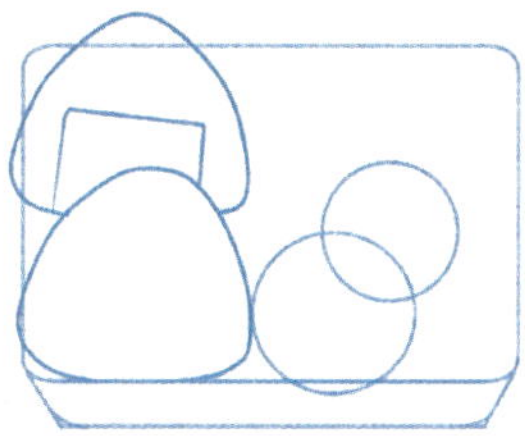

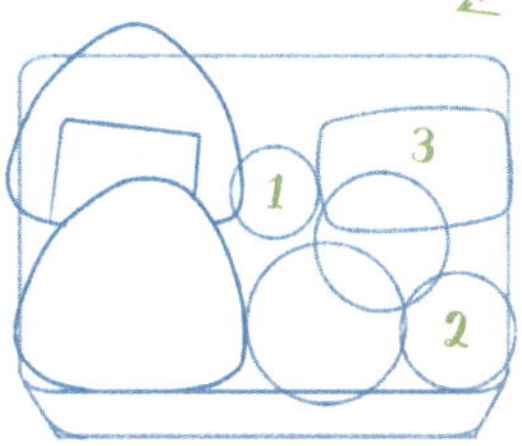

4 Links von den Fleischklößchen einen kleineren kreis zeichnen (1), einen mittelgroßen in die untere rechte Ecke (2). Ein abgerundetes Rechteck (3) stellt ein Stück Omelett dar und überlappt eins der Fleischklößchen.

5 Nun folgen weitere Details. Der Kreis links von den Fleischklößchen (1) ist Brokkoli. Er bekommt einen glatten Stiel und eine wellige obere Kontur. Der Kreis unten rechts (2) ist eine Tomate. Sie bekommt einen Stiel. Über der Tomate liegt ein weiteres Stück Brokkoli, das ebenfalls eine wellige Kontur bekommt.

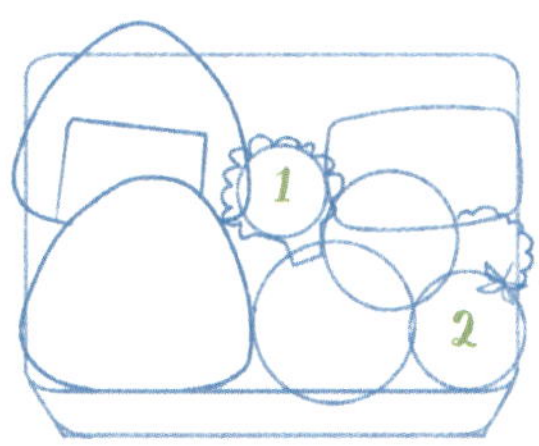

6 Eine Wellenlinie über dem Rand der Box zeichnen und darunter zwei kleine kreise einfügen. An einen Kreis drei kleine Zacken anfügen. Das sind die Arme eines kleinen Tintenfischs.

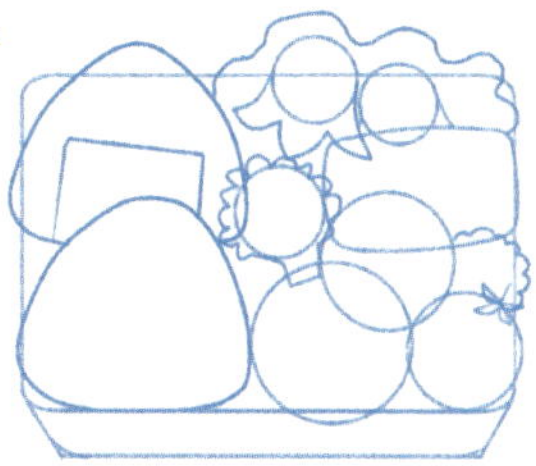

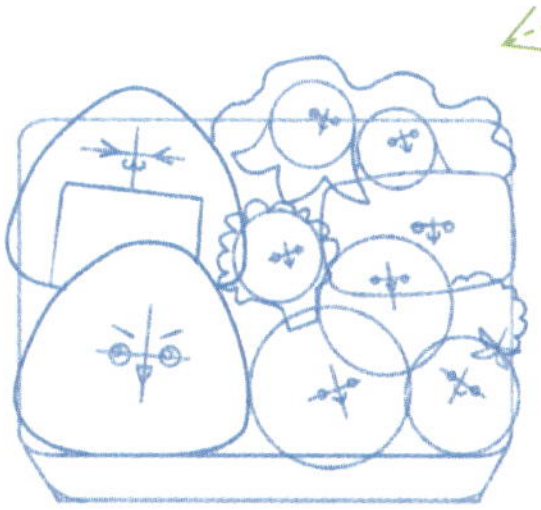

7 In die Mitte jeder Zutat ein Kreuz zeichnen, dabei die Winkel variieren. Augen und Münder einzeichnen, dabei verschiedene Gesichtsausdrücke darstellen.

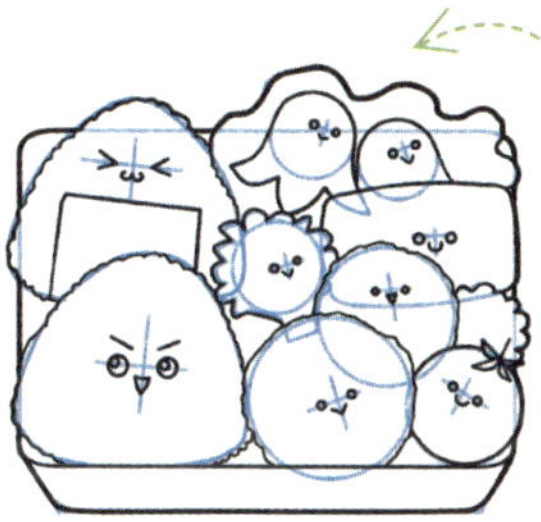

8 Die Linien mit flüssigen, gleichmäßigen Strichen nachzeichnen. Für kleine Details einen dünneren Stift verwenden. Dann die Konturen gleichmäßig verstärken.

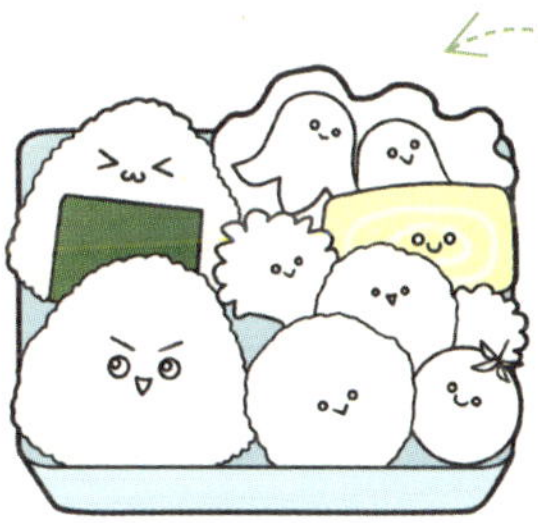

9 Die Elemente kolorieren. Das Omelett ist gelb mit einer weißen Spirale.

10 Die restlichen Zutaten, sowie die Augen und Münder kolorieren. Dann auf einige rosa Wangen malen. Zuletzt kleine weiße Lichtreflexe auf die Wangen, die Tomate und einen Tintenfisch setzen. Guten Appetit.

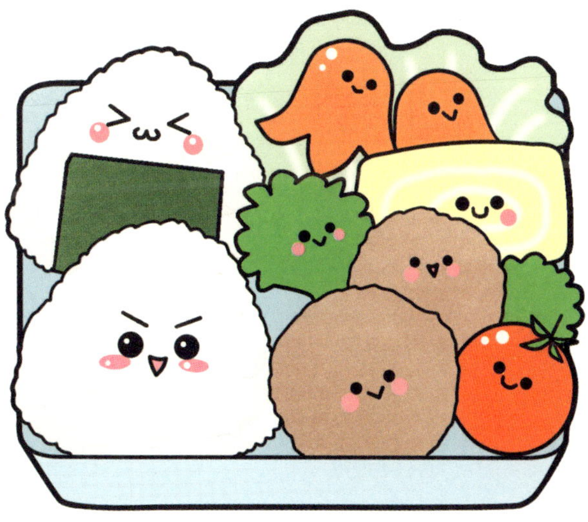

Curry

Wenn aus diesem Reisgericht ein Kawaii-Motiv werden soll, bekommt der Reis ein »Schlafgesicht« und die Sauce ist geformt wie eine weiche Bettdecke.

1 Mit einem Oval für den Teller beginnen.

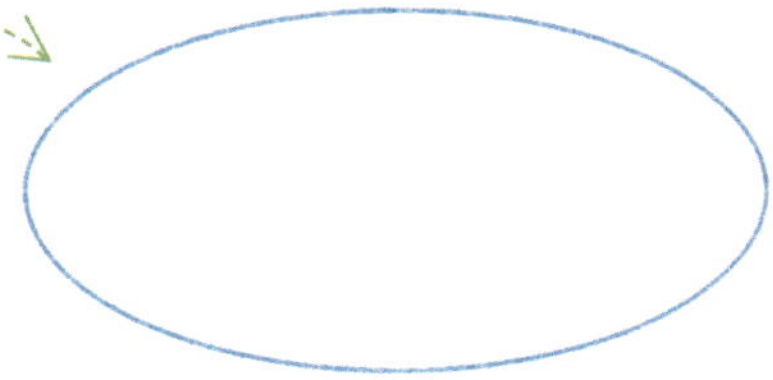

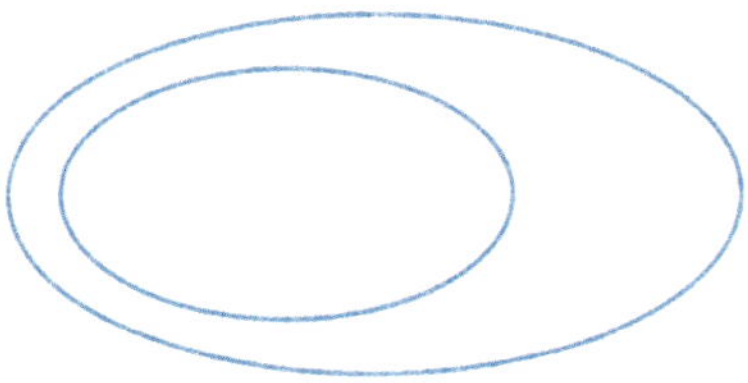

2 Für den Reis im linken Bereich ein kleineres Oval zeichnen.

3 Daneben einen großen Halbmond zeichnen, der den Reis teilweise überlappt. Das ist das Curry mit der Sauce. Die kleine Nierenform oben links stellt das Chutney dar.

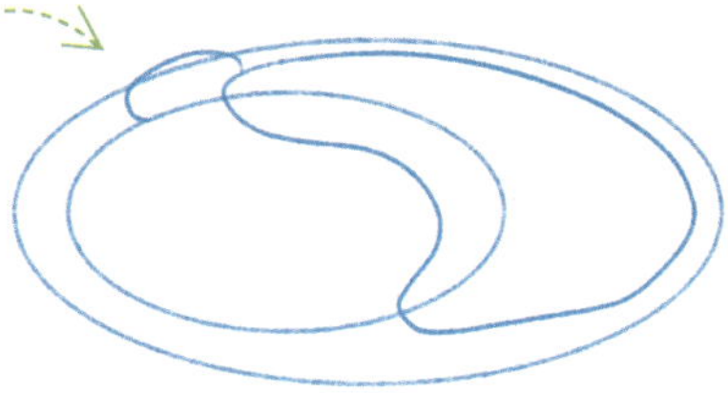

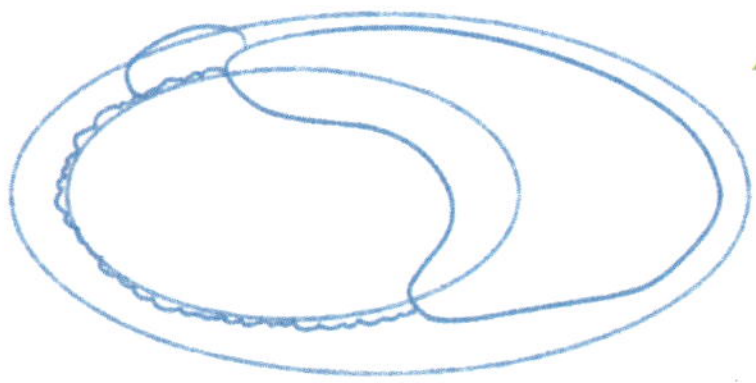

4 Die Kontur des kleinen Ovals wellig gestalten, um die Struktur der Reiskörner anzudeuten.

5 Das Chutney bekommt eine gezackte Kontur. In den rechten Bereich einige rundliche Formen zeichnen. Das sind die größeren Stücke im Curry.

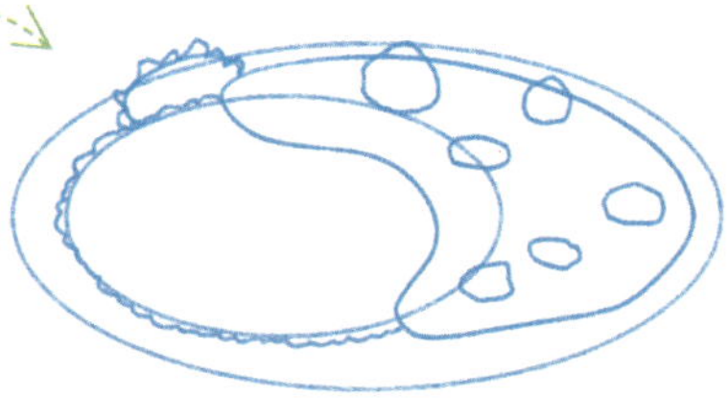

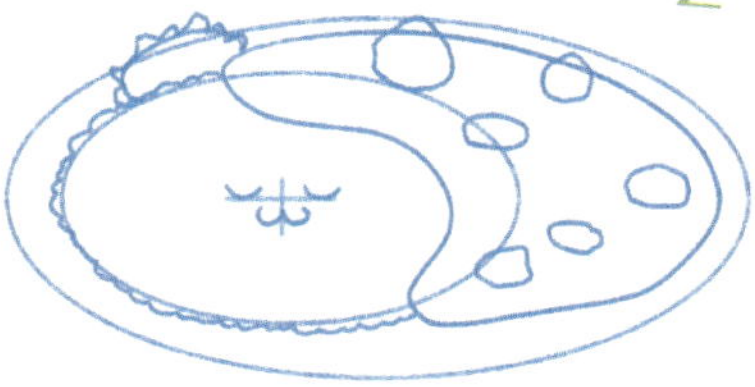

6 Mittig in den Reis ein Kreuz zeichnen. Die Augen und einen kleinen W-förmigen Mund einfügen.

7 Die Linien mit flüssigen, gleichmäßigen Strichen nachzeichnen. Den Umriss gleichmäßig verstärken.

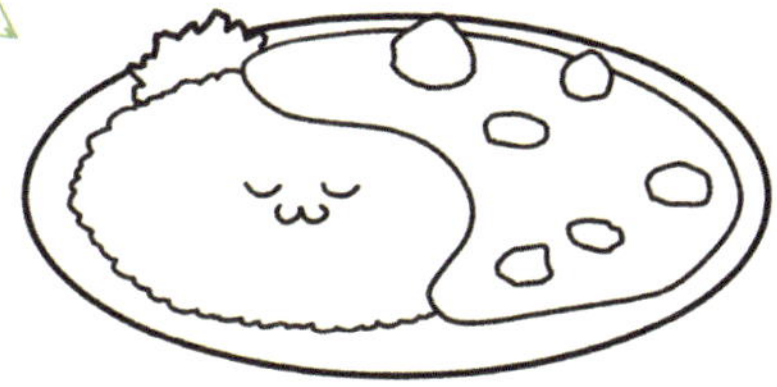

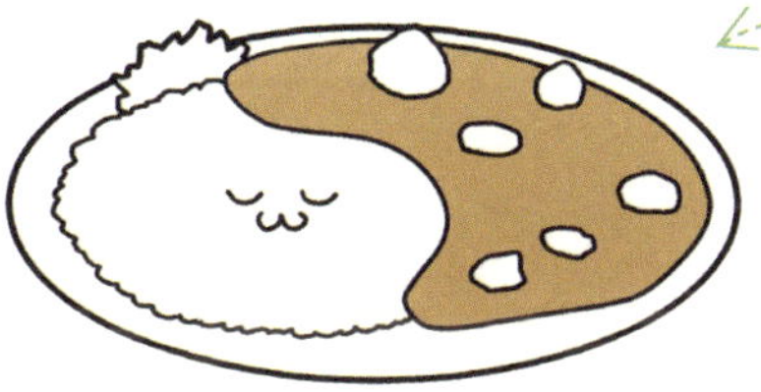

8 Nun die Sauce gleichmäßig kolorieren.

9 Die Zutaten ausmalen. Meist handelt es sich um Fleisch, Kartoffeln und Gemüse, dementsprechend sollten die Farben gewählt werden. Das Chutney ist rötlich, denn in Japan serviert man zu Curry normalerweise Fukujinzuke, das diese Farbe hat.

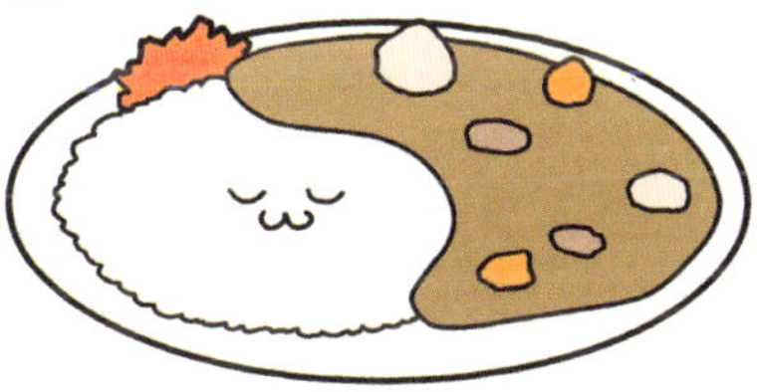

10 Zuletzt runde rosa Wangen mit weißen Lichtreflexen hinzufügen.

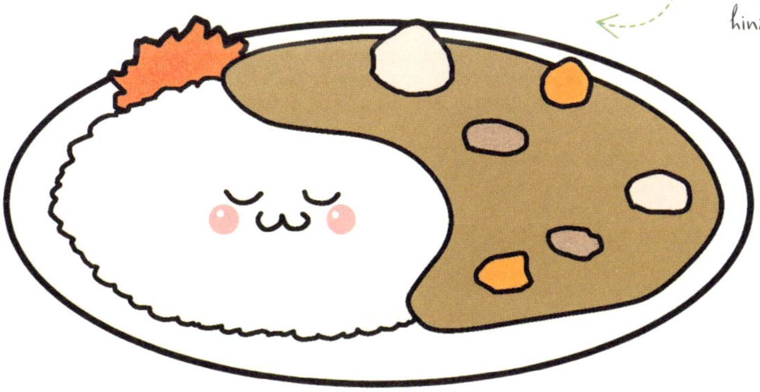

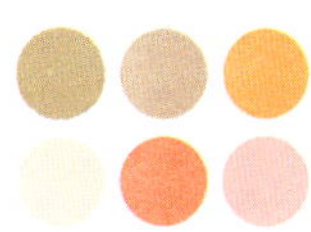

Eiswaffel

In Japan kann man Eis und andere Lebensmittel kaufen, die wie niedliche Kawaii-Tiere geformt sind. Aber auch eine normale Eistüte sieht mit einem Kawaii-Gesicht bezaubernd aus.

1 Mit einem schrägen Dreieck und einem dicken Oval beginnen. Die Formen überlappen einander leicht.

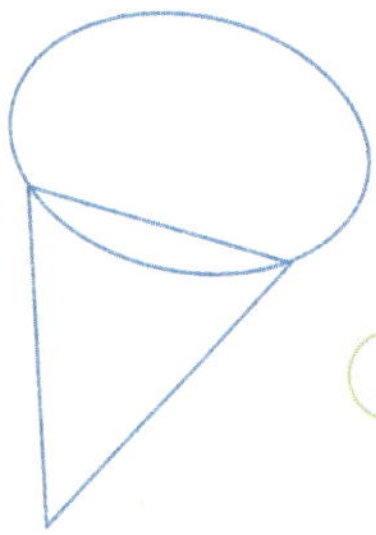

2 Zwei weitere überlappende Ovale zeichnen. Rechts ein schmaleres Dreieck hinzufügen.

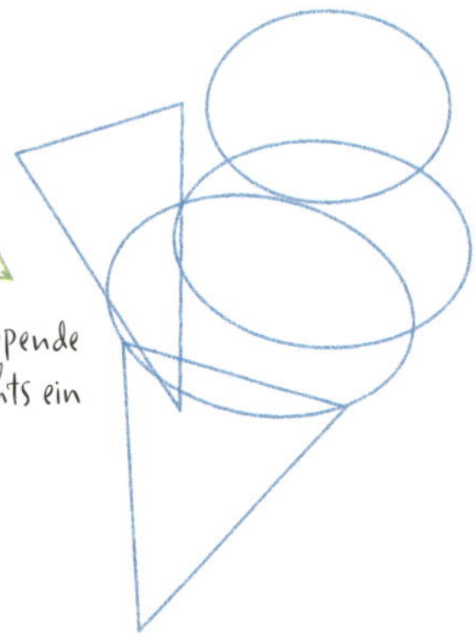

3 Die Konturen der schmelzenden Eiskugeln, der fächerförmigen Waffel und der Papierhülle deutlicher ausarbeiten.

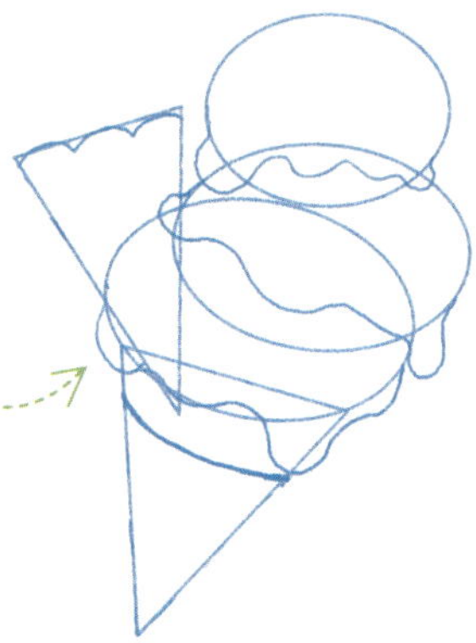

4 Die Konturen der ersten Grundformen ausradieren. In die Mitte jeder Eiskugel ein Kreuz zeichnen. Es hilft beim Platzieren des Gesichts.

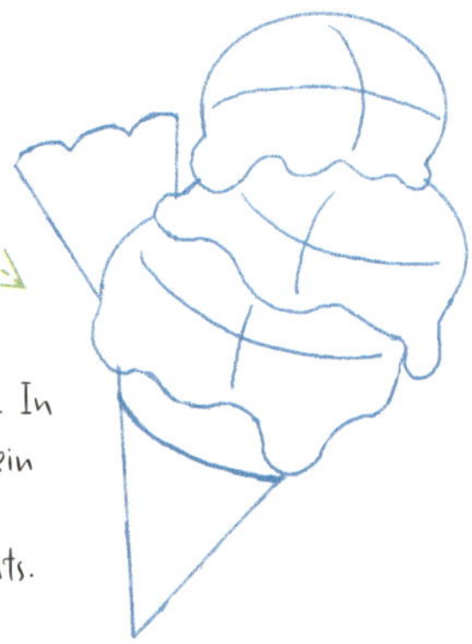

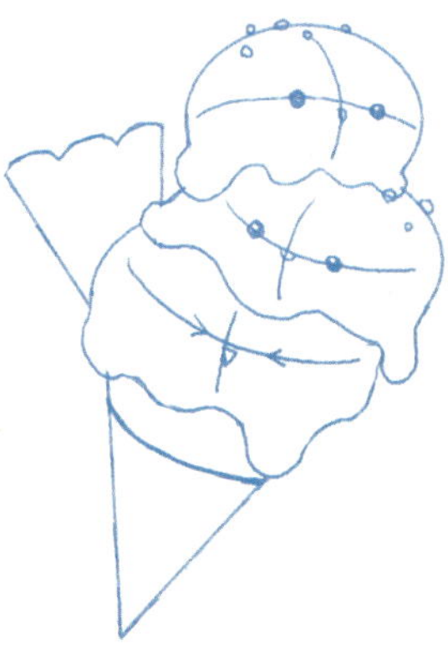

5 Augen und Münder einzeichnen, dabei den Gesichtsausdruck variieren. Einige Streusel andeuten.

6 Die Linien mit flüssigen, gleichmäßigen Strichen nachziehen. Die Ecken abrunden. Die Augen ausmalen.

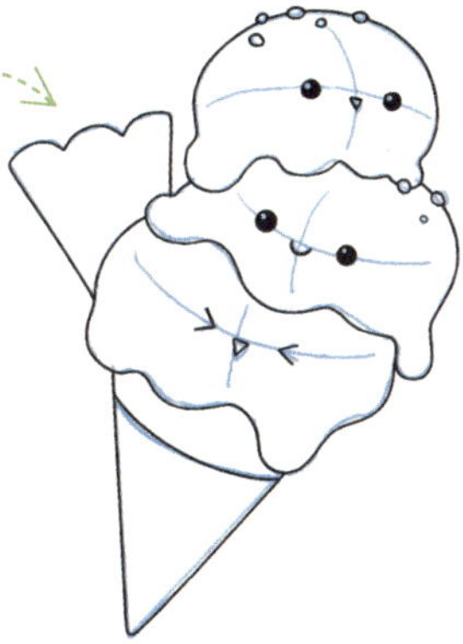

7 Den Umriss gleichmäßig verstärken.

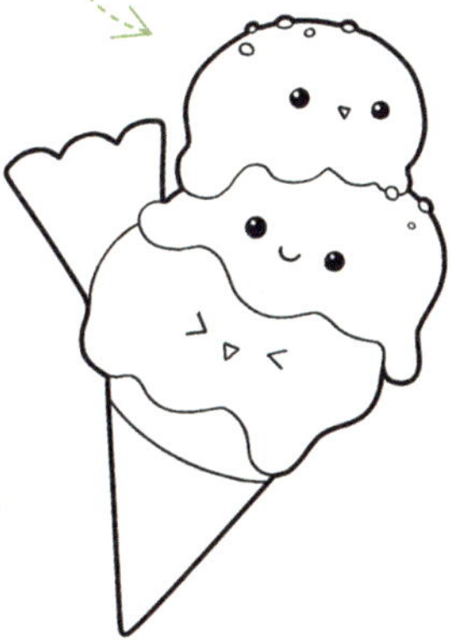

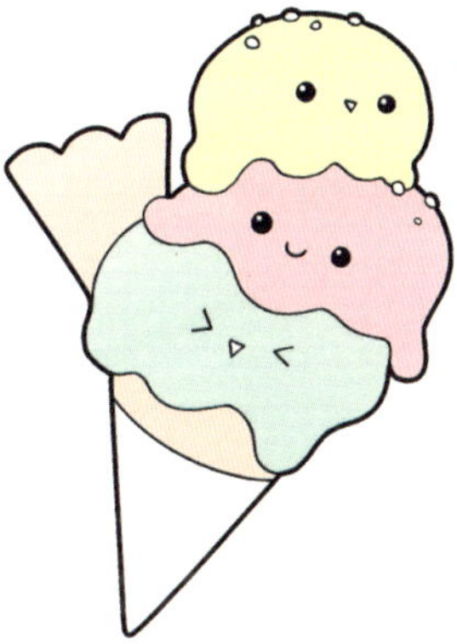

8 Eiskugeln, Eistüte und Waffel mit verschiedenen Pastellfarben ausmalen.

9 Die Texturen der Eistüte und der Waffel andeuten. Die Papierhülle und die Streusel kolorieren. Die rosa Wangen hinzufügen.

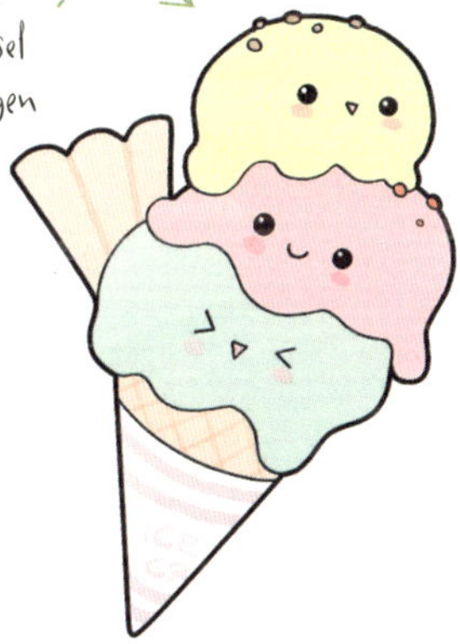

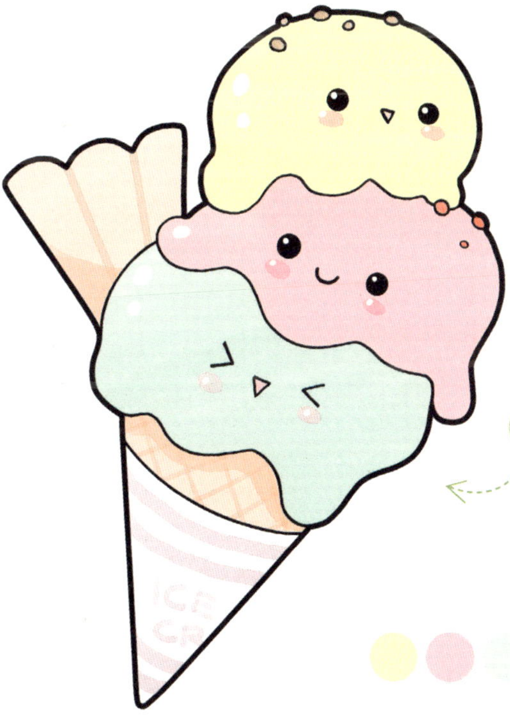

10 Zuletzt die Schatten auf der Waffel und der Eistüte abdunkeln. Einige Lichtreflexe auf die Wangen und die Streusel setzen.

Obst

Der hellwache Apfel und die schläfrige Banane werden aus einfachen Grundformen aufgebaut.

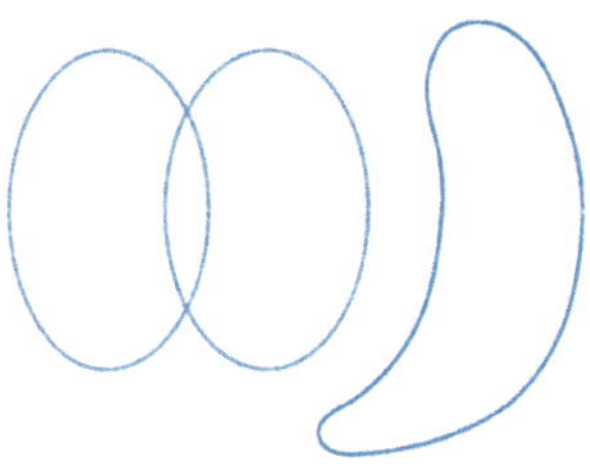

1 Zwei aufrechte, leicht überlappende Ovale zeichnen. Daneben einen dicken Halbmond mit rundem oberem Ende zeichnen.

2 Die beiden Ovale oben und unten miteinander verbinden.

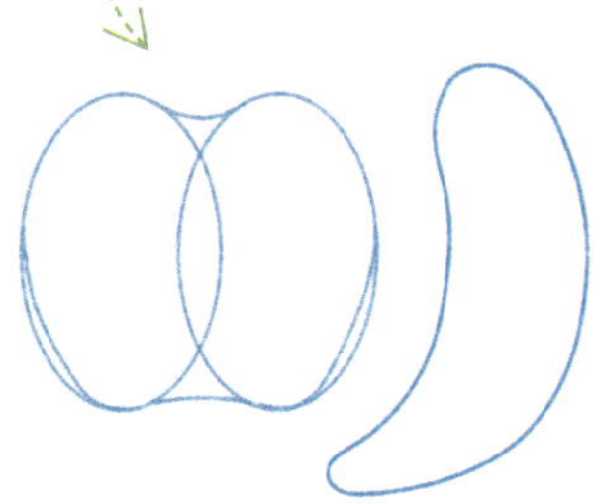

3 Die Stiele an den Apfel und die Banane anfügen.

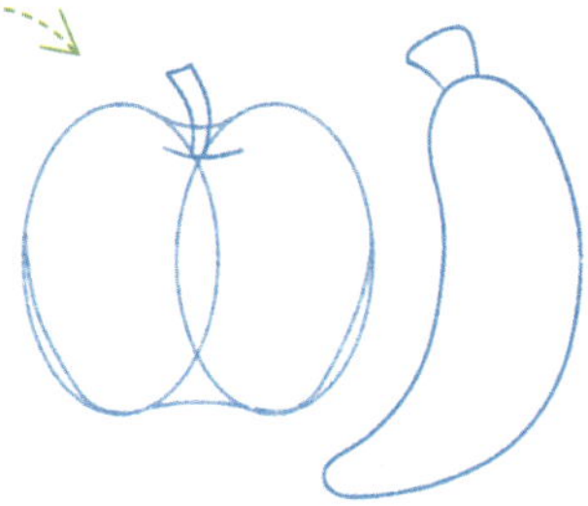

4 Einige Längsstriche auf die Banane zeichnen.

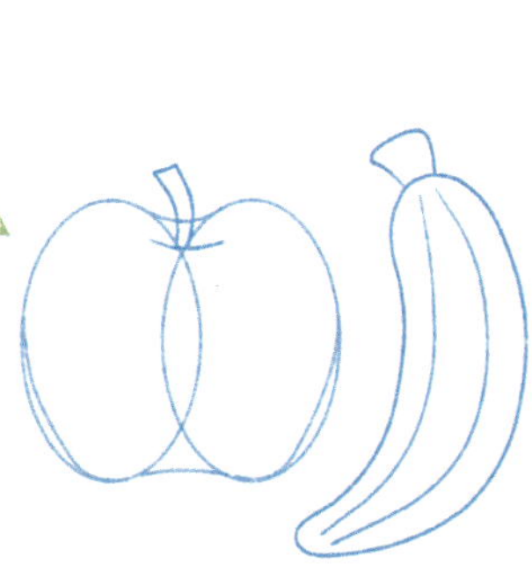

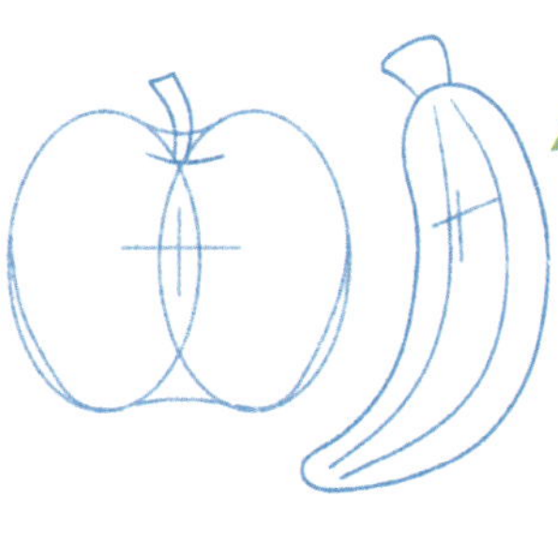

5 Die Positionen der Gesichter durch Kreuze markieren. Das Kreuz auf der Banane sitzt leicht schräg.

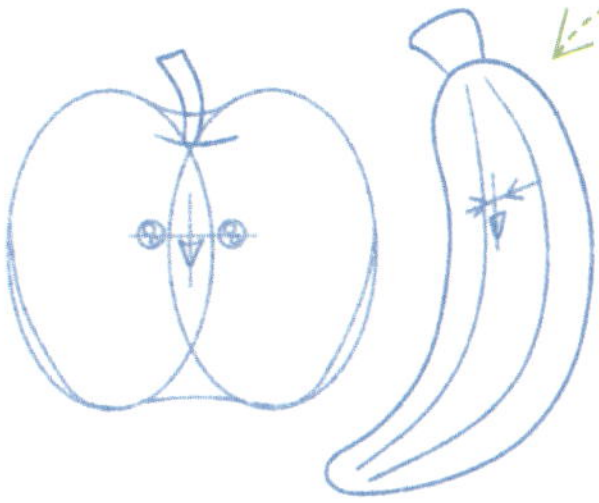

6 Augen und Münder einzeichnen, am besten mit verschiedenen Gesichtsausdrücken.

7 Die Linien mit flüssigen, gleichmäßigen Strichen nachzeichnen. Den Umriss gleichmäßig verstärken. Die Längsstriche auf der Banane werden nicht nachgezogen.

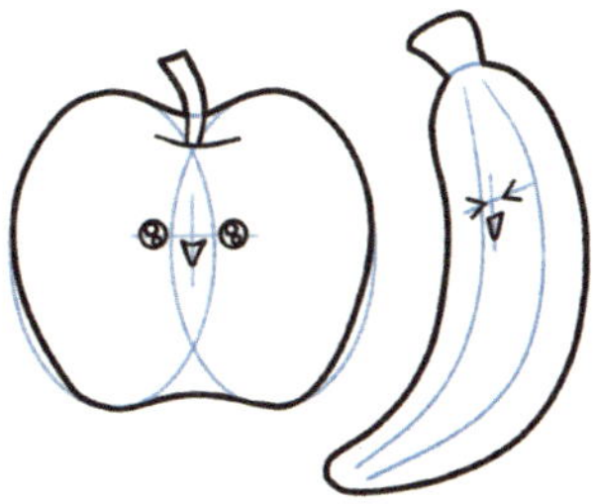

8 Die beiden Früchte gleichmäßig kolorieren.

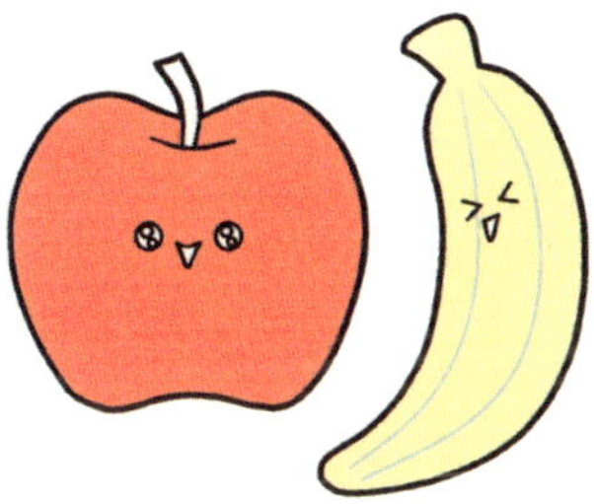

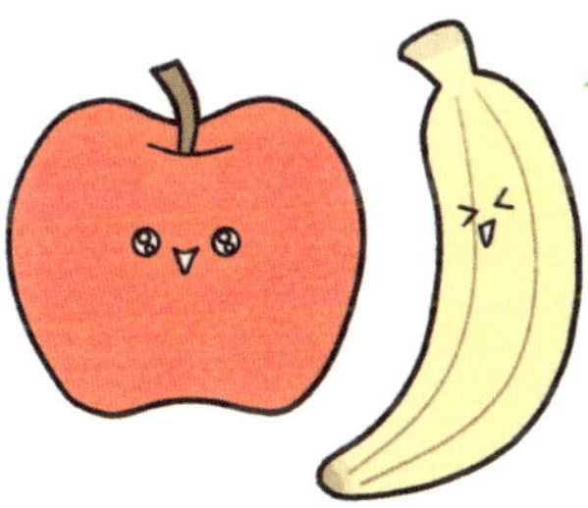

9 Die Stiele kolorieren. Die Längsstriche auf der Banane mit Braun nachziehen. Am oberen und unteren Ende der Banane etwas Braun auftragen.

10 Augen und Münder ausmalen. Runde rosa Wangen hinzufügen. Zuletzt kleine weiße Lichtreflexe auf die Wangen und den Apfel setzen.

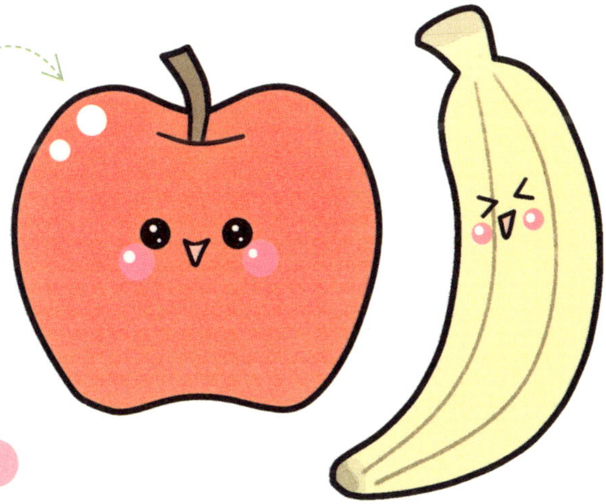

Mochi

Mochi ist eine Art Reiskuchen, den man in Japan traditionell zu Neujahr und anderen besonderen Anlässen serviert.

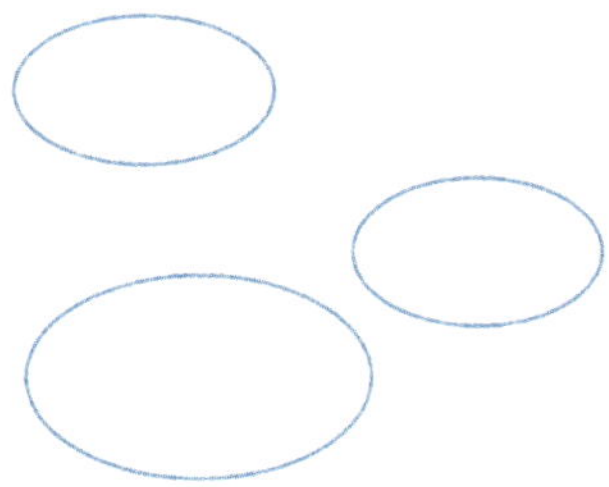

1 Mit drei Ovalen in verschiedenen Größen beginnen.

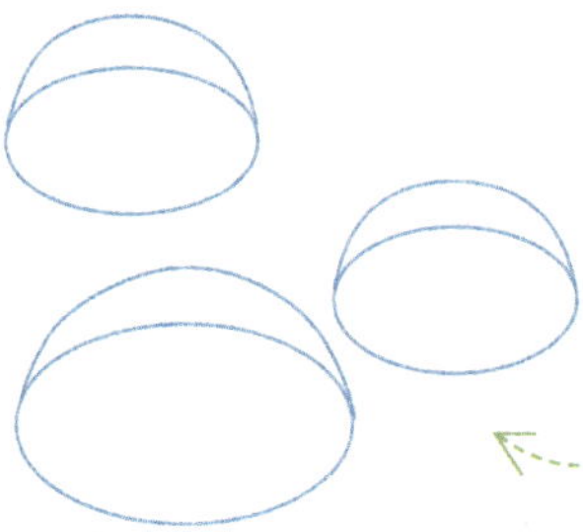

2 Aus den Ovalen Kuppelformen entwickeln.

3 Die Unterseiten der Kuppeln etwas abflachen.

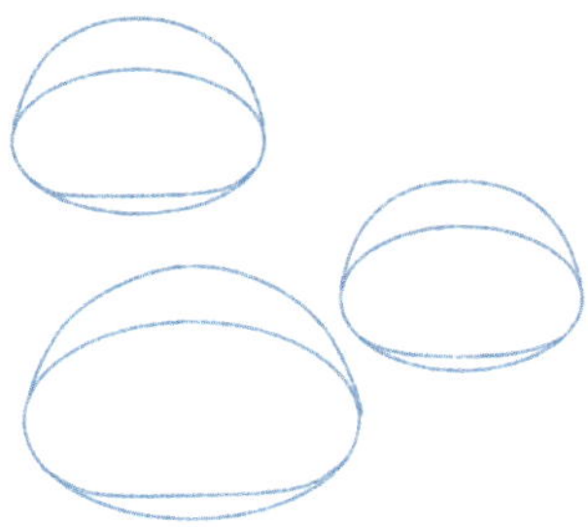

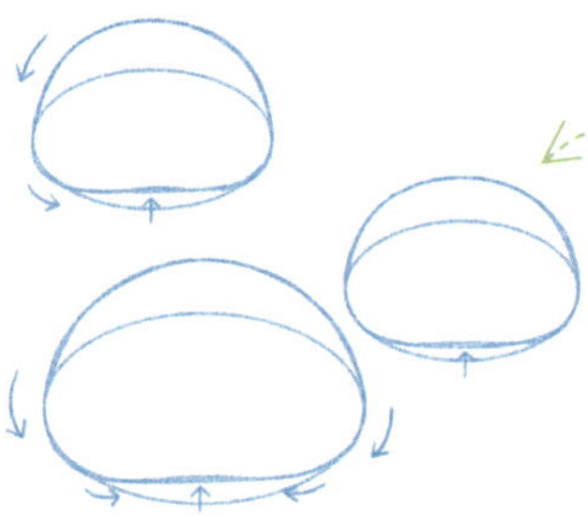

4 Die Kuppen nochmals ausarbeiten. Sie sollen ganz glatt sein und keine Ecken oder Dellen haben.

5 In die untere Hälfte jeder Kuppel ein Kreuz setzen. Es hilft bei der Platzierung des Gesichts.

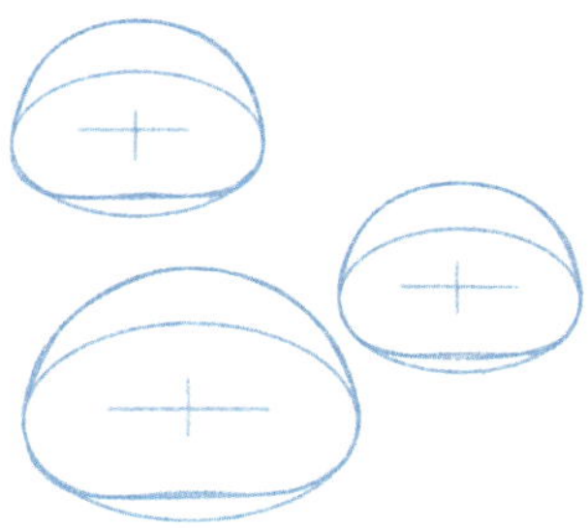

6 Anhand der Kreuze Augen und Münder einzeichnen – am besten mit verschiedenen Gesichtsausdrücken.

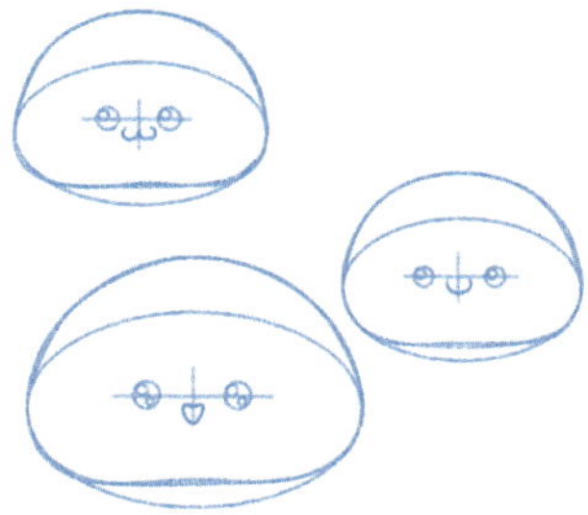

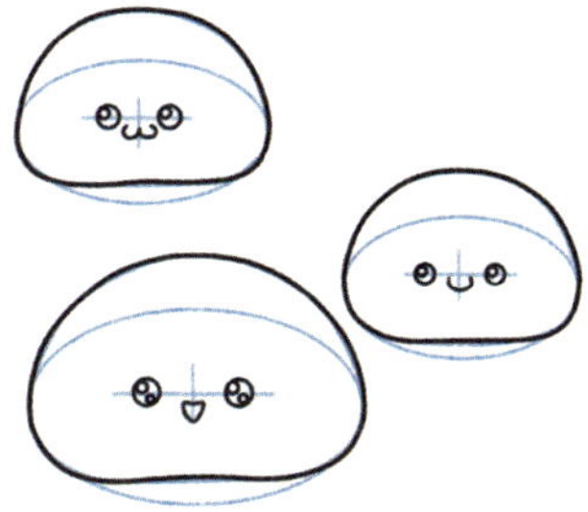

7 Die Linien mit flüssigen, gleichmäßigen Strichen nachzeichnen. Darauf achten, dass die Kuppeln ganz glatt aussehen. Den Umriss gleichmäßig verstärken.

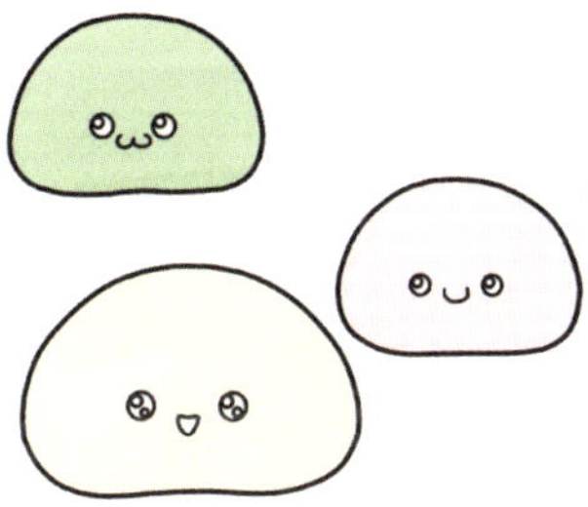

8 Die Mochi gleichmäßig kolorieren.

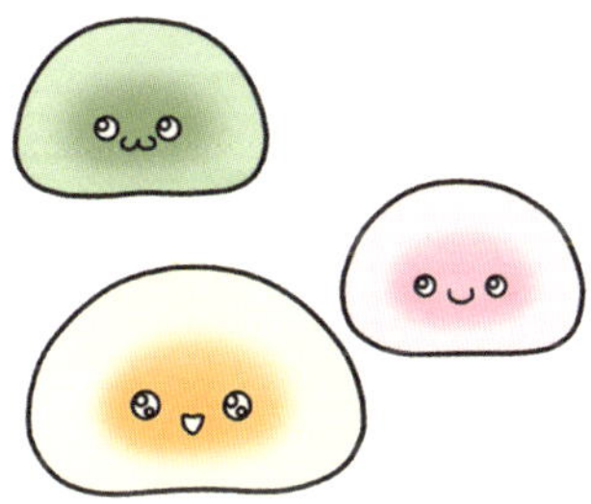

9 Die Mitte jeweils etwas abdunkeln und den Übergang gut verwischen.

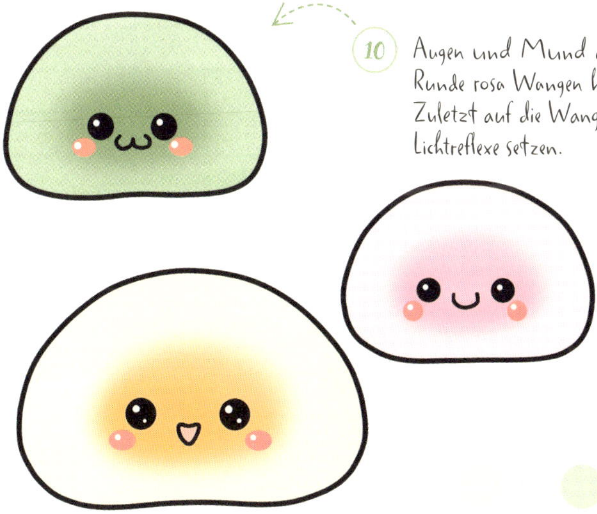

10 Augen und Mund ausmalen. Runde rosa Wangen hinzufügen. Zuletzt auf die Wangen kleine weiße Lichtreflexe setzen.

Dango

Dango nennt man in Japan süße Klöße aus Reismehl, die auf einem Spieß serviert werden. Sehen sie nicht verführerisch aus?

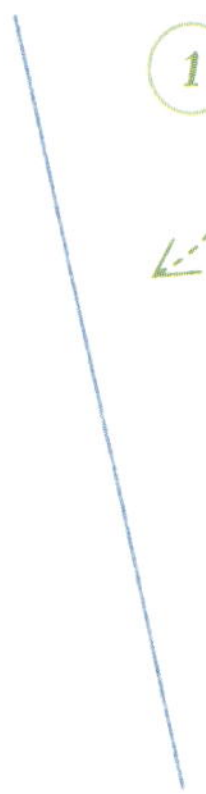

1 Mit einem schrägen, geraden Strich beginnen.

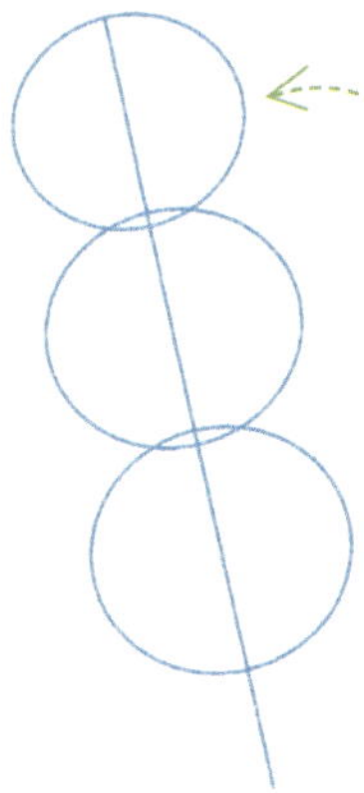

2 Drei Kreise auf den Strich zeichnen. Sie überlappen einander ganz leicht.

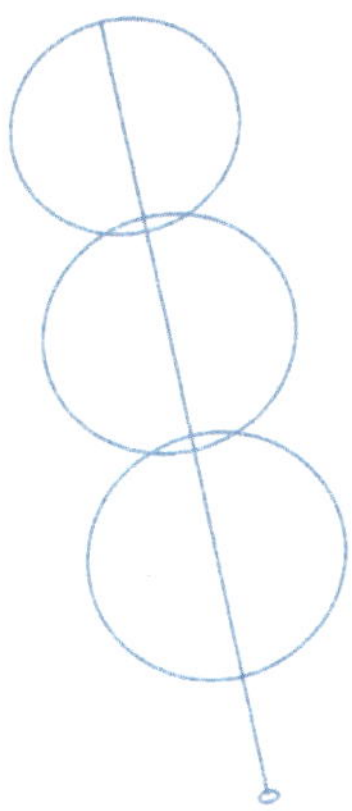

3 Am unteren Ende des Strichs ein winziges Oval anfügen.

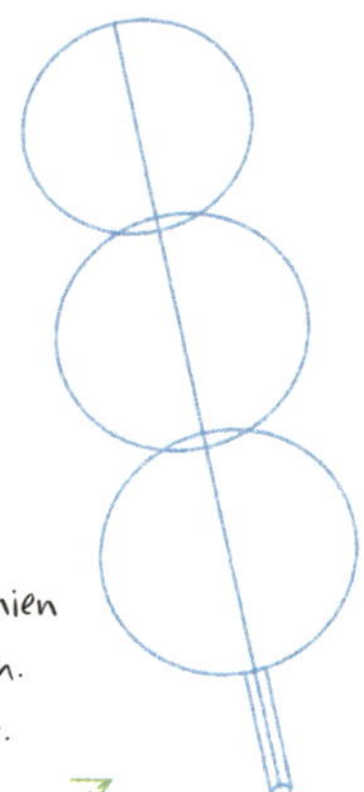

4 Vom Oval aus zwei Linien zum ersten Kreis zeichnen. Sie stellen den Spieß dar.

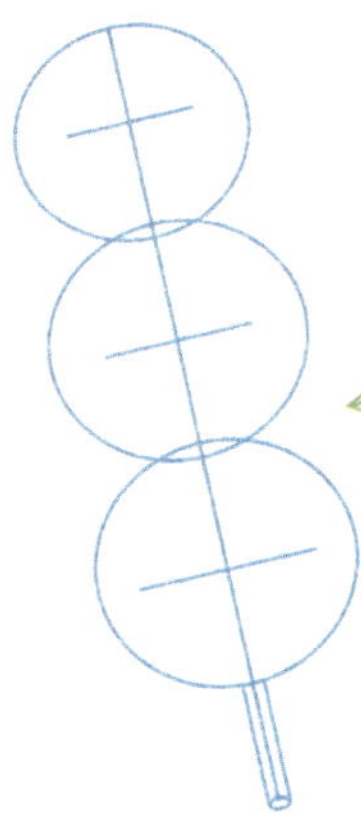

5 In jeden Kreis eine kurze Waagerechte zeichnen, die den langen Strich kreuzt.

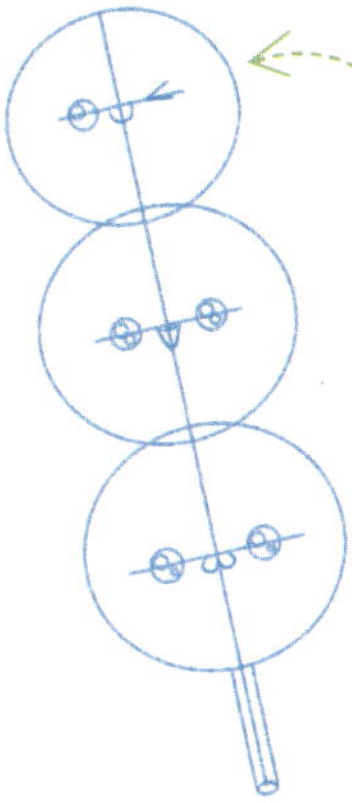

6 Anhand dieser Kreuze in jeden Kreis Augen und einen Mund zeichnen. Dabei die Gesichtsausdrücke variieren.

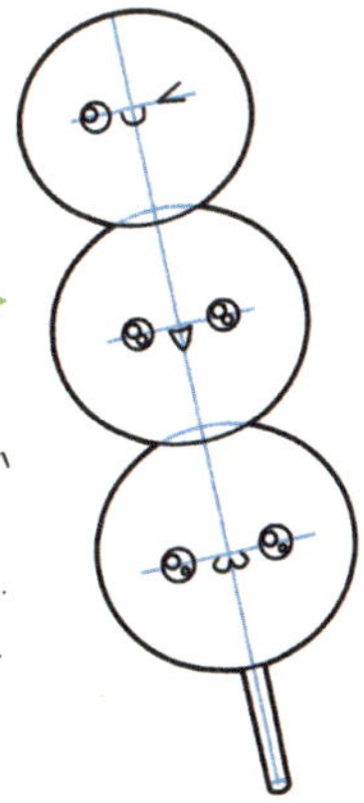

7 Die Linien mit flüssigen, gleichmäßigen Strichen nachzeichnen. Die Kreiskonturen müssen ganz glatt aussehen. Alle Umrisse gleichmäßig verstärken.

8 Jetzt die Kreise kolorieren. Dango sind häufig rosa, weiß und grün. Auf dem weißen Kreis einen Schatten andeuten.

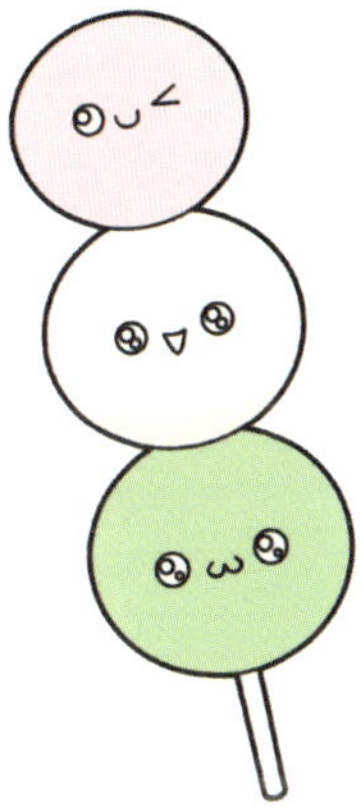

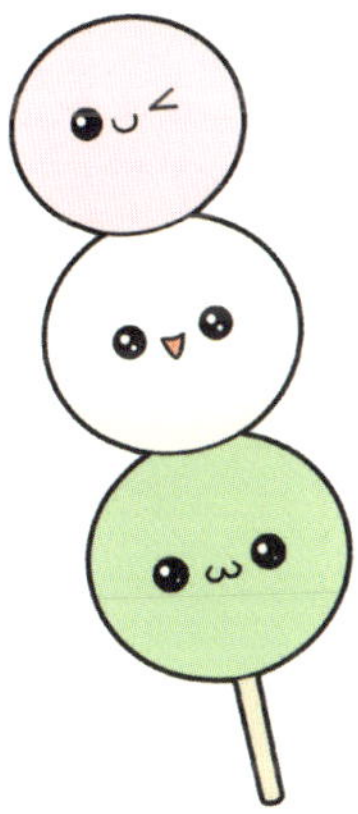

9 Augen und Mund ausmalen.

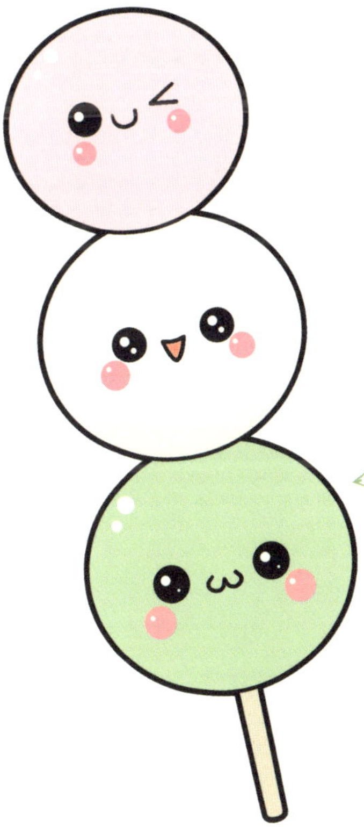

10 Runde rosa Wangen hinzufügen. Zuletzt Lichtreflexe auf die Wangen und an den oberen linken Rand jeder Kugel setzen.

Kakigori

Kakigori ist ein traditionelles japanisches Dessert aus geschabtem Eis und einer süßen Sauce mit Erdbeer-, Zitronen-, Pflaumen- oder Brombeergeschmack.

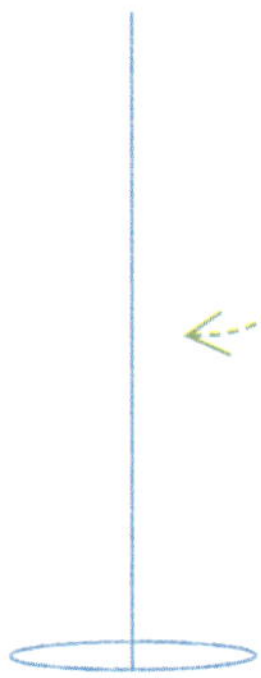

1 Mit einer senkrechten Linie beginnen. Ans untere Ende ein flaches Oval zeichnen.

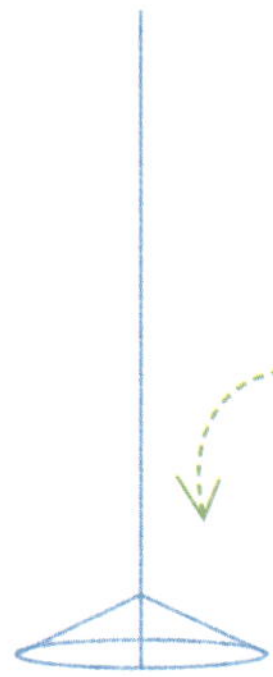

2 Zwei Striche zeichnen, um das Oval mit der Senkrechten zu verbinden.

3 Ein kleines Rechteck darauf setzen.

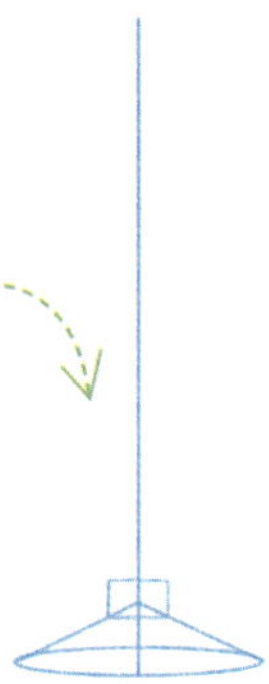

4 Darüber ein großes Oval zeichnen und eine Waagerechte durch die Mitte ziehen.

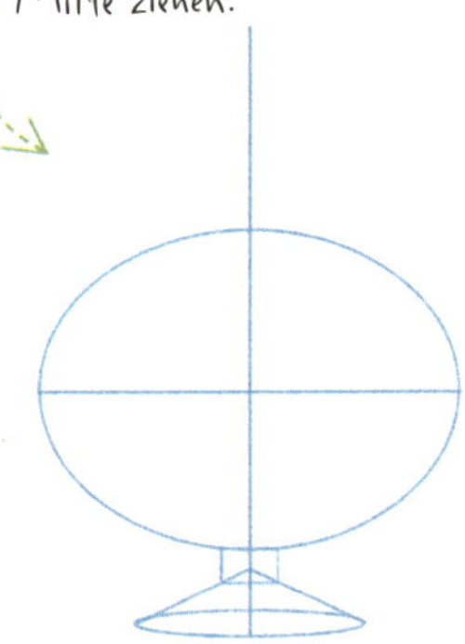

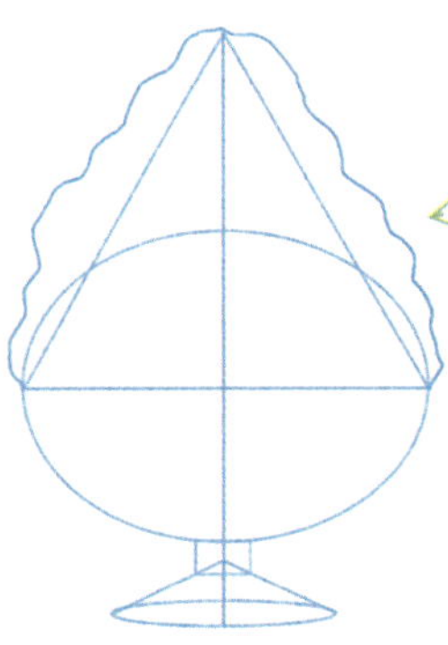

5 Von den Enden der Waagerechten bis zur Spitze der Senkrechten Linien ziehen, sodass ein Dreieck entsteht. Die Kontur des geschabten Eises durch wellige Linien andeuten.

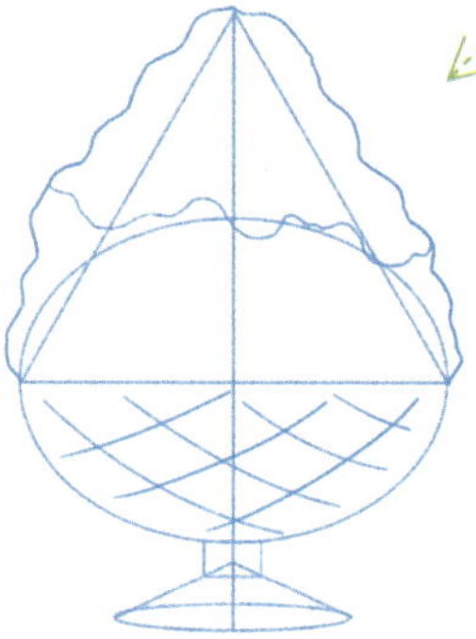

6 Den Berg aus Eis mit einer weiteren Wellenlinie teilen. Auf der unteren Hälfte (der Glasschale) ein Gittermuster einzeichnen.

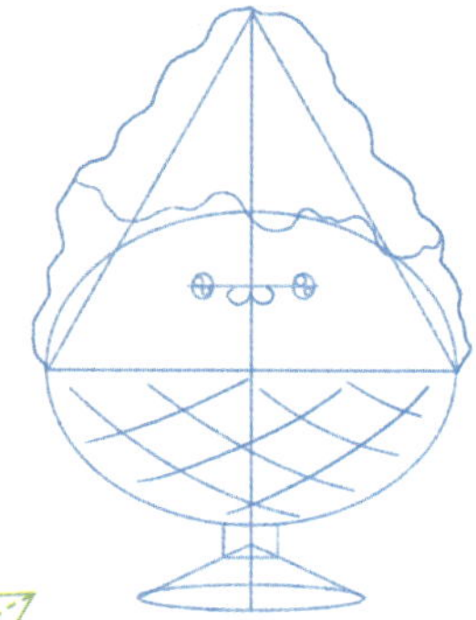

7 Eine kurze waagerechte Hilfslinie für das Gesicht zeichnen. Augen und Mund platzieren. Kleine Kreise für die Lichtreflexe einfügen.

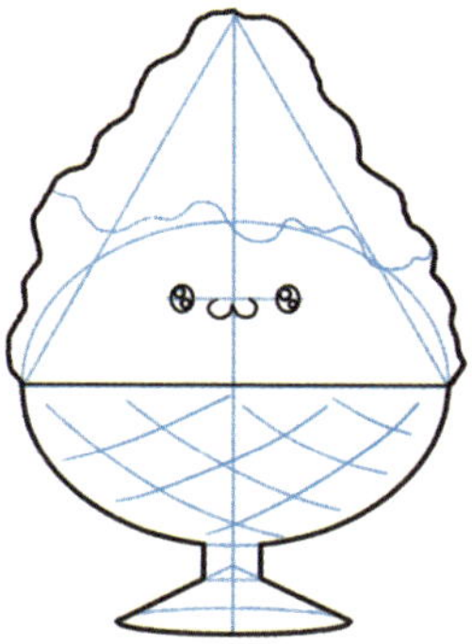

8 Die Linien mit flüssigen, gleichmäßigen Strichen nachzeichnen. Das Gittermuster auf der Schale und die Trennlinie auf dem Eis nicht nachziehen. Den Umriss gleichmäßig verstärken.

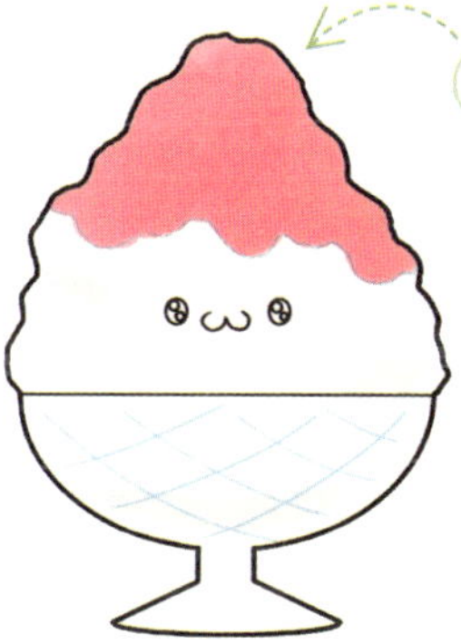

9 Eine Farbe für die Sauce wählen und gleichmäßig im oberen Bereich auftragen. Mit sehr hellem Grau Schatten auf dem Eis und der Glasschale andeuten.

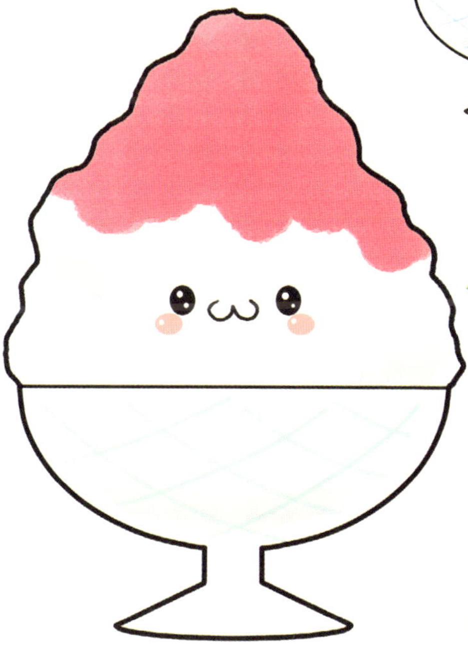

10 Die Augen und das Muster auf der Glasschale kolorieren. Runde rosa Wangen hinzufügen. Zuletzt kleine weiße Lichtreflexe auf die Wangen setzen.

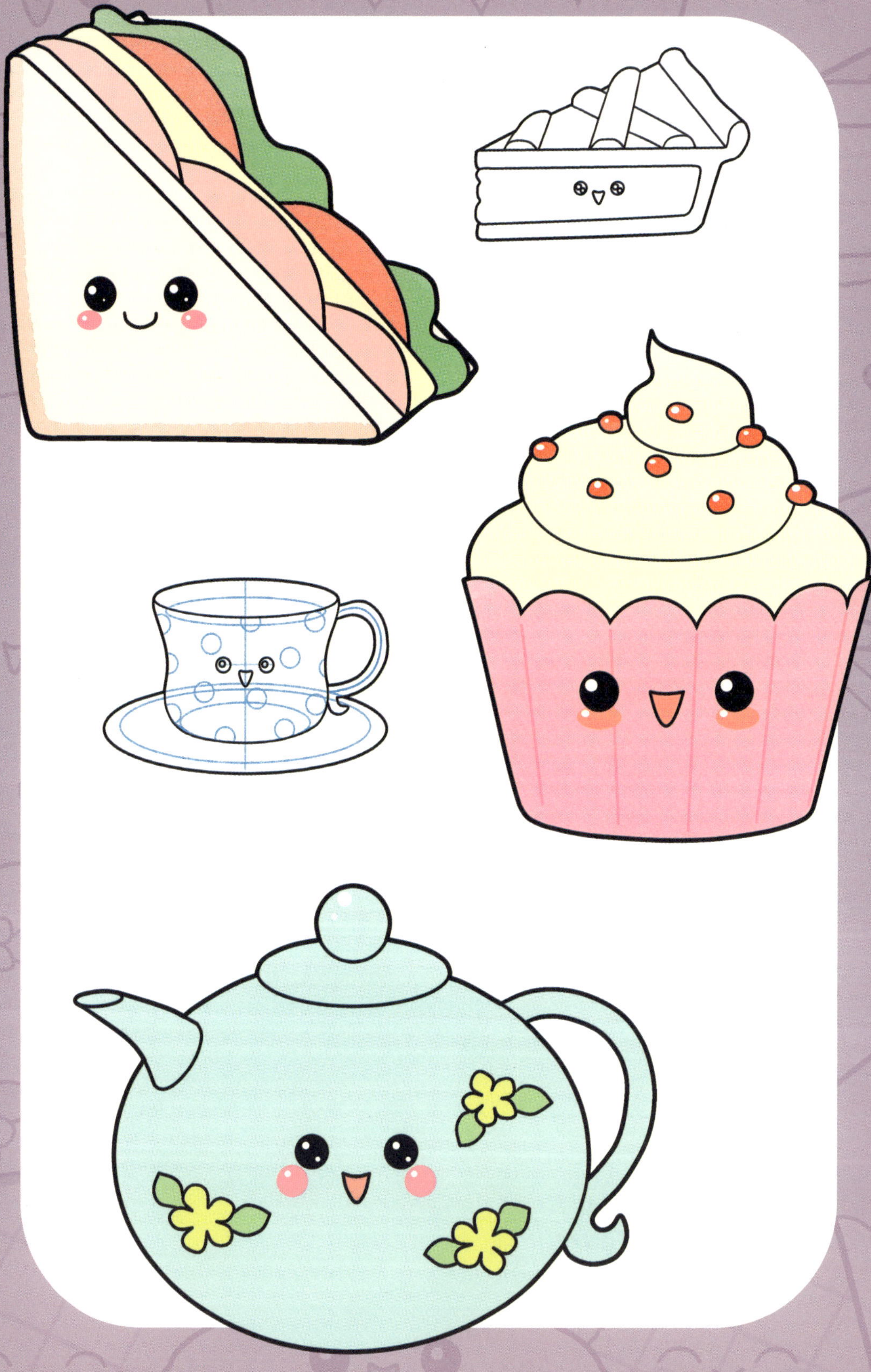

Teestunde

Teetasse

Zeit für eine kleine Teepause! Diese Tasse ist gepunktet. Sie können sich aber auch für ein anderes Muster entscheiden.

1 Mit einer senkrechten Linie beginnen. Zwei Ovale anfügen. Das obere ist größer als das untere.

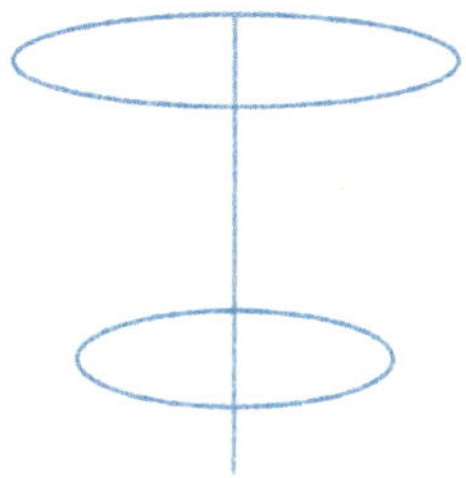

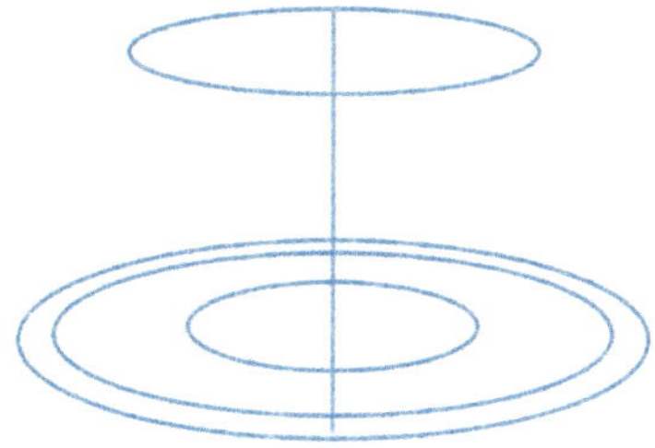

2 Um das untere Oval zwei weitere Ovale zeichnen. Sie bilden den Rand der Untertasse.

3 Die Seiten der beiden ersten Ovale mit leicht gekrümmten Linien verbinden, um die Form der Teetasse zu erhalten. Ein zweites Oval knapp unter dem oberen einzeichnen. Es stellt die Oberfläche des Tees in der Tasse dar.

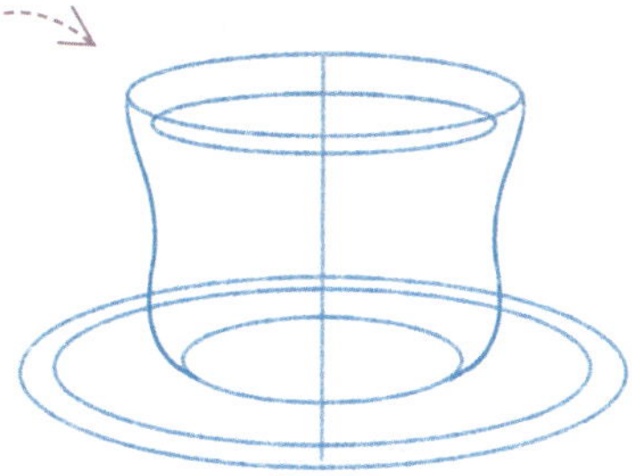

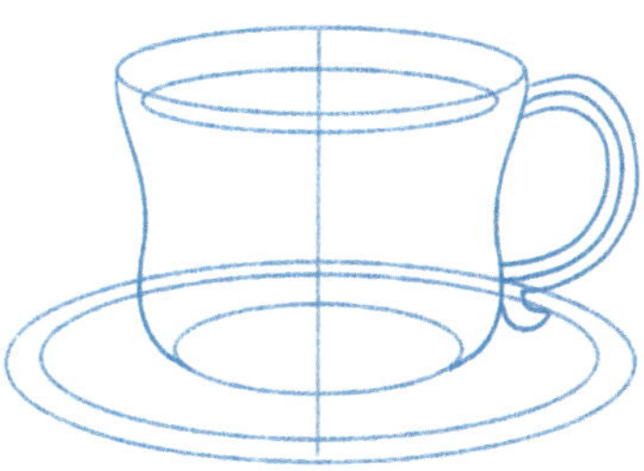

4 Den Henkel anfügen. Dafür zuerst die Mittellinie zeichnen, dann beiderseits der Mittellinie weitere Linien ziehen, die seine Breite deutlich machen.

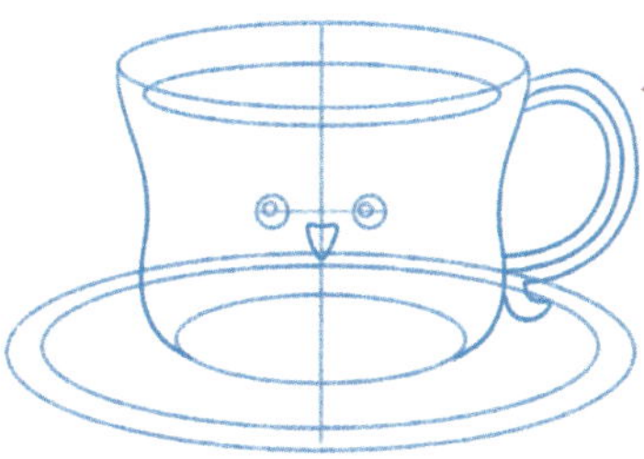

5 In die Mitte der Tasse eine kurze Waagerechte zeichnen. Sie dient als Hilfslinie für das Gesicht. Augen und Mund einfügen.

6 Das Tupfenmuster der Tasse mit kleinen Kreisen ausarbeiten.

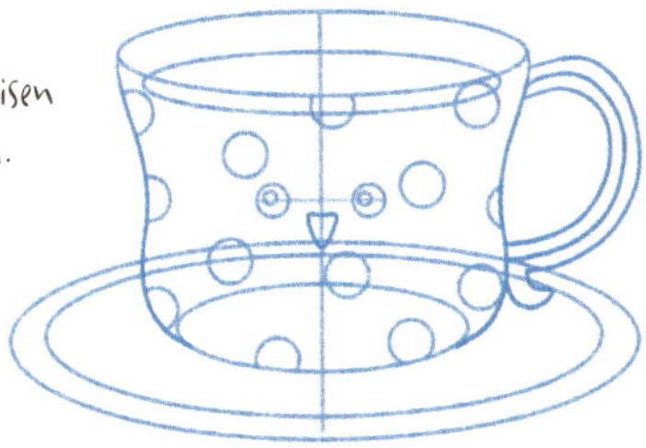

7 Die Linien mit flüssigen, gleichmäßigen Strichen nachzeichnen. Die Umrisse gleichmäßig verstärken. Die Konturen des Tees in der Tasse, der Punkte und des inneren Rands der Untertasse nicht nachziehen.

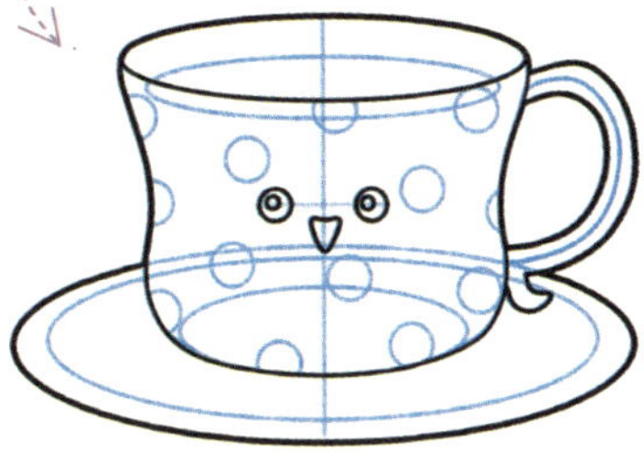

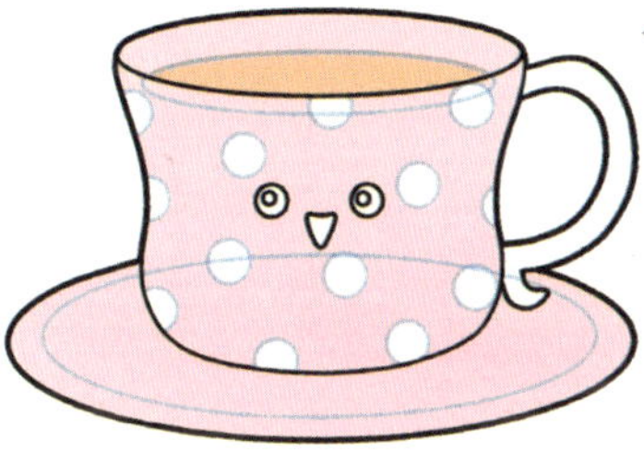

8 Nun zuerst den Tee kolorieren, dann die Tasse und danach die Untertasse. Die Punkte bleiben weiß.

9 Den Henkel kolorieren und den inneren Rand der Untertasse mit derselben Farbe nachziehen.

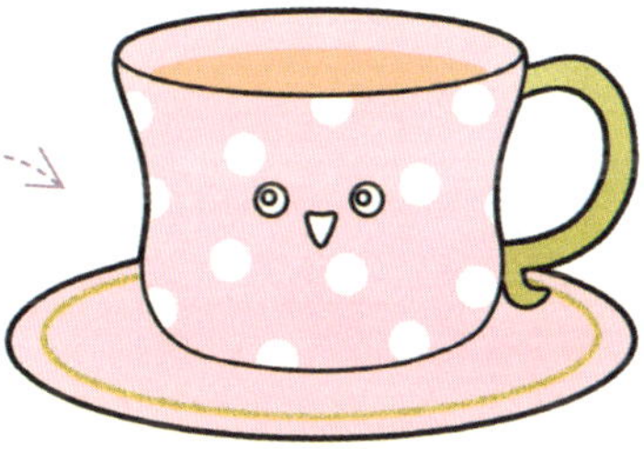

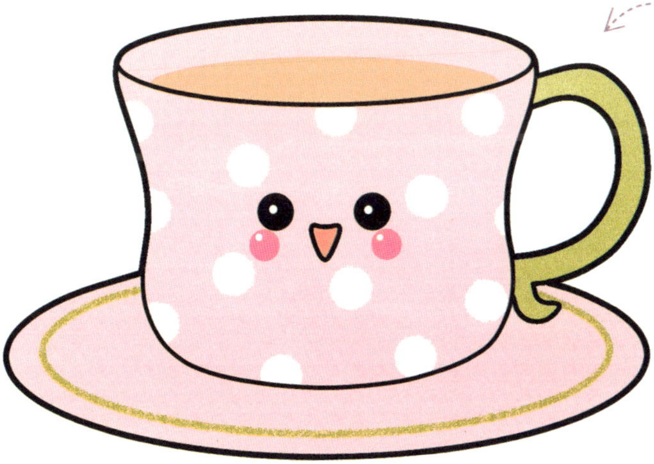

10 Augen und Mund ausmalen, dabei die Lichtreflexe in den Augen weiß lassen. Runde rosa Wangen hinzufügen. Zuletzt auf die Wangen kleine weiße Lichtreflexe setzen.

Teekanne

Große Ovale, kleine Ovale, flache Ovale und Bögen – mehr braucht man nicht, um diese niedliche Teekanne zu zeichnen.

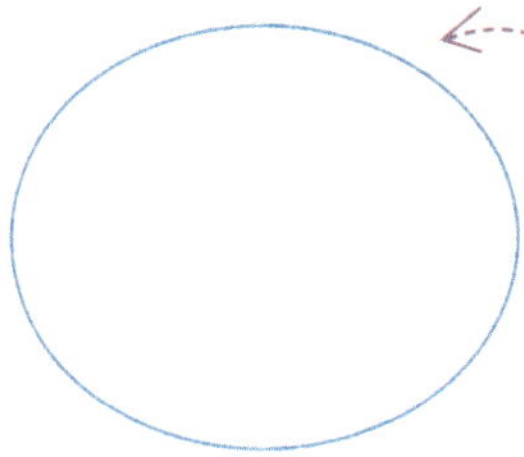

1 Mit einem großen Oval beginnen.

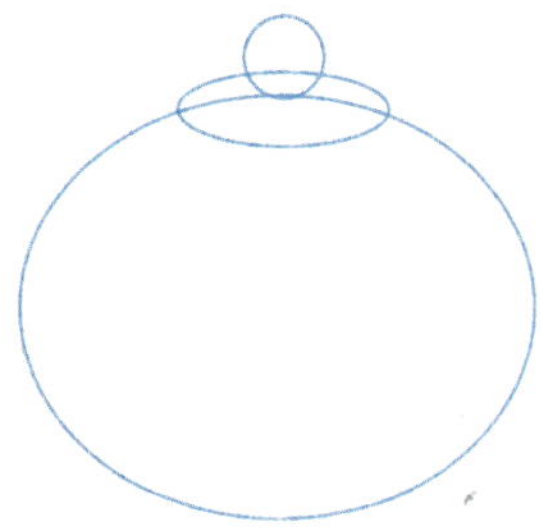

2 Darauf ein kleineres, flaches Oval zeichnen und einen Kreis darauf setzen. Das ist der Deckel der Teekanne.

3 Für die Tülle zuerst ein kleines, schräges Oval zeichnen (1). An die Position der Ausgießöffnung ein weiteres kleines Oval skizzieren (2). Beide Ovale mit gekrümmten Linien verbinden (3).

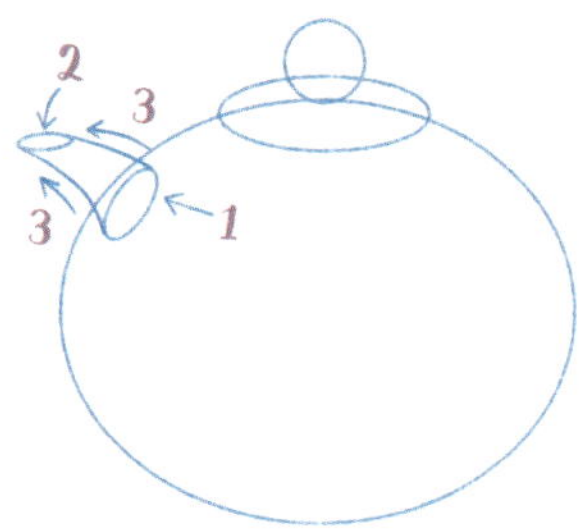

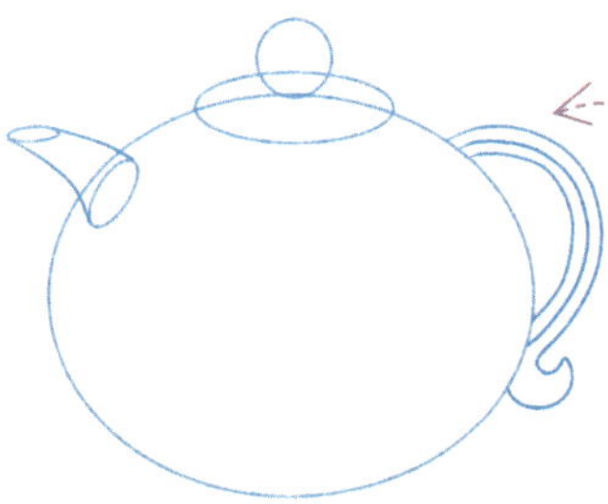

4 Den Henkel anfügen. Dafür zuerst die Mittellinie zeichnen, dann beiderseits der Mittellinie weitere Linien ziehen, die seine Breite deutlich machen.

5 In die Mitte der Teekanne ein Kreuz zeichnen. Es hilft bei der Platzierung des Gesichts. Die Augen mit Lichtreflexen einzeichnen. Den Mund hinzufügen.

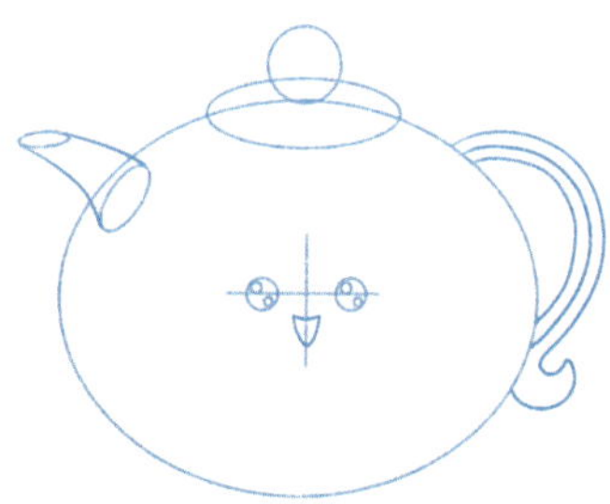

6 Jetzt kann ein Muster nach eigenen Vorstellungen gestaltet werden. Diese Teekanne hat ein Muster aus Blüten und Blättern.

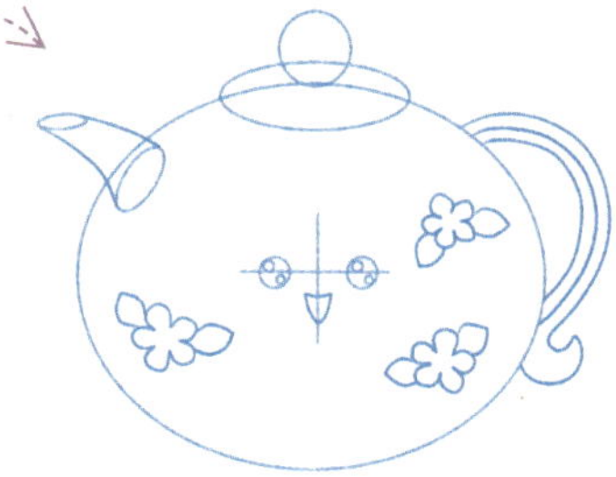

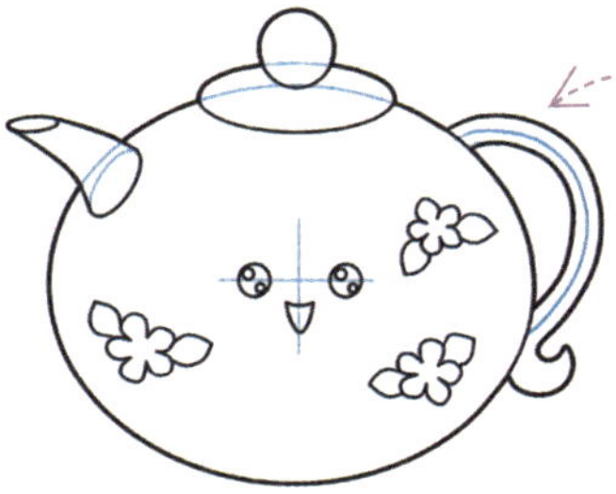

7 Die Linien mit flüssigen, gleichmäßigen Strichen nachzeichnen. Den Umriss gleichmäßig verstärken.

8 Die Teekanne gleichmäßig kolorieren.

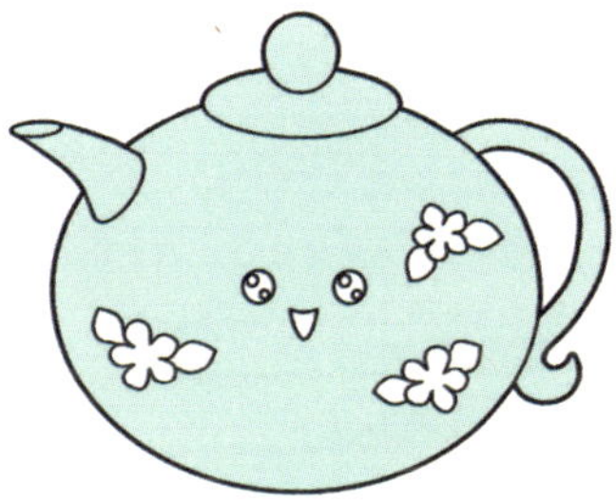

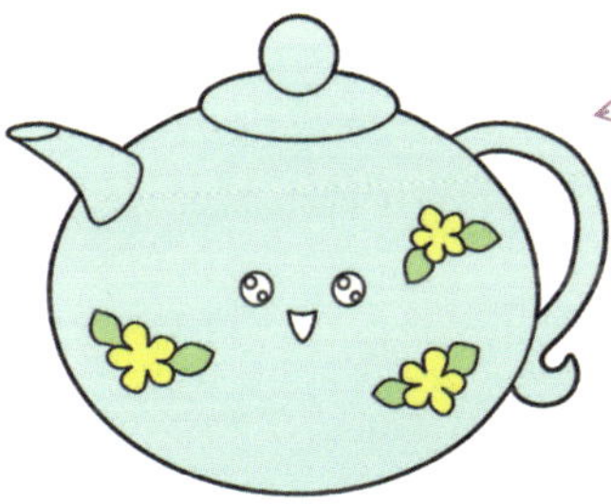

9 Das Muster ausmalen.

10 Augen und Mund kolorieren, runde rosa Wangen hinzufügen. Zuletzt kleine Lichtreflexe auf den Wangen und auf dem Knauf am Deckel der Teekanne einzeichnen.

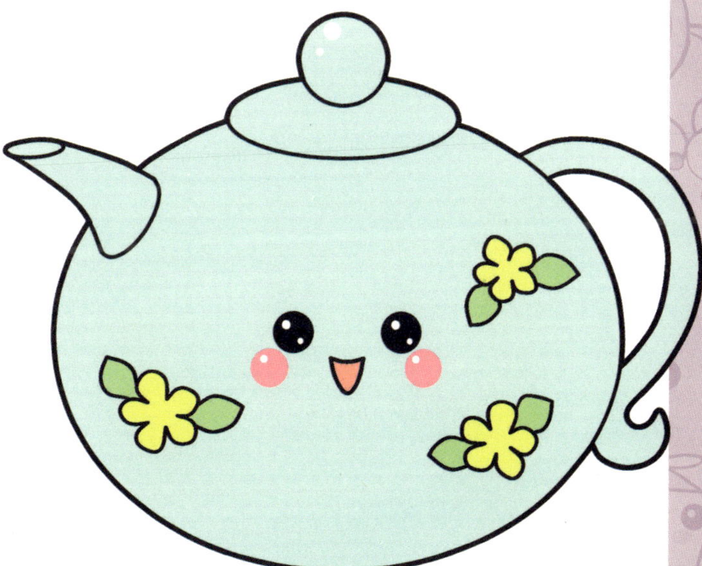

Sandwich

So ein leckeres Sandwich mit Schinken, Käse, Tomate und Salat kann man ganz einfach aus geraden und gekrümmten Linien zeichnen.

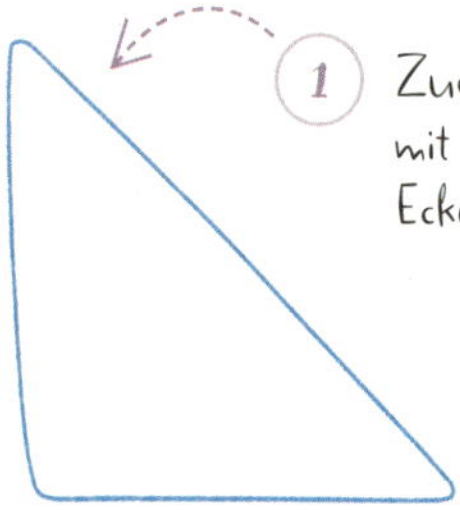

1 Zuerst ein Dreieck mit abgerundeten Ecken zeichnen.

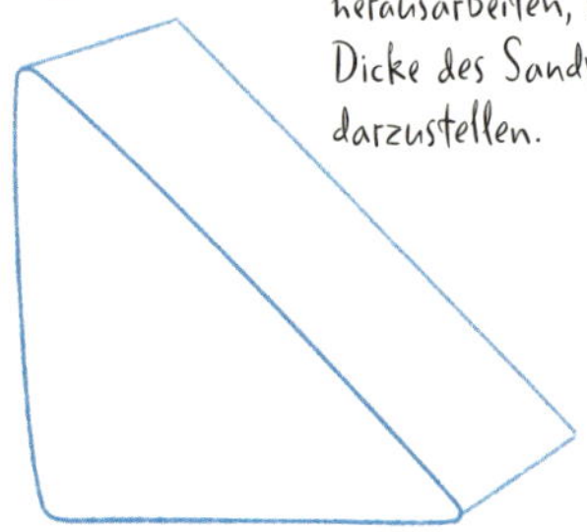

2 Dann das Volumen herausarbeiten, um die Dicke des Sandwichs darzustellen.

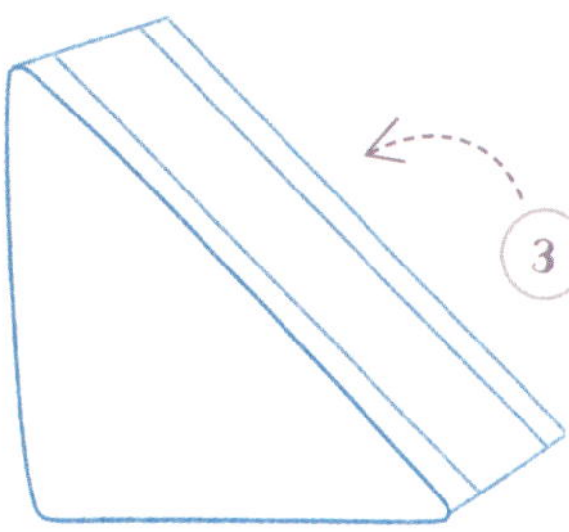

3 Für die Brotscheiben parallele Linien zu den beiden Kanten ziehen.

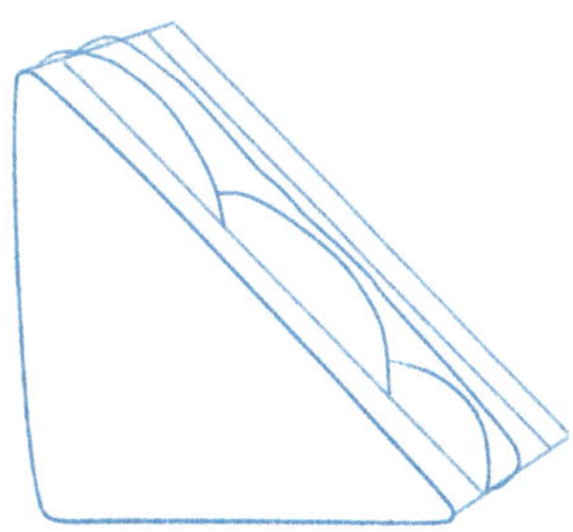

4 Jetzt folgt der Belag. Für den Schinken drei Bögen zeichnen, für den Käse einen relativ geraden Strich.

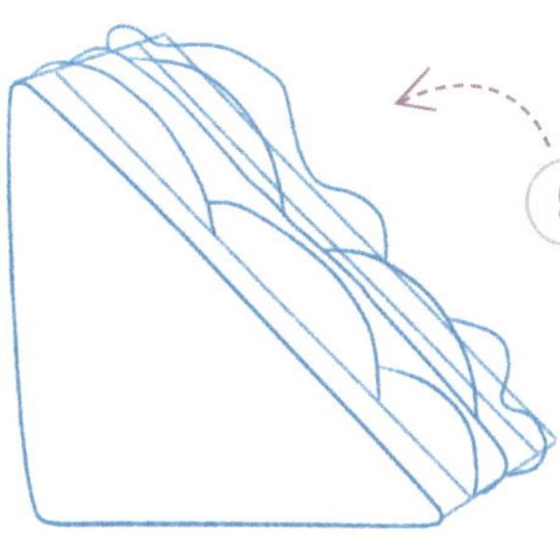

5 Hinter dem Käse weitere Bögen für die Tomatenscheiben und eine Wellenlinie für das Salatblatt einfügen. Dadurch soll die hintere Brotscheibe aber nur teilweise verdeckt werden.

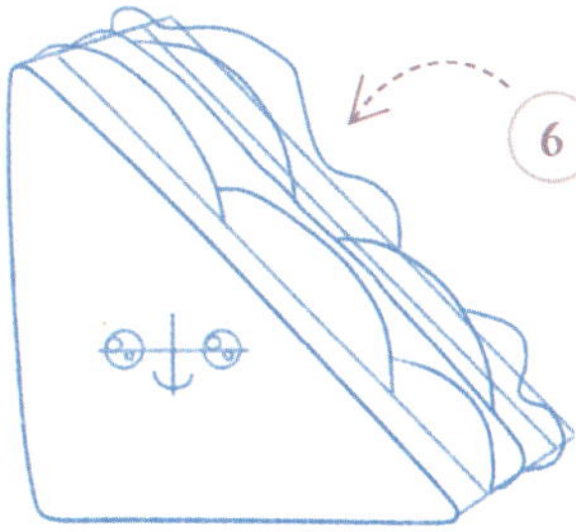

6 In die Mitte der Teekanne ein Kreuz zeichnen. Es hilft bei der Platzierung des Gesichts. Die Augen mit Lichtreflexen einzeichnen. Den Mund hinzufügen.

7 Die Linien mit flüssigen, gleichmäßigen Strichen nachzeichnen. Den Umriss gleichmäßig verstärken. An den Überlappungen besonders sorgfältig arbeiten.

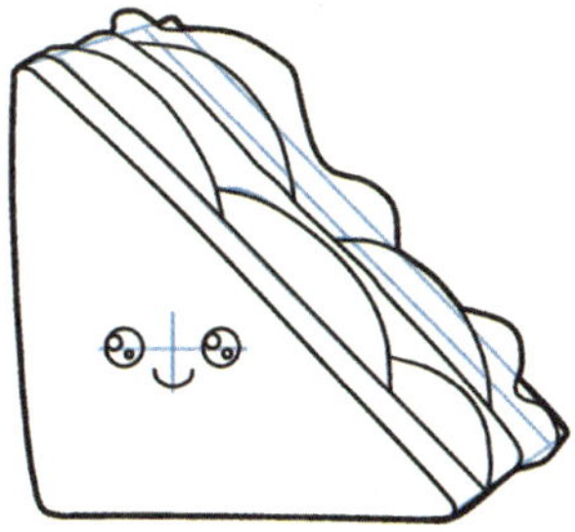

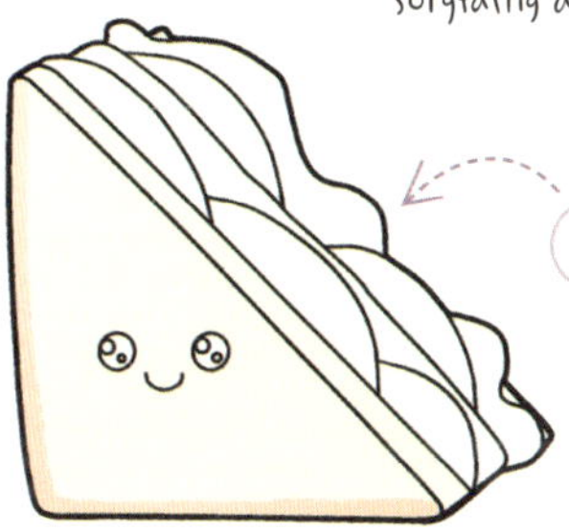

8 Zuerst das Brot hellbraun kolorieren und die Ränder etwas abdunkeln.

9 Dann die Beläge kolorieren. Sanfte Pastellfarben sehen besonders appetitlich aus.

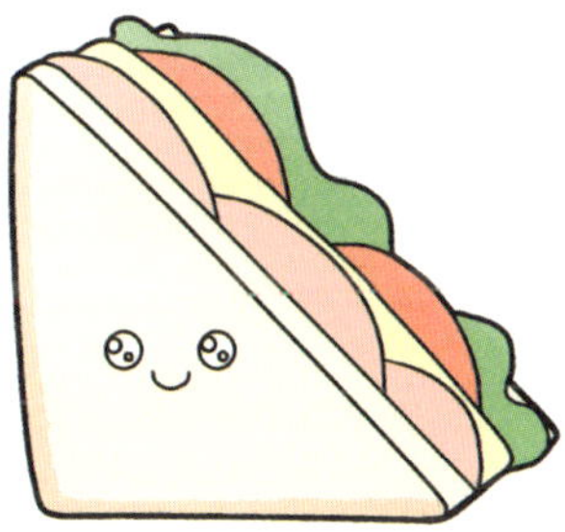

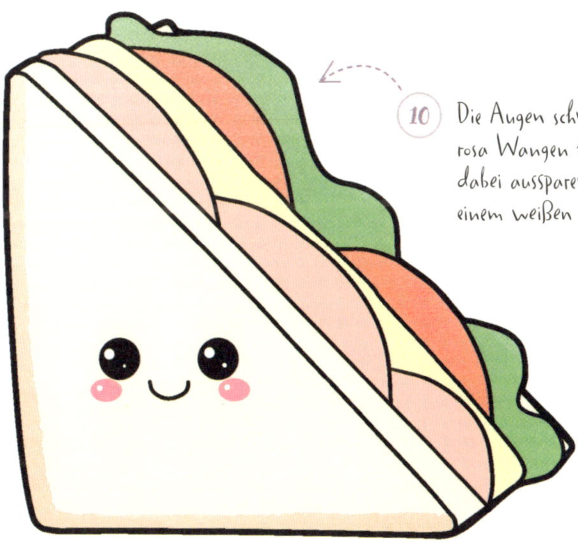

10 Die Augen schwarz ausmalen und die rosa Wangen hinzufügen. Die Lichtreflexe dabei aussparen oder nachträglich mit einem weißen Gelstift einfügen.

Cupcake

Hier entsteht aus Ovalen und geraden Strichen ein leckerer Cupcake mit einer Cremehaube und süßen Streuseln.

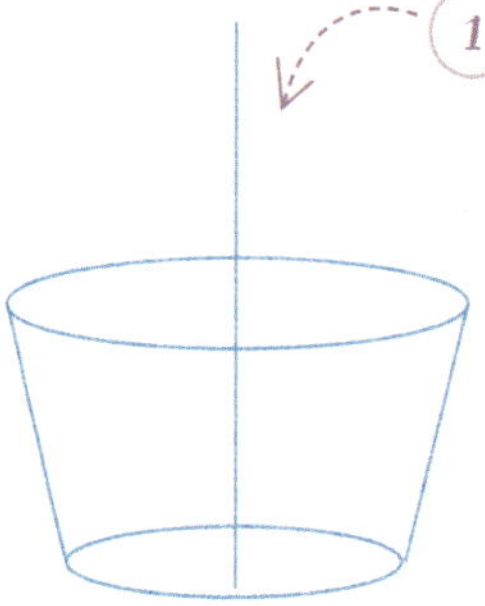

1 Mit einer Senkrechten und zwei flachen Ovalen beginnen. Die Seiten der Ovale verbinden, um die Form der Papphülle zu erhalten.

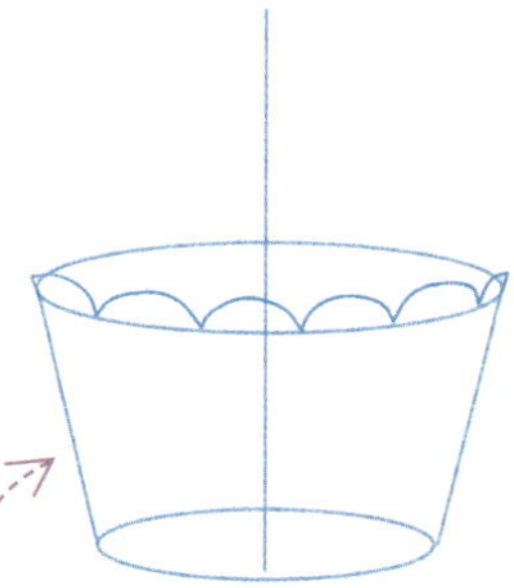

2 Am oberen Rand eine Wellenlinie anfügen.

3 Drei flache, leicht überlappende Ovale hinzufügen, die von unten nach oben kleiner werden. Sie stellen die Cremehaube dar.

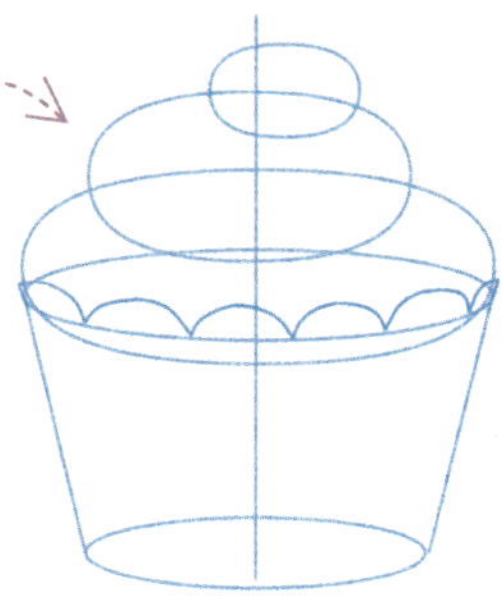

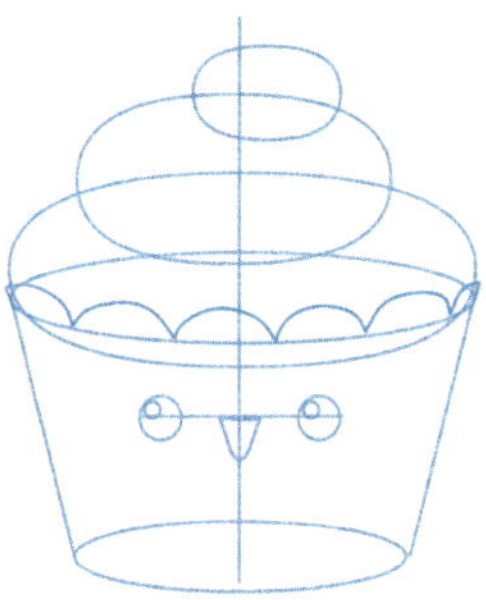

4 In die Mitte der Papphülle eine waagerechte Hilfslinie für das Gesicht zeichnen. Die Augen und den dreieckigen Mund einfügen. In jedes Auge einen kleinen Kreis für den Lichtreflex setzen.

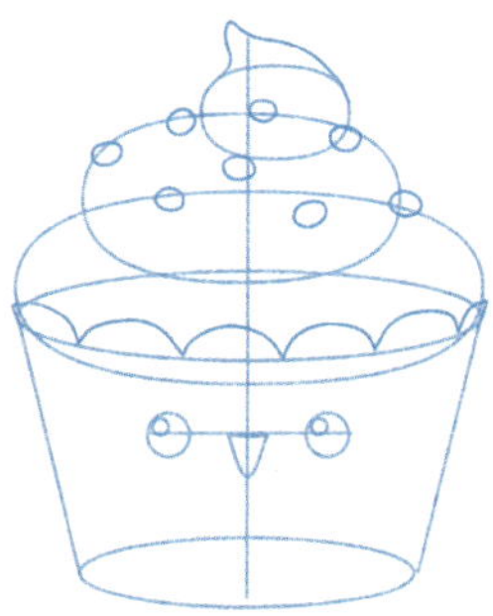

5 Die Spitze der Cremehaube einzeichnen und mit einigen kleinen runden Formen die Streusel andeuten.

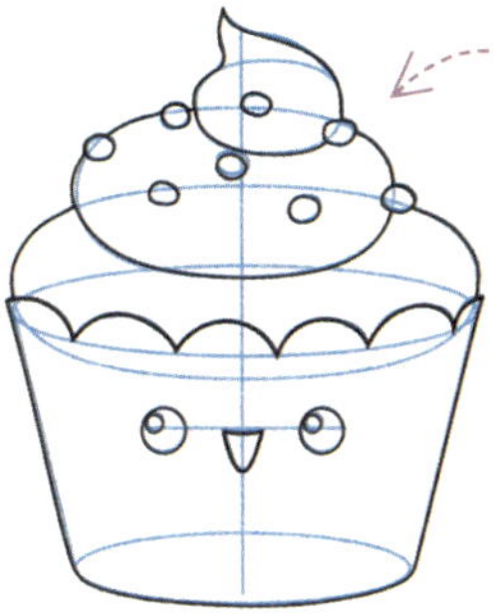

6 Die Linien mit flüssigen, gleichmäßigen Strichen nachzeichnen.

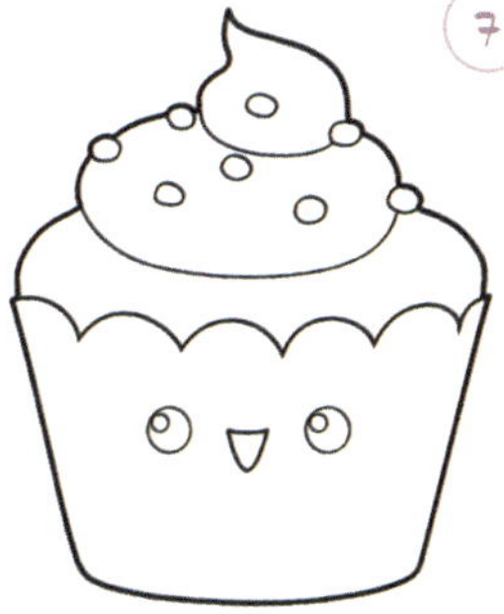

7 Den Umriss gleichmäßig verstärken.

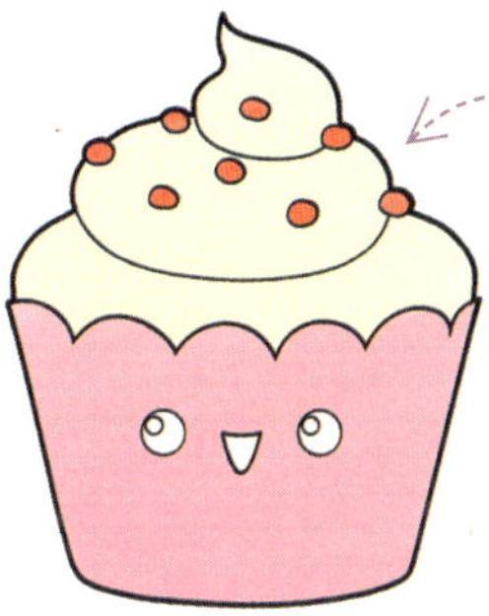

8 Cupcake und Creme gleichmäßig kolorieren.

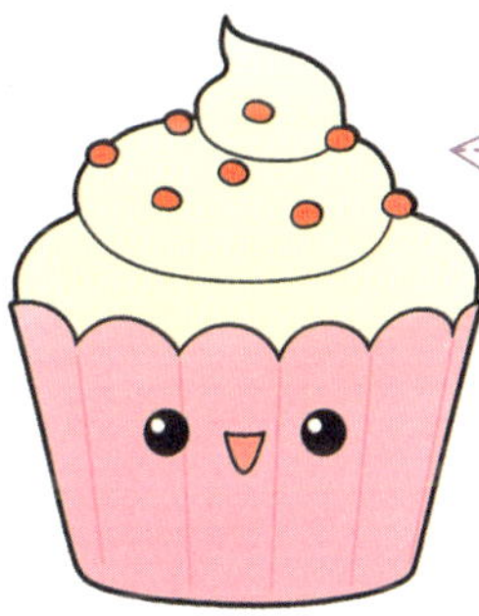

9 Mit etwas dunklerem Rosa Streifen auf der Papierhülle hinzufügen. Augen und Mund ausmalen.

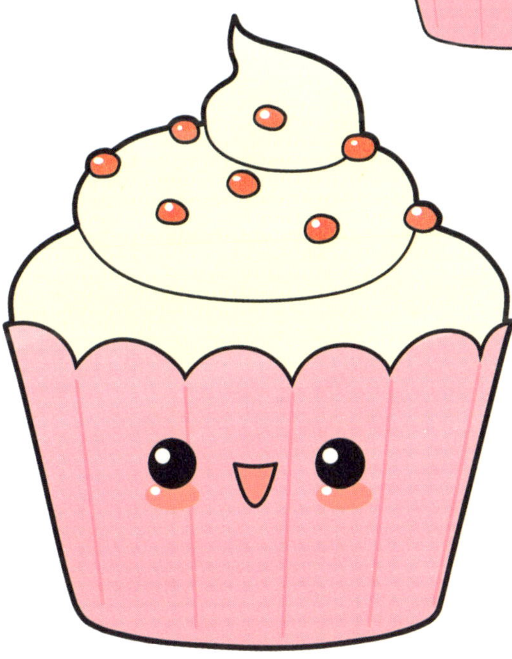

10 Runde rosa Wangen hinzufügen. Zuletzt kleine weiße Lichtreflexe in die Augen und auf die Streusel setzen.

Muffin

So ein appetitlicher Muffin mit Schokolade und Himbeeren ist einfach zu zeichnen. Die ersten Schritte sind wie beim Cupcake.

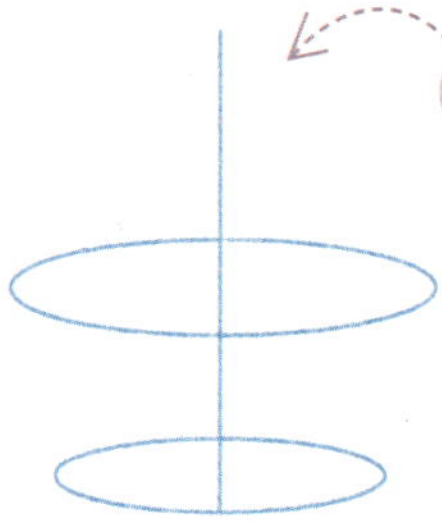

1 Mit einer senkrechten Linie beginnen. Zwei flache Ovale anfügen: ein kleineres am unteren Ende, ein größeres etwa in der Mitte.

2 Die Seiten der Ovale verbinden, um die Form der Papphülle zu erhalten.

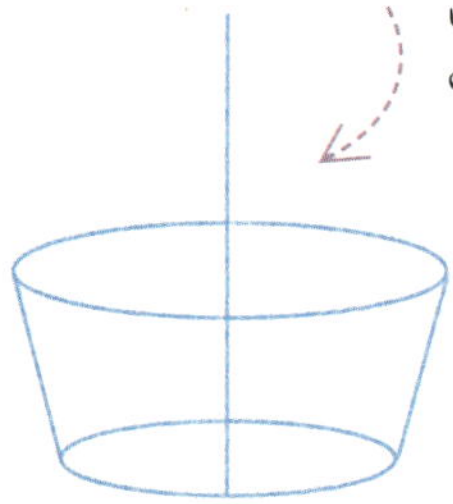

3 Am oberen Rand eine Wellenlinie anfügen.

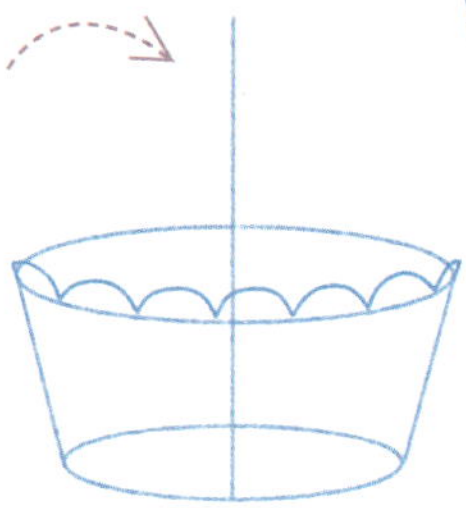

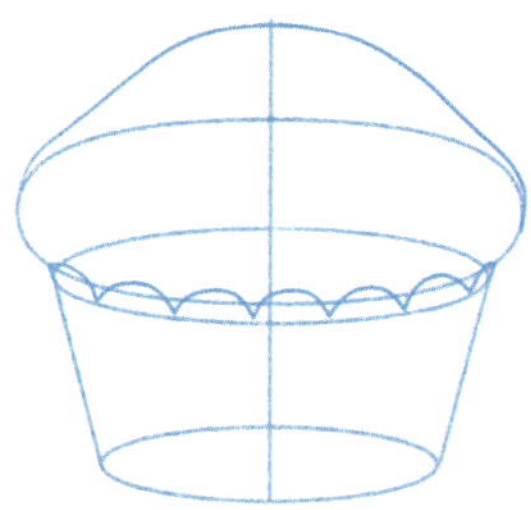

4 Auf die Papphülle ein Oval zeichnen und aus diesem eine Form entwickeln, die wie ein Pilzhut aussieht.

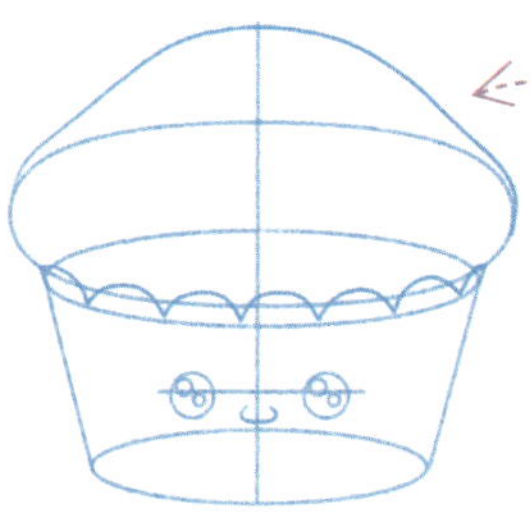

5 In die Mitte der Papphülle eine waagerechte Hilfslinie für das Gesicht zeichnen. Die Augen und den U-förmigen Mund einfügen. In jedes Auge einen kleinen Kreis für den Lichtreflex setzen.

6 Nun die Zutaten andeuten. Größere eckige Formen stellen weiße Schokoladenstücke dar, kleinere Formen die Himbeeren.

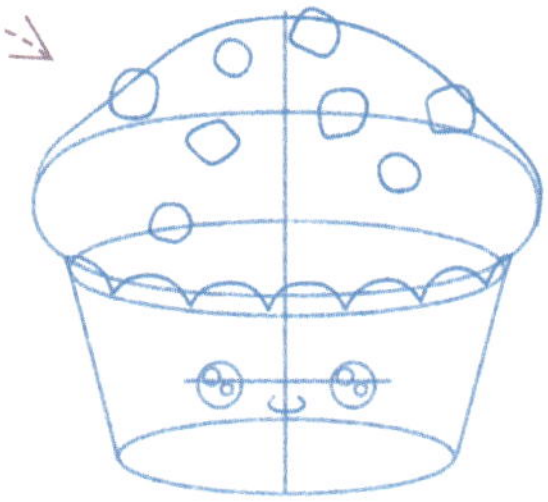

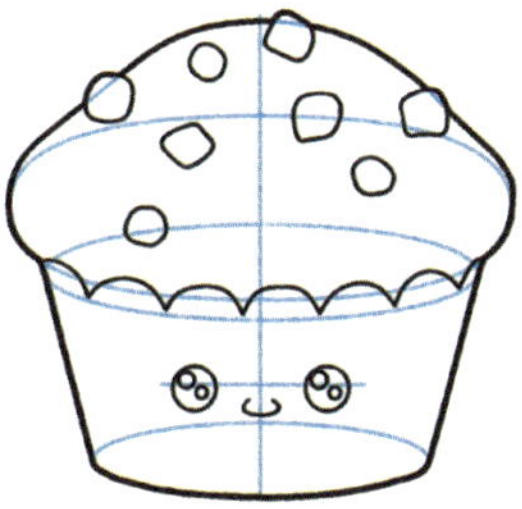

7 Die Linien mit flüssigen, gleichmäßigen Strichen nachzeichnen. Den Umriss gleichmäßig verstärken.

8 Pappform und Teig gleichmäßig kolorieren.

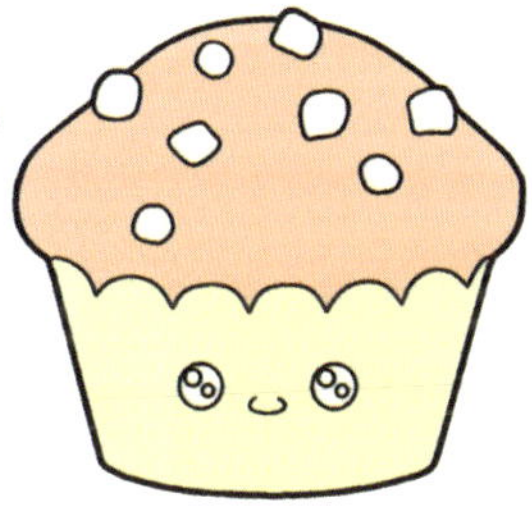

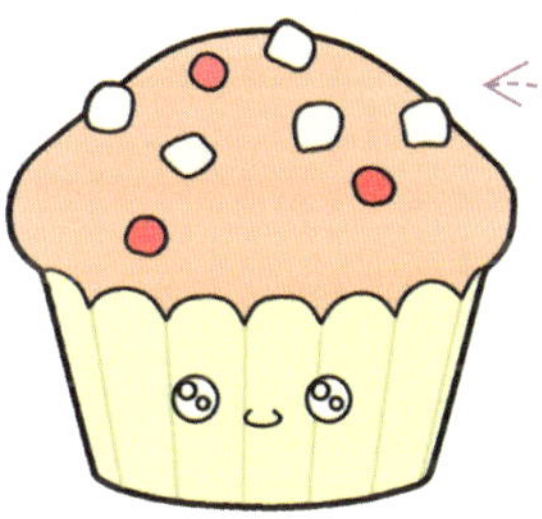

9 Die Himbeeren rosarot ausmalen. Auf die Pappform etwas dunklere Streifen malen.

10 Augen und Mund ausmalen. Runde rosa Wangen hinzufügen. Zuletzt kleine weiße Lichtreflexe auf die Wangen setzen. Dann darf genascht werden.

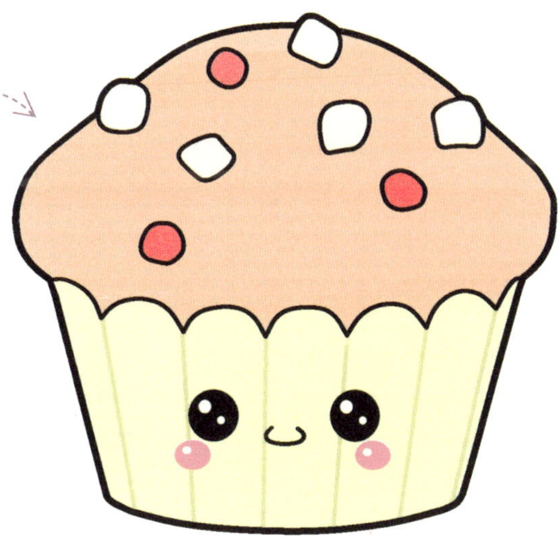

Cookies

Dies Cookies sehen so lecker aus –
kein Wunder, dass da schon jemand genascht hat.

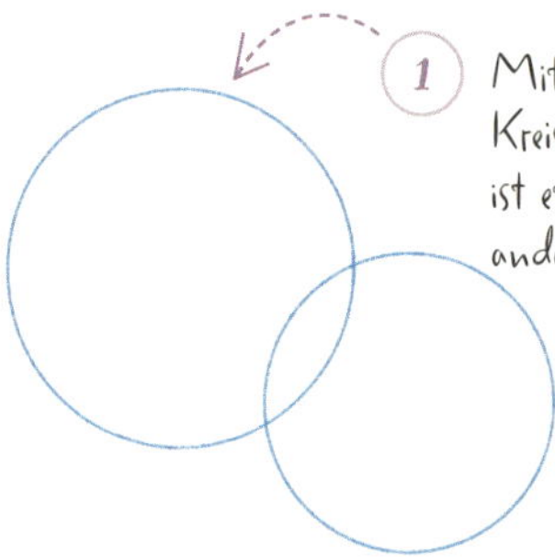

1 Mit zwei überlappenden Kreisen beginnen. Einer ist etwas größer als der andere.

2 Die Kontur des größeres Kreises etwas wellig gestalten, um die körnige Struktur anzudeuten. Links oben die abgebissene Kante und einige Krümel andeuten.

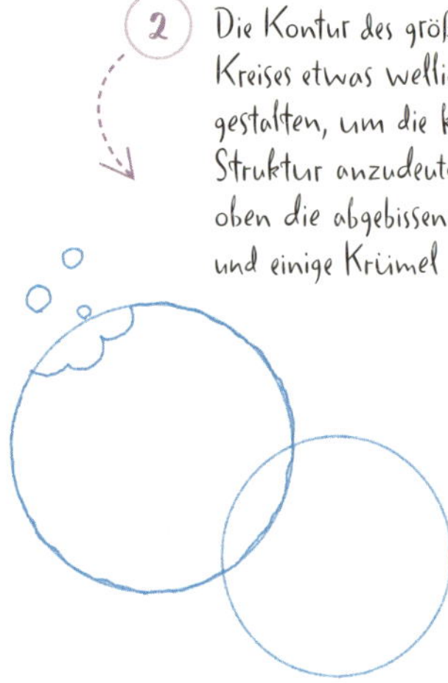

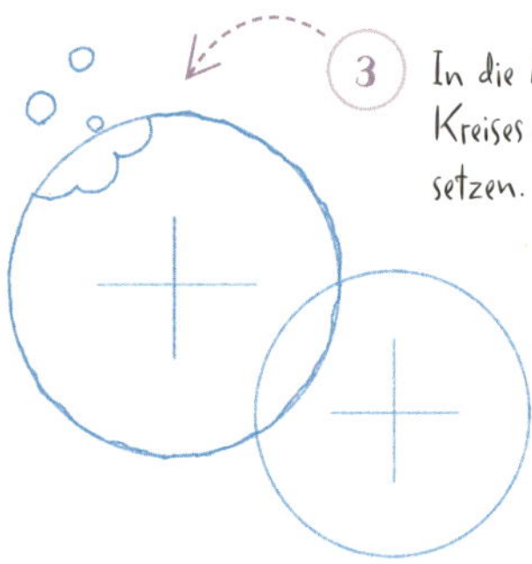

3 In die Mitte jedes Kreises ein Kreuz setzen.

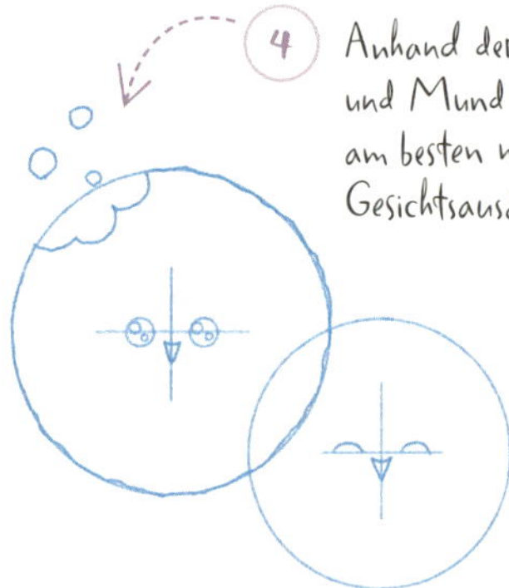

4 Anhand der Hilfslinien Augen und Mund einzeichnen – am besten mit verschiedenen Gesichtsausdrücken.

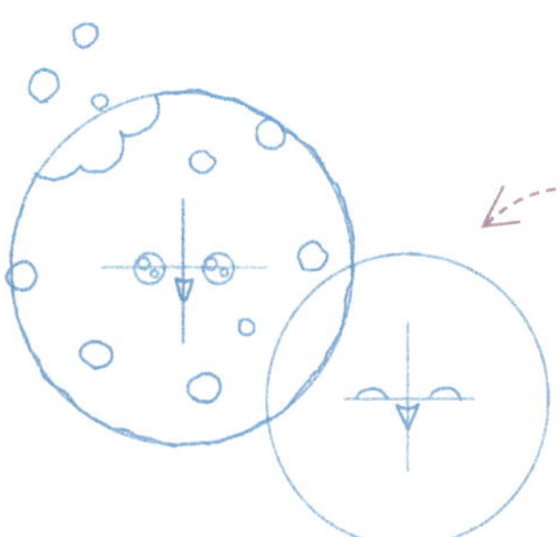

5 Für die Schokotröpfchen auf dem größeren Keks mehrere kleine Kreise zeichnen. Einige davon am Rand anordnen.

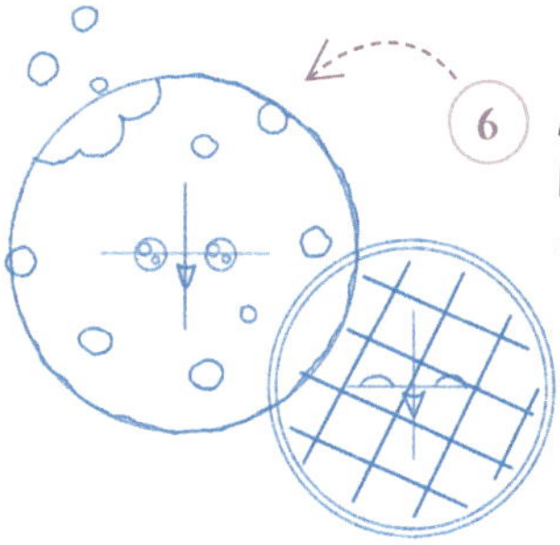

6 Auf den rechten Cookie eine zweite Konturlinie und ein Gittermuster zeichnen.

7 Die Umrisse nachzeichnen, jedoch nicht das Muster auf dem kleineren Cookie und den Teil seiner Kontur, die unter dem größeren Cookie liegt.

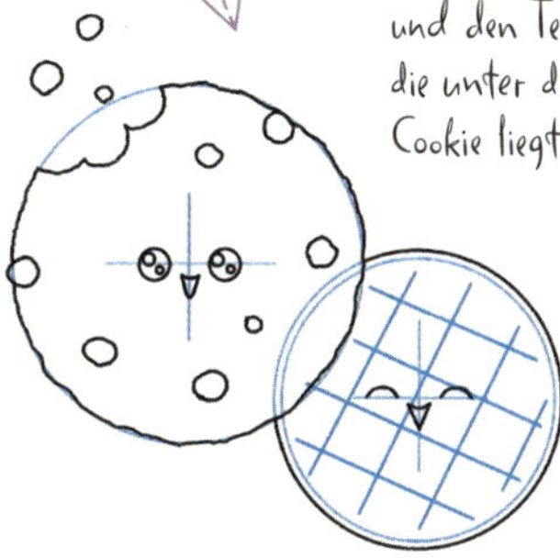

8 Die Cookies gleichmäßig kolorieren. Mit den Hauptfarben beginnen, dann die Schokotröpfchen hinzufügen.

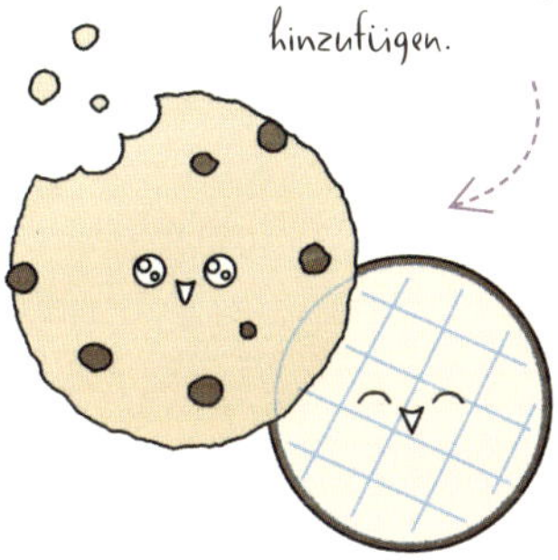

9 Das Gittermuster auf dem kleinen Cookie mit Braun nachmalen.

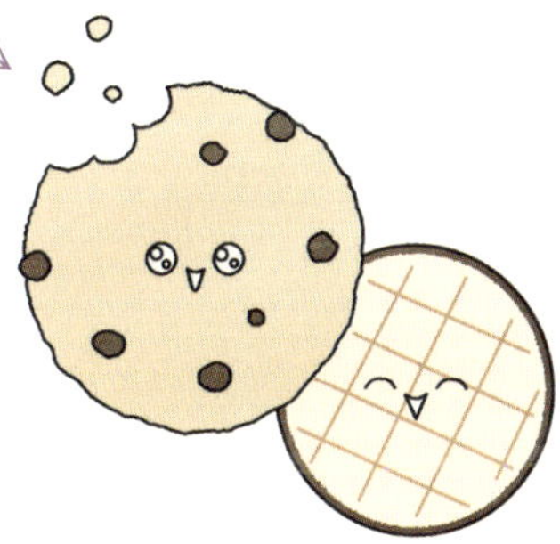

10 Augen und Mund ausmalen, dann runde rosa Wangen hinzufügen. Zuletzt mit einem weißen Stift die Lichtreflexe auf den Wangen einzeichnen.

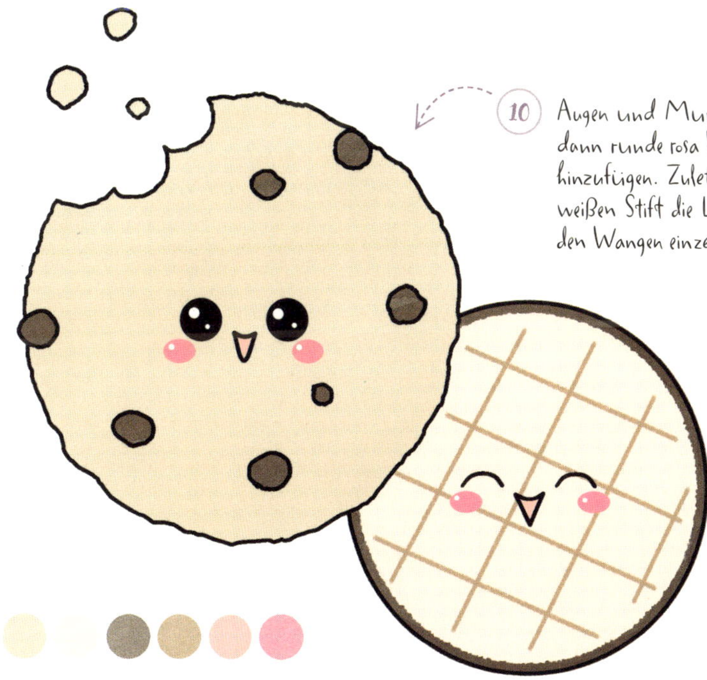

Macaron

Der Macaron wird aus Ovalen und unregelmäßigen Röhrenformen aufgebaut. Die Farbe verrät, dass dieser nach Lavendel schmeckt.

1 Mit einem Oval beginnen. Eine Mittelsenkrechte hinzufügen und nach unten verlängern.

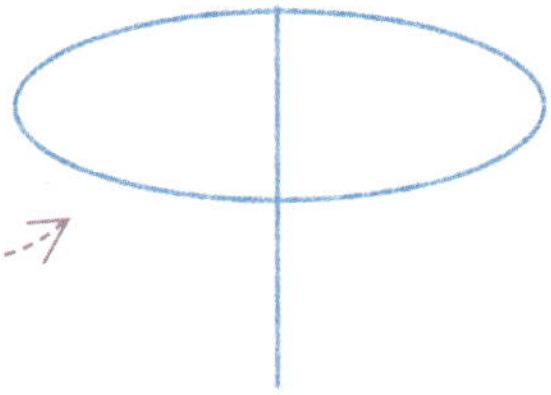

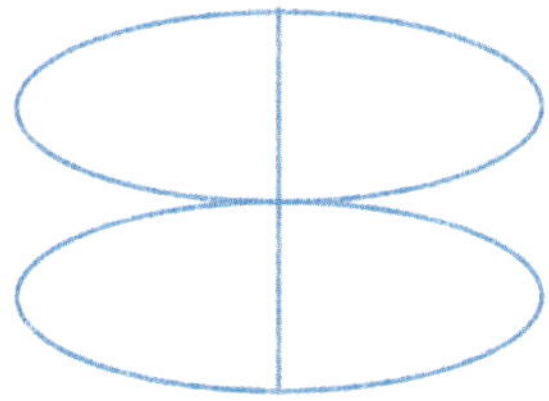

2 Ein zweites Oval gleicher Größe direkt unter das erste zeichnen.

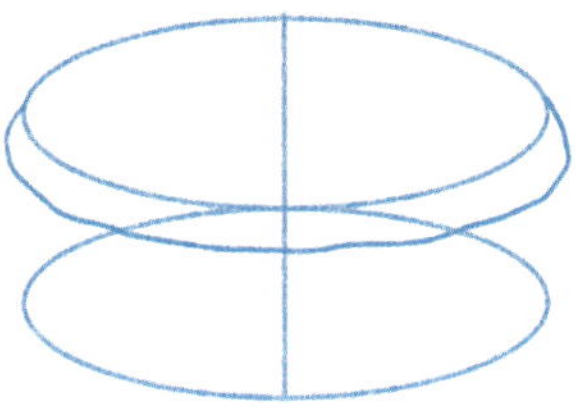

3 Unter dem oberen Oval eine unregelmäßige Röhrenform einzeichnen, wie auf dieser Abbildung.

4 Direkt darunter eine weitere Röhrenform zeichnen. Sie ist etwas kleiner und regelmäßiger.

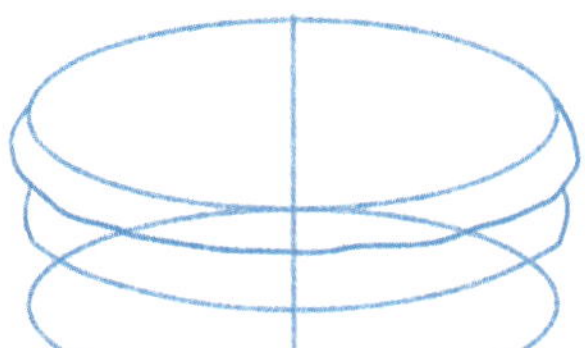

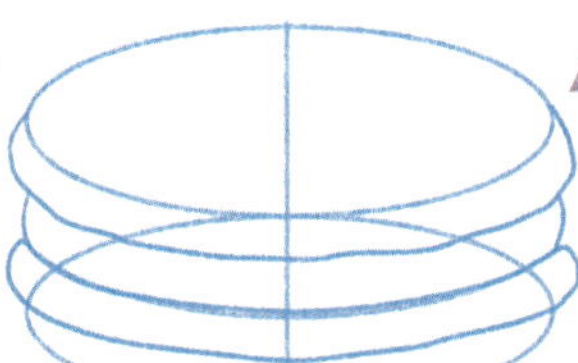

5 Darunter wieder eine unregelmäßige Röhrenform setzen, wie in Schritt 3.

6 Ins obere Oval eine kleine Waagerechte zeichnen und auf dieser die Augen platzieren. Der Mund sitzt etwas tiefer. Die Lichtreflexe in den Augen durch kleine Kreise andeuten.

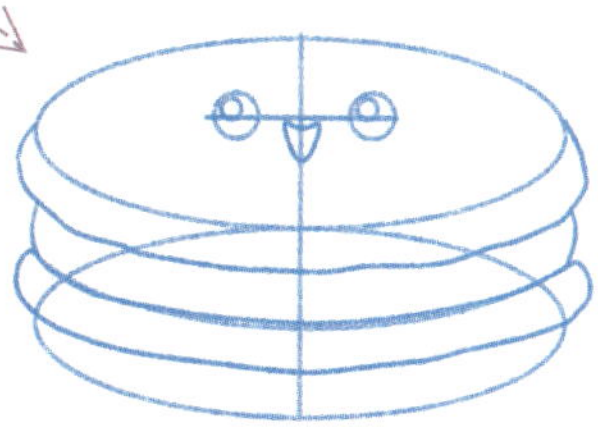

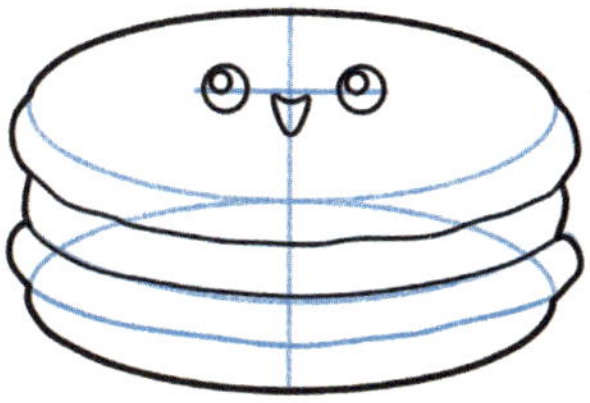

7 Die Linien mit flüssigen, gleichmäßigen Strichen nachzeichnen. Den Umriss gleichmäßig verstärken.

8 Den Macaron gleichmäßig kolorieren. Die unregelmäßigen Teigränder leicht abdunkeln.

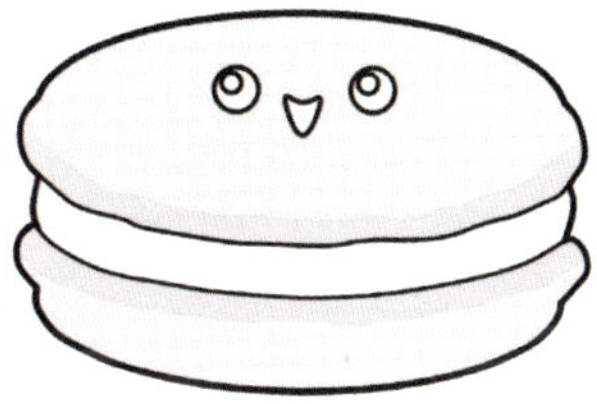

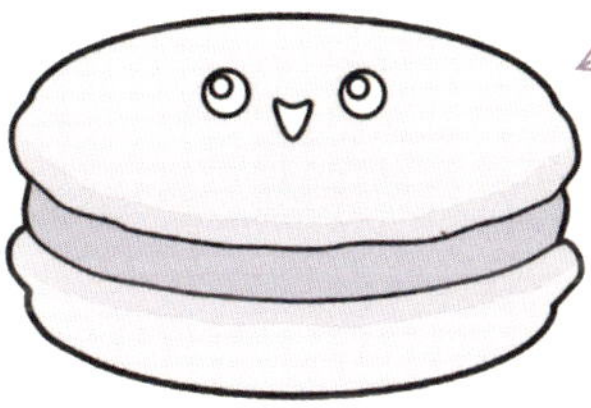

9 Für die Creme einen dunkleren Ton derselben Farbe verwenden.

10 Augen und Mund ausmalen. Runde rosa Wangen hinzufügen. Zuletzt bekommt der Macaron runde rosa Wangen mit weißen Lichtreflexen.

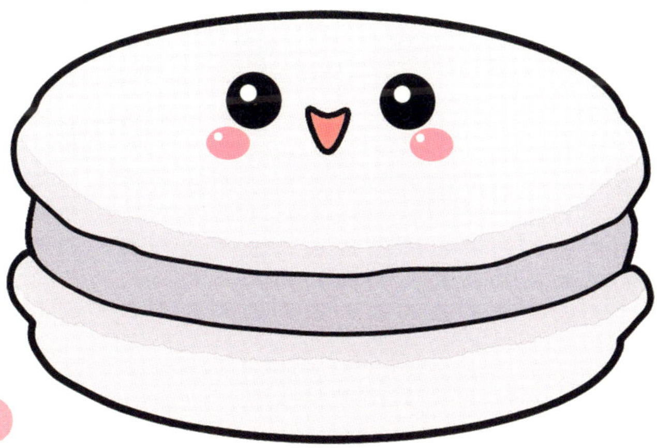

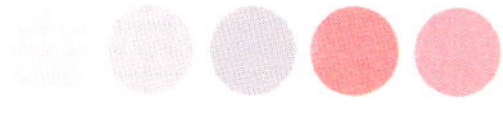

Apfelkuchen

So ein köstlicher Apfelkuchen ist gar nicht schwer zu zeichnen. Am besten schmeckt er ganz frisch aus dem Ofen.

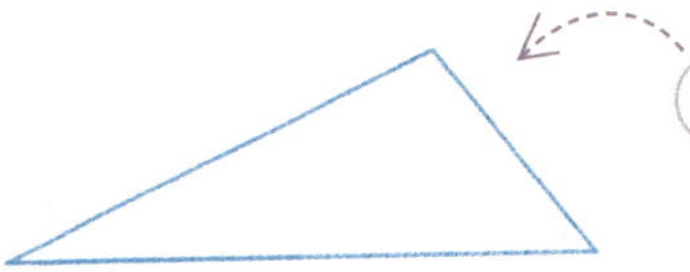

1 Mit einem schmalen, asymmetrischen Dreieck beginnen.

2 Drei gerade Striche anfügen, um ein dreieckiges Kuchenstück darzustellen. Die rechte Senkrechte ist leicht nach innen geneigt.

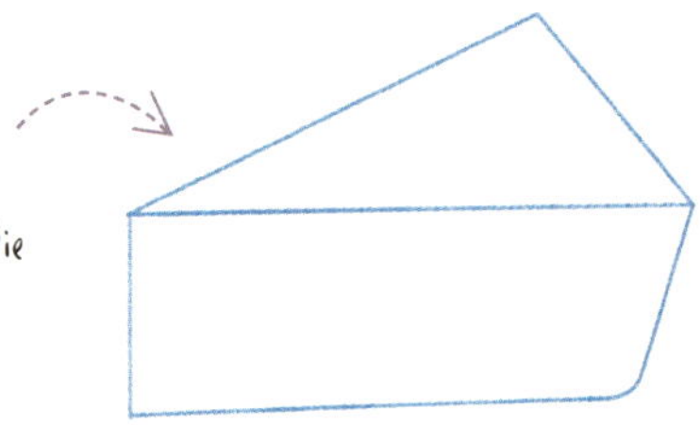

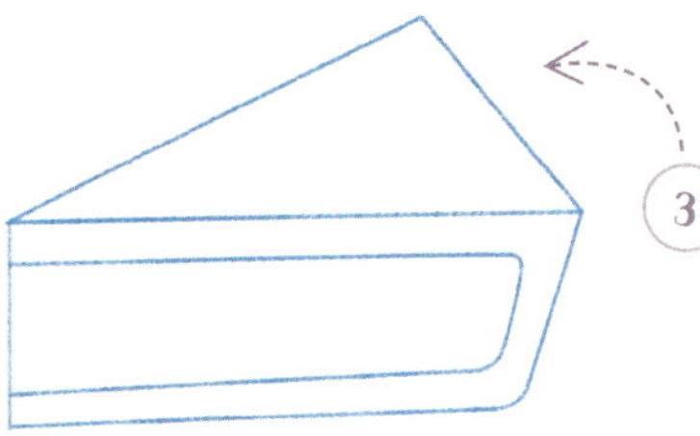

3 In das seitliche Rechteck für die Füllung ein kleineres Rechteck zeichnen.

4 Für den Teigrand an der rechten Seite eine Röhrenform anfügen.

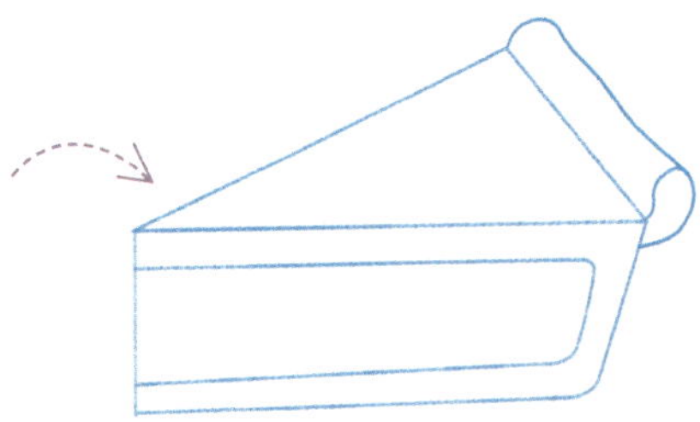

5 Jetzt auf die Oberseite des Kuchenstücks einige Röhrenformen zeichnen. Sie sind ein Teil des Teiggitters auf der Füllung.

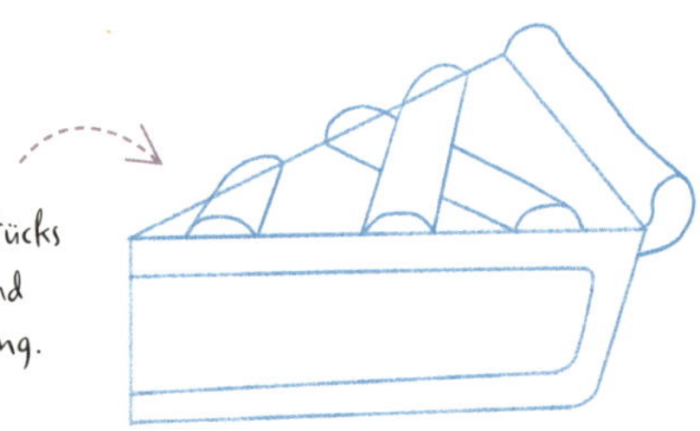

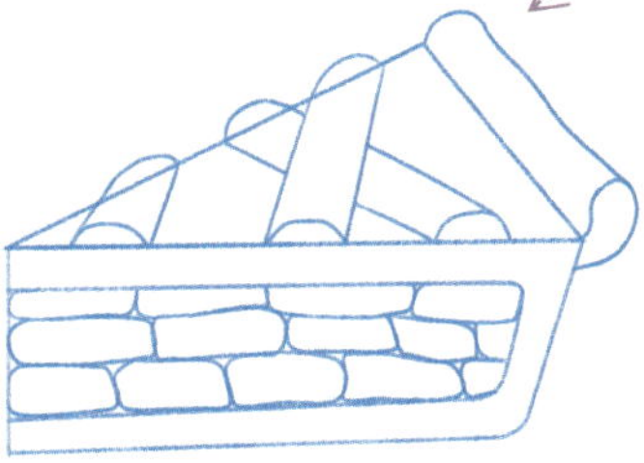

6 In die Füllung unregelmäßige Rechtecke zeichnen, die wie Ziegelsteine angeordnet sind.

7 In die Mitte der Füllung ein Kreuz setzen. Es hilft bei der Platzierung des Gesichts. In jedes Auge einige Lichtreflexe einzeichnen.

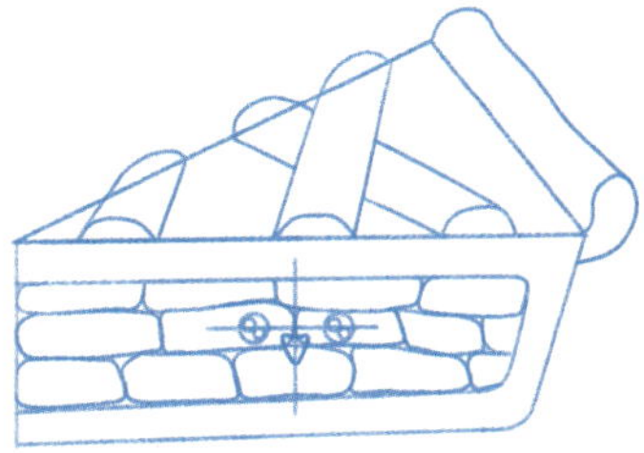

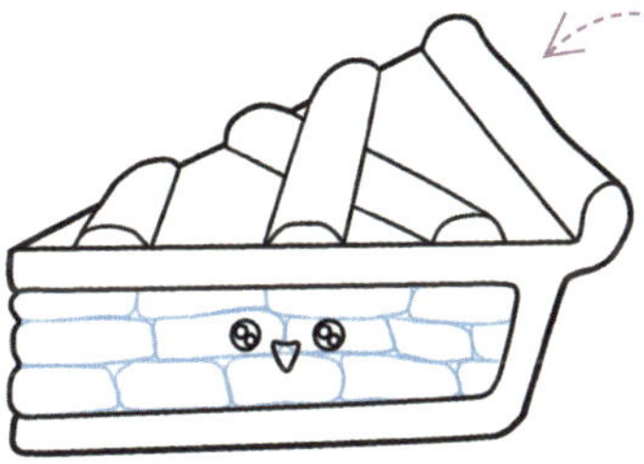

8 Die Linien mit flüssigen, gleichmäßigen Strichen nachzeichnen. Den Umriss gleichmäßig verstärken. Die Linien der Füllung nicht nachziehen.

9 Die Oberseite des Kuchens und das Teiggitter in einem appetitlichen Goldbraun kolorieren. Die Linien in der Füllung mit einem dunkleren Braun nachziehen.

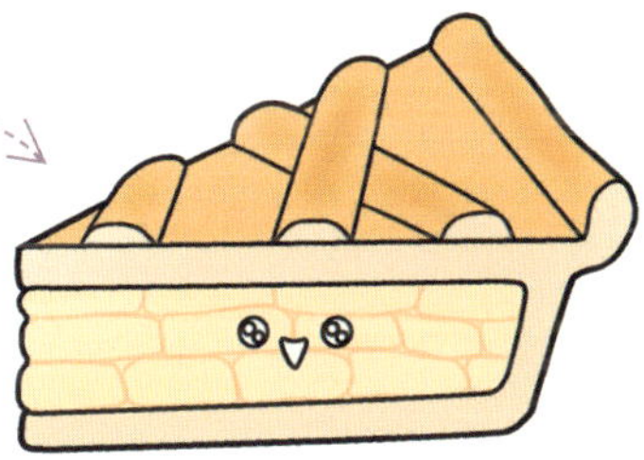

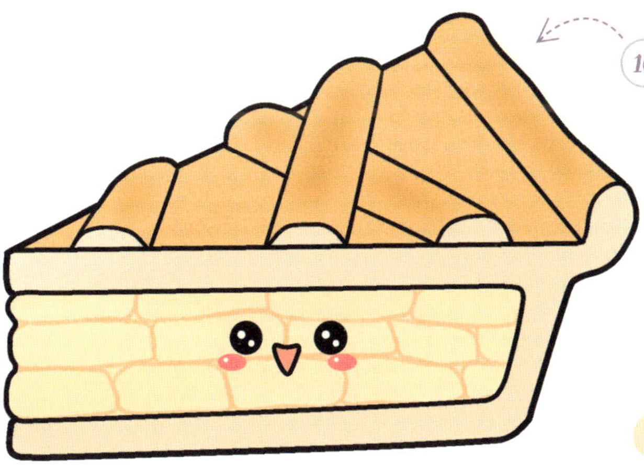

10 Augen und Mund ausmalen, dann runde rosa Wangen hinzufügen. Zuletzt auf die Wangen kleine weiße Lichtreflexe setzen.

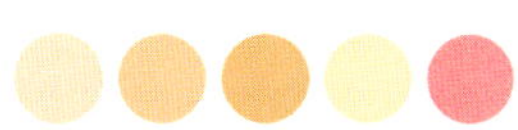

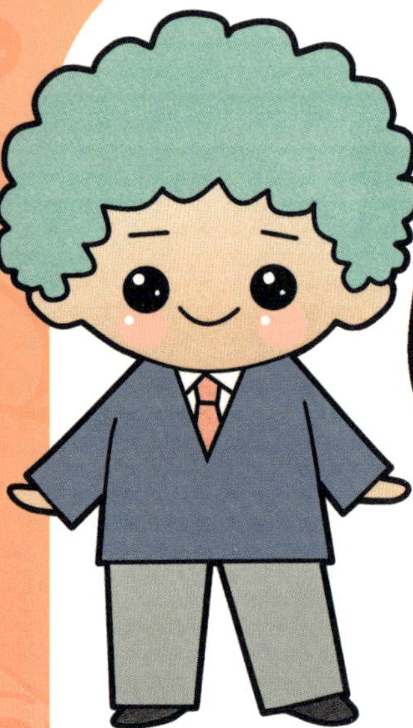
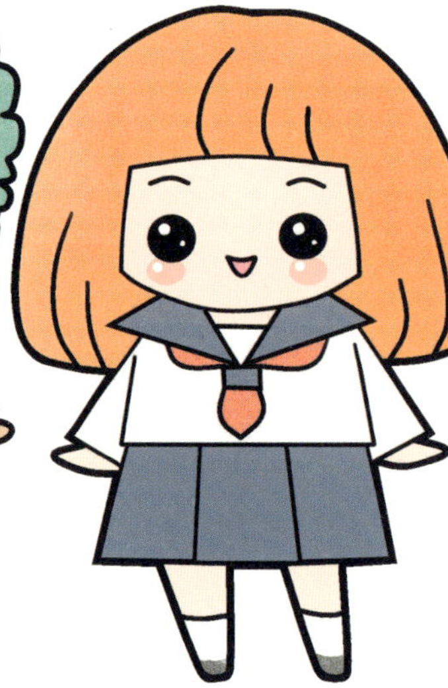
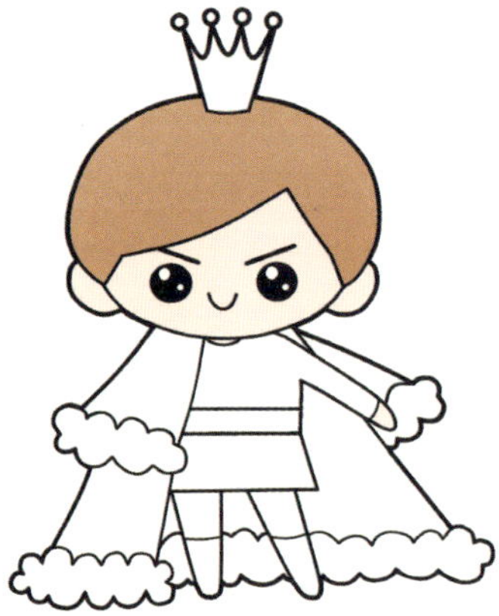
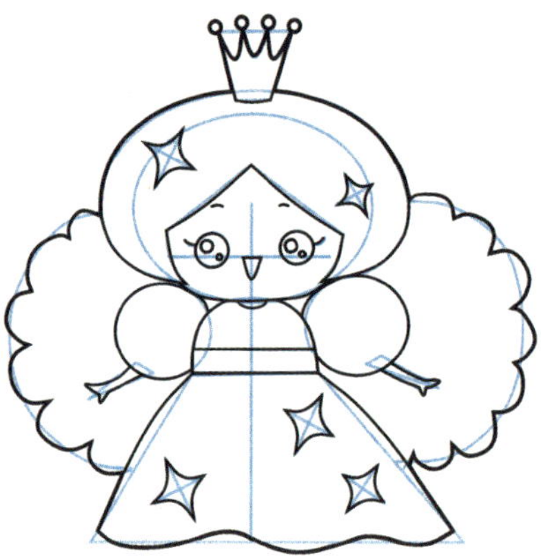
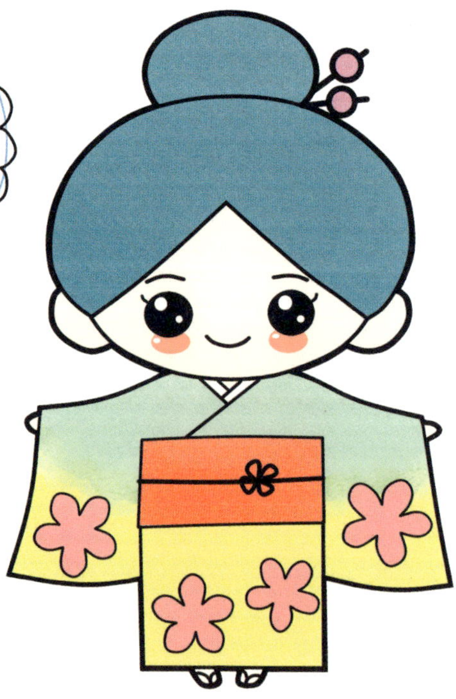

Kawaii-Figuren

Prinzessin

Mit der hübschen Krone, Glitzersteinchen und den langen rosa Haaren wird diese Prinzessin bestimmt zur Ballkönigin.

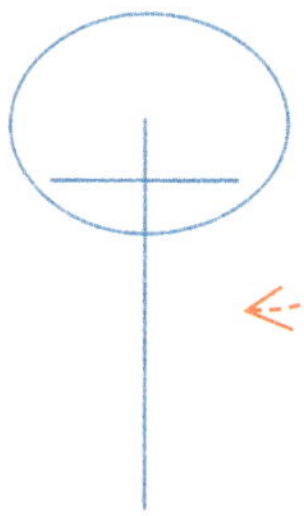

1 Mit einem Oval beginnen. In die untere Hälfte ein Kreuz zeichnen und nach unten verlängern.

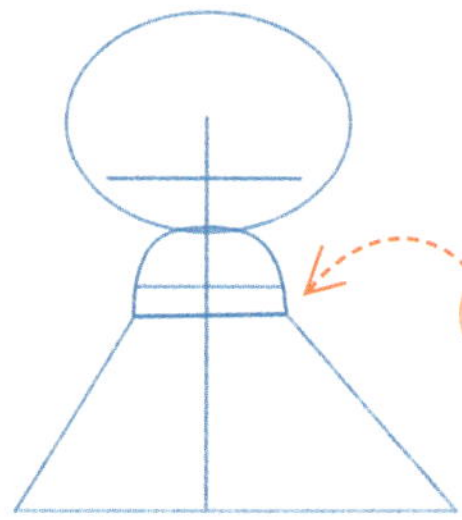

2 Darunter eine Kuppelform für den Oberkörper, ein kleines Rechteck für die Schärpe und ein Trapez für den Rock zeichnen.

3 Rechts und links vom Oberkörper Kreise für die Ärmel anfügen. Augen und Nase anhand der Hilfslinie im Gesicht einzeichnen.

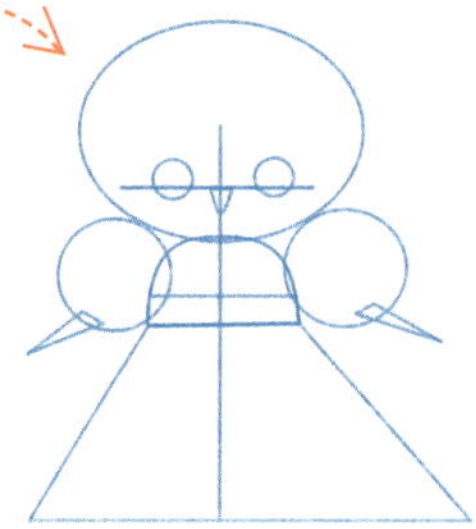

4 Die Haarkontur mit Mittelscheitel in das Gesicht zeichnen, dann die Haare wie einen Helm andeuten. Darauf ein kleines Trapez für die Krone setzen. Die langen Haare durch große Halbkreise an den Seiten darstellen.

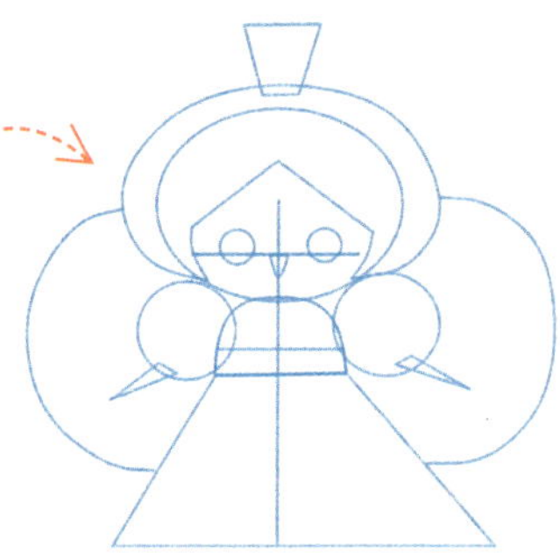

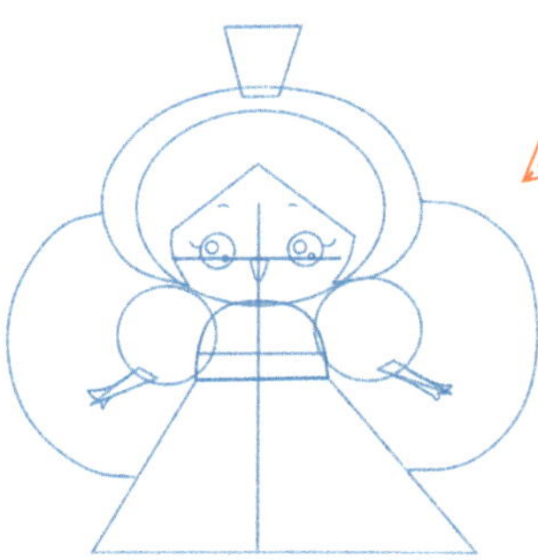

5 Lichtreflexe in beide Augen zeichnen, dann einfache Wimpern und Augenbrauen hinzufügen. Die Hände ausarbeiten.

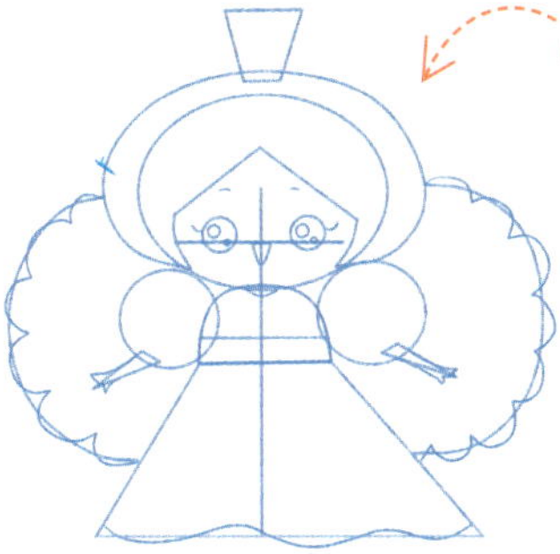

6 Die Haarkontur und den Saum des Kleids wellenförmig ausarbeiten.

7 Einige Kreuze auf Haare und Kleid zeichnen und daraus Rauten für die Glitzersteinchen entwickeln. Die Zacken der Krone ausarbeiten und die Edelsteine anfügen.

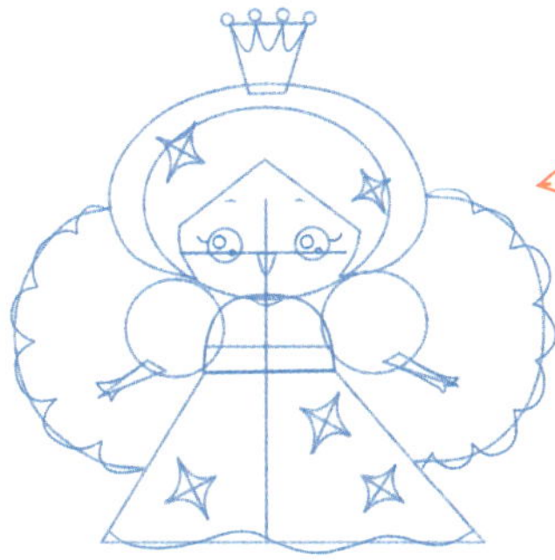

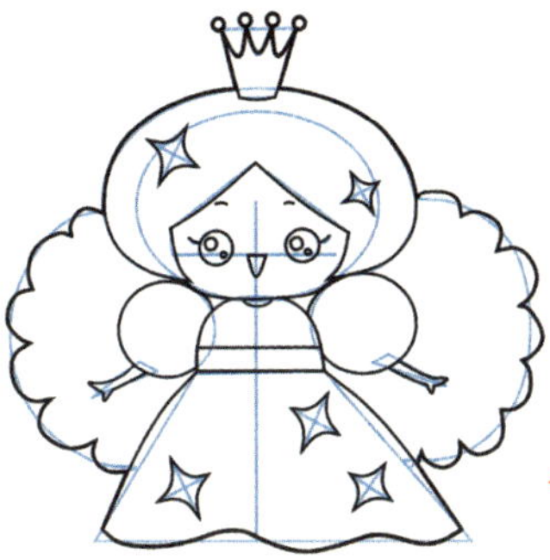

8 Die Linien mit flüssigen, gleichmäßigen Strichen nachzeichnen, dabei das bauschige Volumen des Rocks herausarbeiten. Den Umriss gleichmäßig verstärken.

9 Die Figur kolorieren. Das Kleid erst mit einer hellen Farbe eintönen, dann eine dunklere auftragen und die Übergänge weich verwischen.

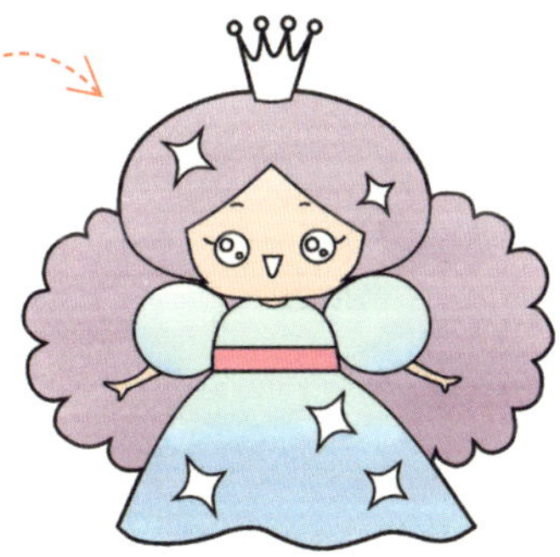

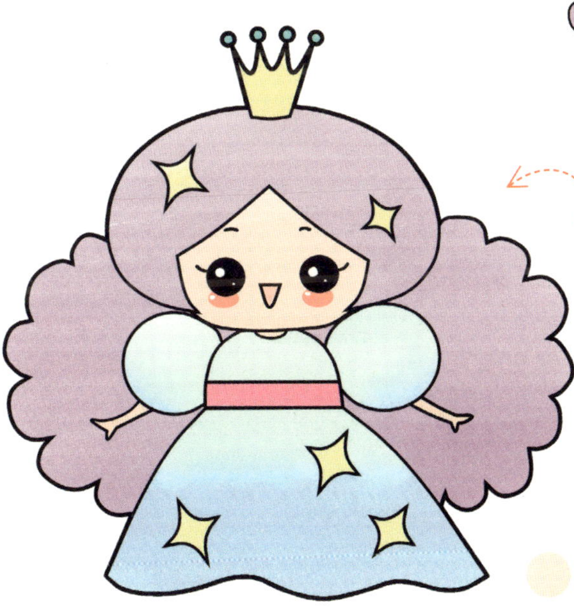

10 Augen, Glitzersteinchen und Krone ausmalen. Den Mund Mit Rosa ausfüllen. Runde rosa Wangen hinzufügen. Zuletzt kleine weiße Lichtreflexe auf die Wangen setzen.

Prinz

Der Prinz mit den rosigen Wangen und dem Umhang mit edlem Pelzbesatz wartet schon auf die hübsche Prinzessin.

1 Mit einem Oval beginnen. In die untere Hälfte ein Kreuz zeichnen und nach unten verlängern.

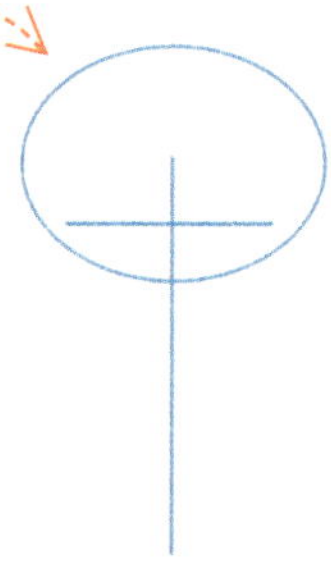

2 Unter das Oval eine Kuppelform, dann ein schmales Rechteck und darunter ein flaches Trapez zeichnen. Das ist der Körper.

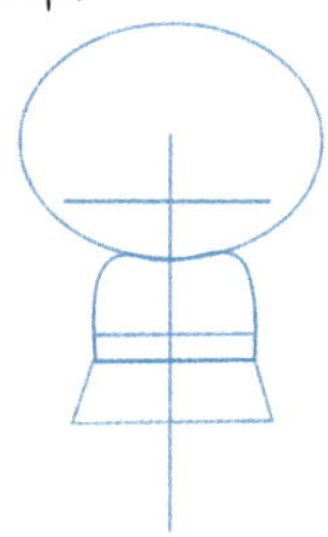

3 Kegelformen für den rechten Arm und die Beine anfügen, dann Hand und Stiefel durch kurze Querstriche andeuten. Anhand des Kreuzes die Augen mit Augenbrauen, Mund und Ohren platzieren.

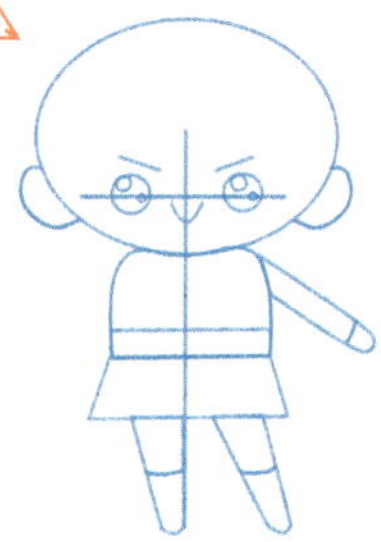

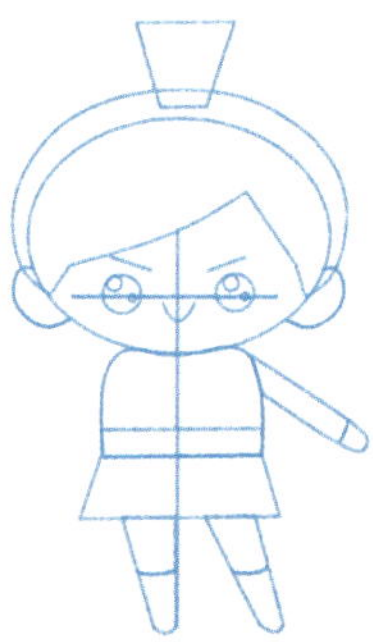

4 Die Haare wie einen Helm um den Kopf zeichnen, der Scheitel sitzt seitlich. Für die Krone ein kleines Trapez auf den Kopf setzen.

5 Den Umhang aus vier Dreiecken aufbauen (1–4). Die Teile (1) und (2) des Umhangs verdecken etwa die Hälfte des Körpers.

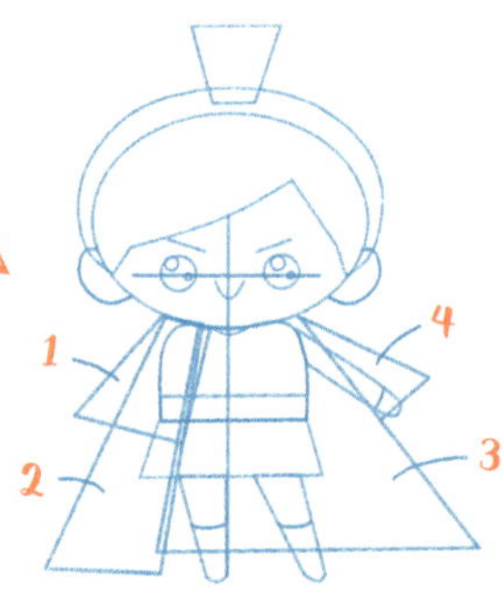

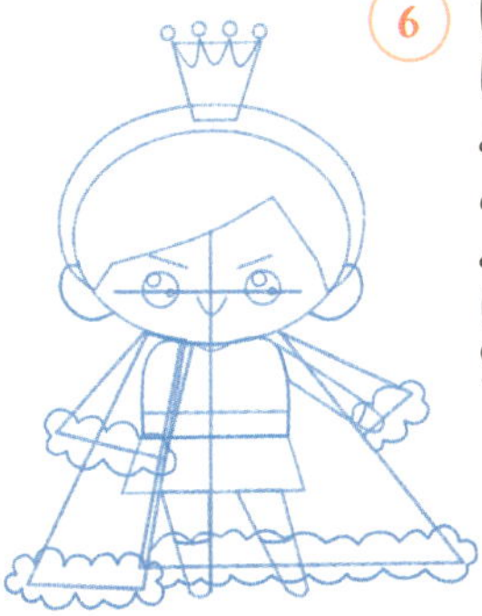

6 Den Pelzbesatz am Rand des Umhangs durch Wellenlinien andeuten. Die Zacken der Krone und die Edelsteine an den Spitzen einzeichnen.

7 Beim Nachzeichnen der vorgezeichneten Striche nur diejenigen berücksichtigen, die hier schwarz dargestellt sind. Den Umriss gleichmäßig verstärken.

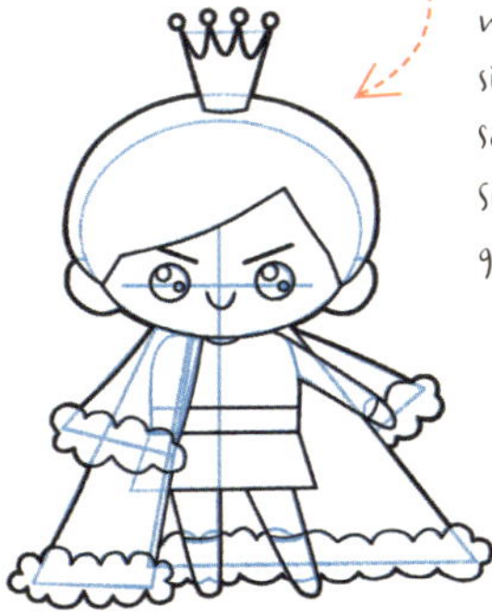

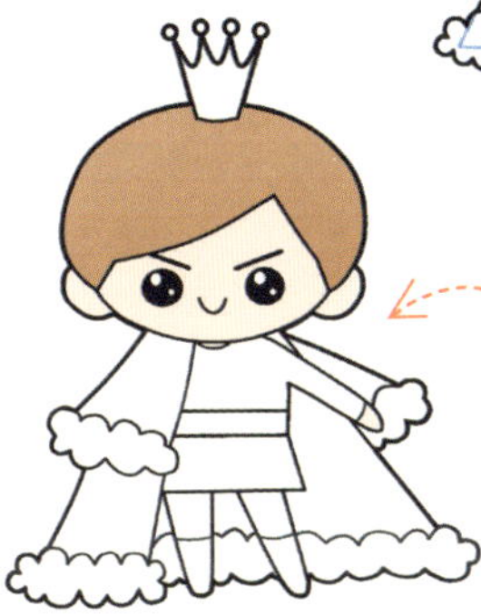

8 Zuerst Haut und Haare gleichmäßig kolorieren.

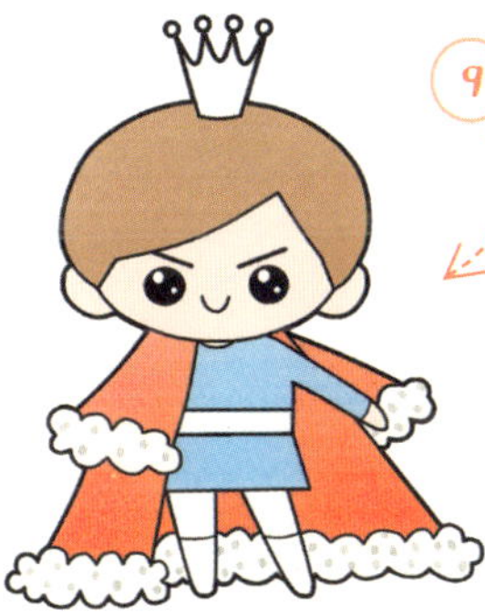

9 Danach die Kleidung farbig gestalten. Auf den Pelz einige hellgraue Flecken malen.

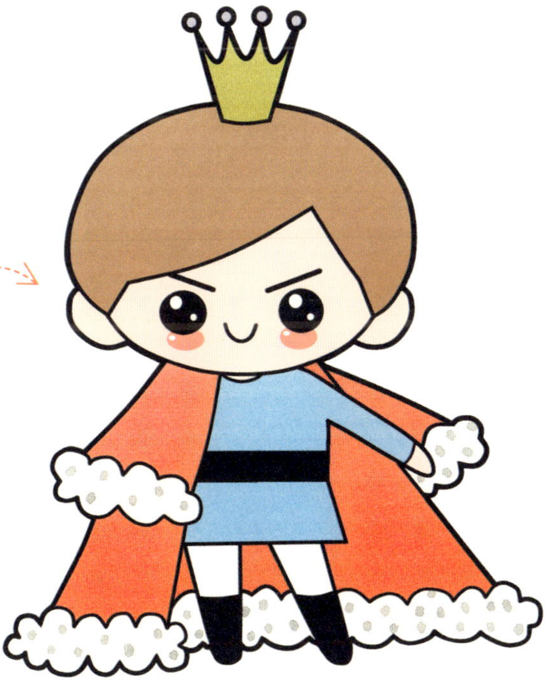

10 Die Krone mit Goldgelb ausmalen, Gürtel und Stiefel mit Schwarz. Zuletzt runde rosa Wangen mit weißen Lichtreflexen hinzufügen.

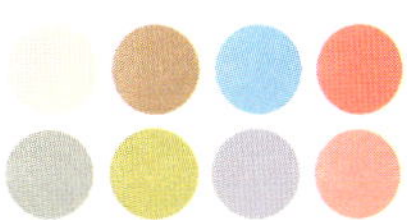

Schulkinder

In Japan tragen die meisten Kinder Schuluniformen, oft mit einem Matrosenkragen und einer Krawatte in den Farben der Schule.

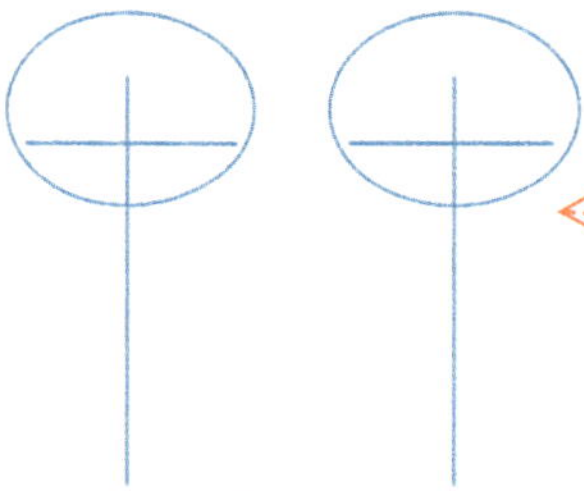

1 Mit einem Oval beginnen. In die untere Hälfte ein Kreuz zeichnen und nach unten verlängern. Dasselbe daneben noch einmal wiederholen.

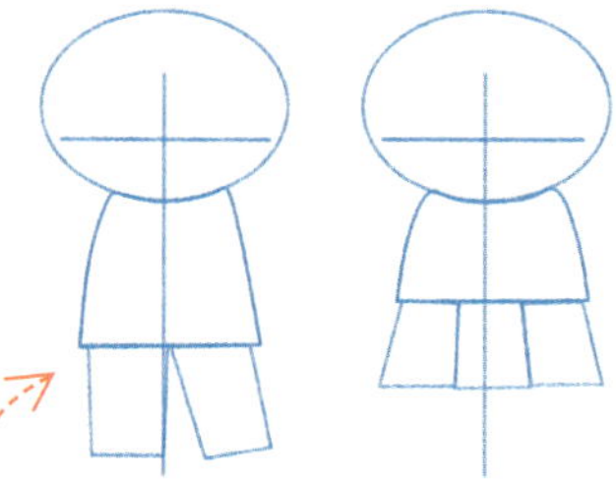

2 Unter dem linken Oval einen länglichen Körper anfügen, darunter zwei Rechtecke für die Hose, eines gerade, das andere leicht schräg. Unter dem rechten Oval einen kürzeren, kuppelförmigen Körper zeichnen. Darunter drei Rechtecke für den Faltenrock setzen.

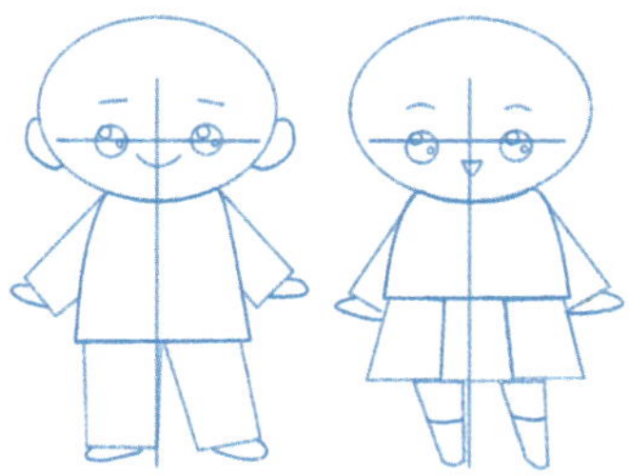

3 Die Gesichtszüge anhand der Hilfslinien platzieren. Arme, Beine, Hände und Füße zeichnen. An den Kopf der linken Figur Ohren anfügen.

4 Die Haare wie Helmformen auf die Köpfe zeichnen.

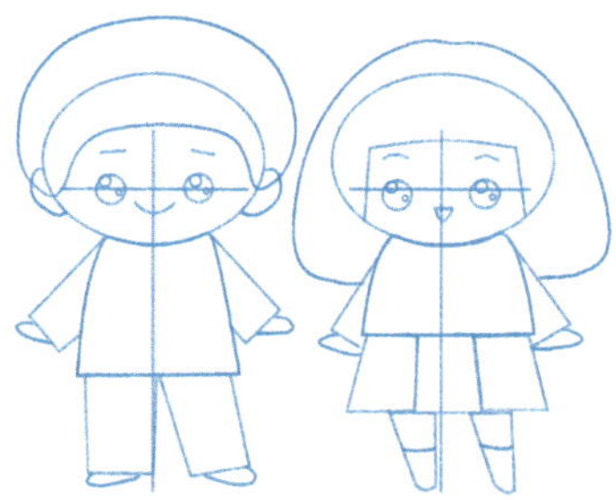

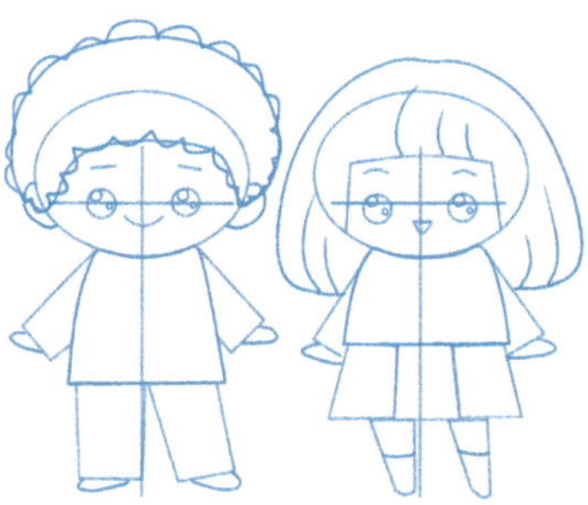

5 Die Haarkontur des Jungen wellig gestalten. In die Haare des Mädchens einige fließende Linien einfügen.

6 Jetzt folgt die Kleidung. Unter dem Kinn des Jungen eine V-Form einzeichnen, dann Kragen und Krawatte hinzufügen. Beim Mädchen eine kleinere V-Form unter dem Kinn zeichnen, dann zwei Dreiecke für die Seiten des Matrosenkragens anfügen. Das gebundene Halstuch zeichnen.

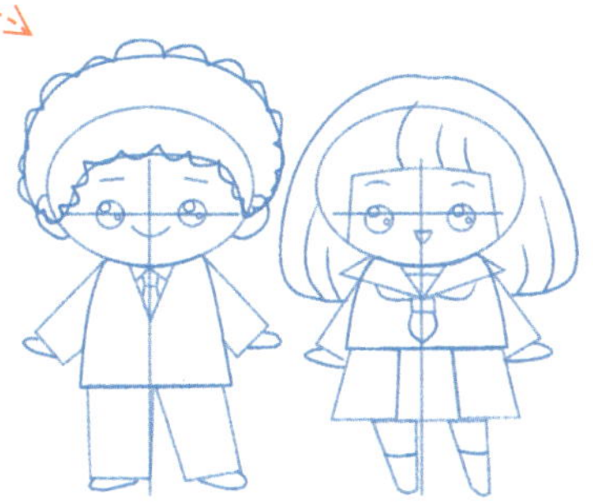

7 Die vorgezeichneten Striche nachziehen. Die Umrisse gleichmäßig verstärken.

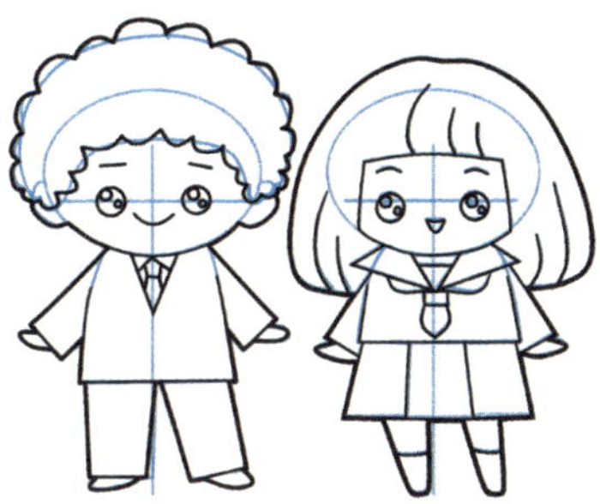

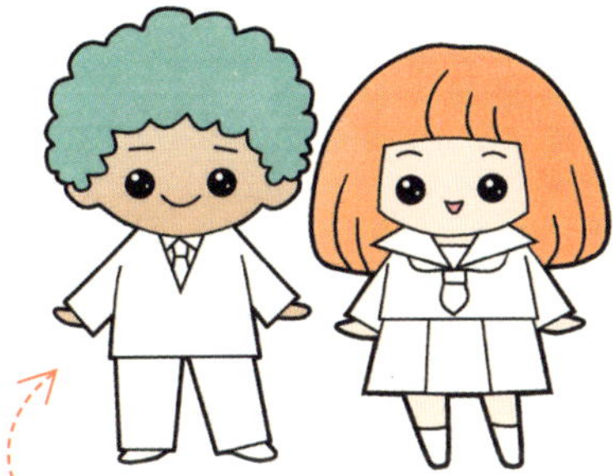

8 Haut und Haare gleichmäßig kolorieren. Die Farben können Sie selbst wählen.

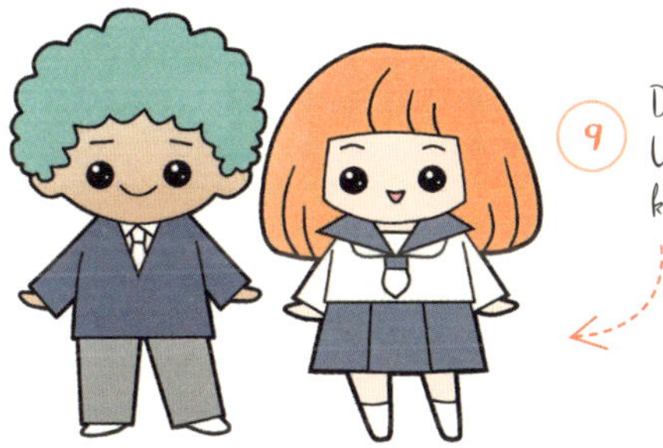

9 Die Uniformen kolorieren.

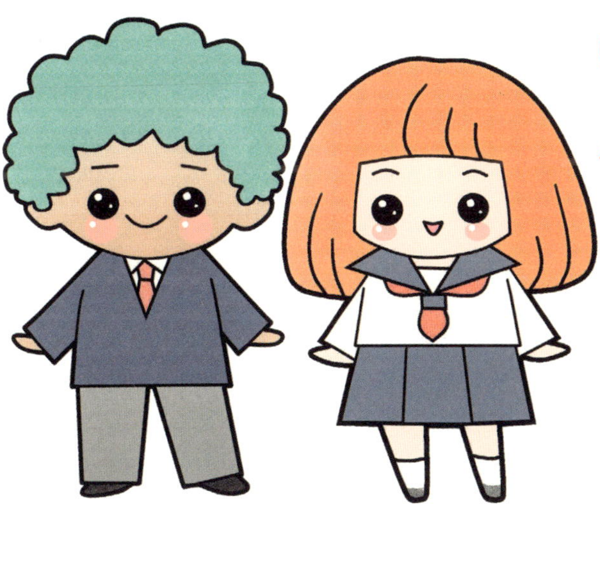

10 Für Krawatte und Halstuch dieselbe Farbe verwenden. Die Schuhe mit dunklem Grau ausmalen. Zuletzt die runden rosa Wangen mit weißen Lichtreflexen hinzufügen.

Mädchen im Kimono

Ein Oval und ein Rechteck – viel mehr ist nicht nötig, um ein Mädchen in einem hübschen Kimono zu zeichnen, komplett mit Obi und Holzsandalen.

1 Mit einem Oval beginnen. In die untere Hälfte ein Kreuz zeichnen und nach unten verlängern.

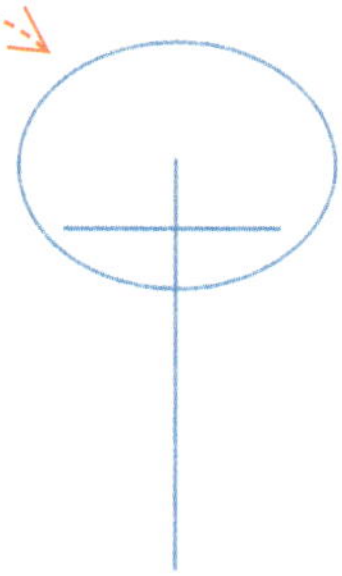

2 Darunter ein Rechteck mit abgeschrägten oberen Ecken zeichnen. Ein Rechteck etwas oberhalb der Mitte wird später den Obi bilden.

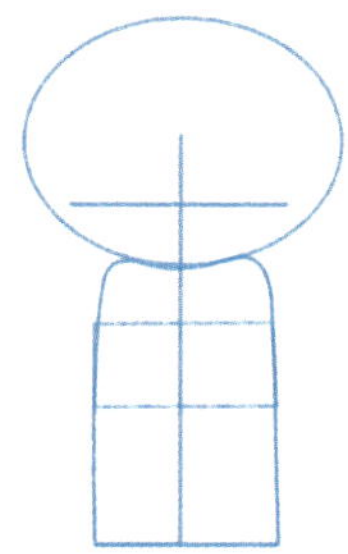

3 Auf beiden Seiten des Körpers Rechtecke anfügen, dann kleine Halbkreise für Hände und Füße zeichnen. Gesichtszüge und Ohren anhand der Hilfslinien einfügen und überprüfen.

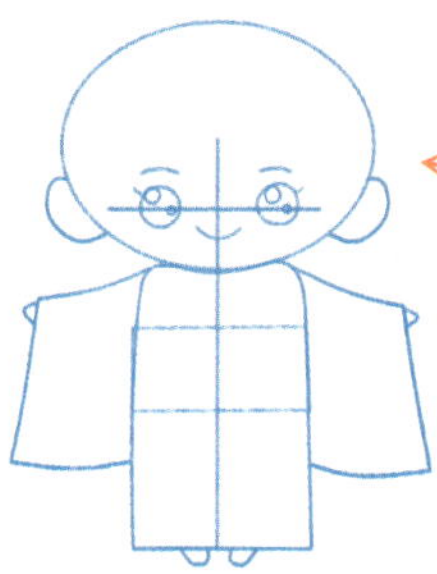

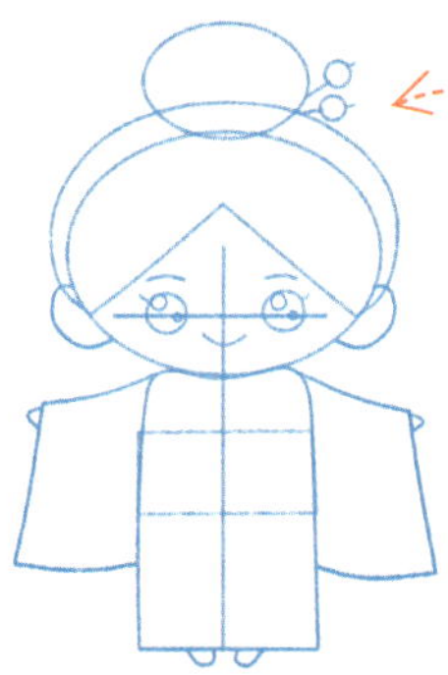

4 Die in der Mitte gescheitelten Haare wie einen Helm um den Kopf zeichnen. In die obere Mitte ein oval für den Haarknoten setzen. Der Haarschmuck besteht aus kurzen Strichen mit Kreisen an den Enden.

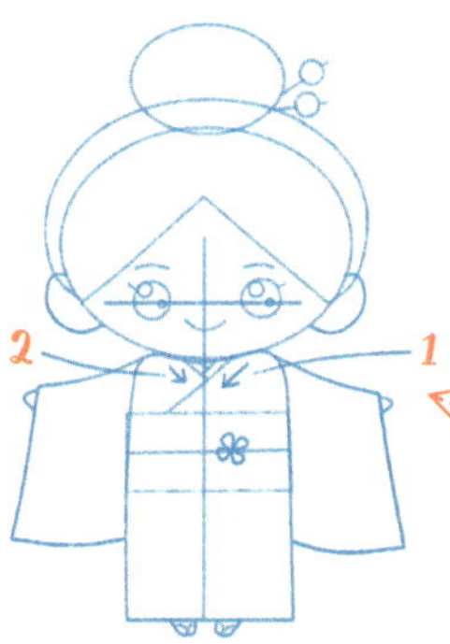

5 Nun folgen Details des Kimonos. Den äußeren Halsausschnitt entsprechend den Ziffern zeichnen, dasselbe für den inneren Halsausschnitt wiederholen. Die Mittellinie des Gürtels und die Blume einzeichnen. Für die Sandalen winzige V-Formen an die Füße anfügen.

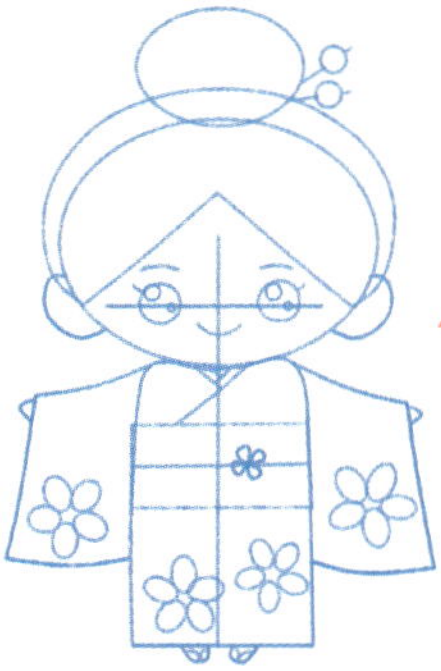

6 Die Blumen bestehen aus kleinen Kreisen, die von Ovalen umrahmt sind.

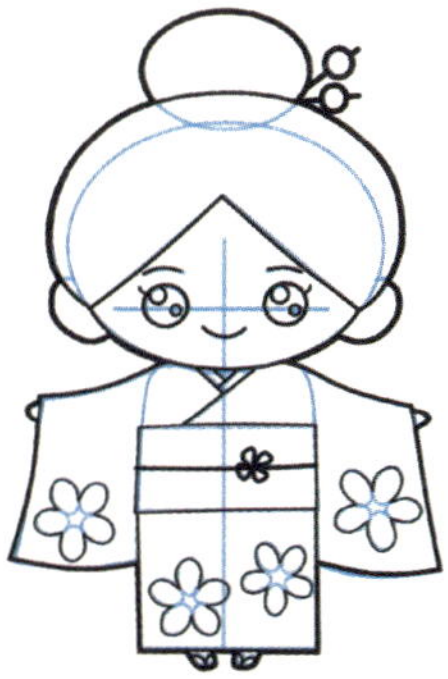

7 Die Linien mit flüssigen, gleichmäßigen Strichen nachzeichnen. Für Details einen dünneren Stift verwenden. Den Umriss gleichmäßig verstärken.

8 Zuerst Haut und Haare in Farben eigener Wahl gleichmäßig kolorieren.

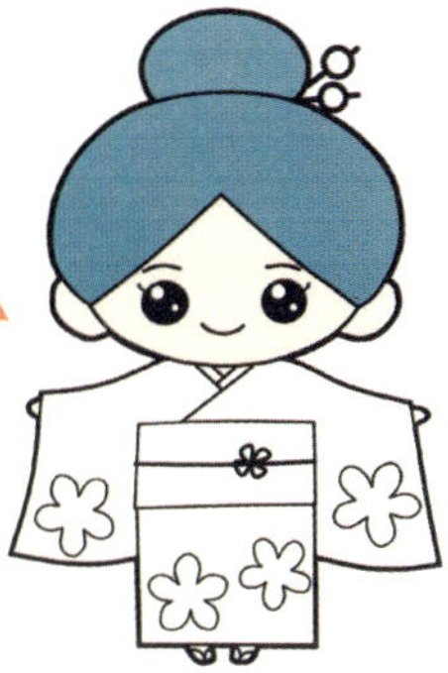

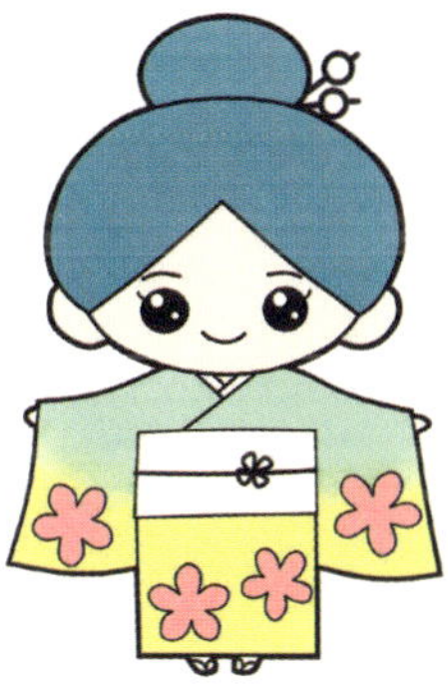

9 Japanische Kimonos zeigen oft einen Farbverlauf. Mit einer hellen Farbe beginnen und allmählich zu einer dunkleren übergehen.

10 Den Haarschmuck und den Gürtel kolorieren. Zuletzt die runden rosa Wangen mit kleinen weißen Lichtreflexen hinzufügen.

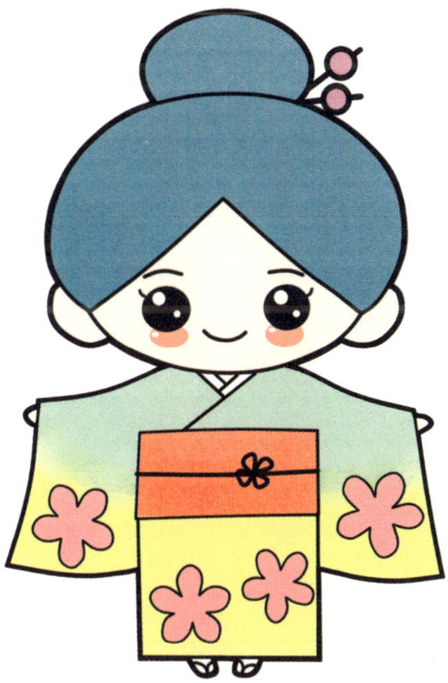

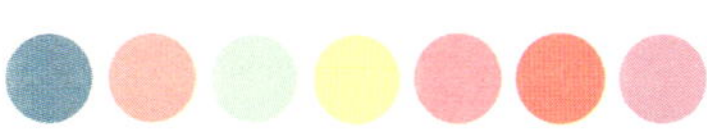

Über die Autorin

Chie Kutsuwada wurde in Japan geboren und lebt heute in Großbritannien, wo sie als Mangazeichnerin und Illustratorin tätig ist. Sie zeichnet Bildgeschichten, aber auch einzelne Illustrationen, die in verschiedenen Büchern zu sehen sind. Beim Manga Jiman-Wettbewerb, der von der japanischen Botschaft veranstaltet wurde, kam sie in die engere Auswahl. Sie hat an einer Version von Shakespeares *Wie es euch gefällt* sowie an Musashi Miyamotos *The Book of Five Rings* mitgearbeitet und liefert regelmäßig Beiträge für die Rubrik *Mondo Manga* des *Mainichi Weekly*. Zusammen mit Autor Julian Sedgwick hat sie das Buch *Tsunami Girl* veröffentlicht. Zurzeit plant sie ein weiteres Buch. Chie nimmt an Manga-Veranstaltungen in und außerhalb Großbritanniens teil und leitet Manga-Workshops in Schulen, Bibliotheken und Museen wie dem British Museum, der Royal Academy of Arts und dem Barbican. Sie hat auch an Projekten für Channel 4 und CNN gearbeitet.

Wenn Sie mehr Informationen oder weitere Beispiele von Chies Arbeiten sehen möchten, besuchen Sie sie unter chitangarden.wix.com/chiekutsuwada, facebook.com/chitangarden, auf Instagram @mcmc69 und auf Twitter @chitanchitan.

Dank

Ein großes Dankeschön an meine Familie in Japan, insbesondere an meinen tapferen Vater. Obwohl er gesundheitlich angegriffen ist, ermutigt er mich immer, hart zu arbeiten. Vielen Dank an meine Mitbewohnerin, die geduldig mit mir war, als ich versuchte, mein Leben, meine Arbeit und meine Familie unter einen Hut zu bringen. Außerdem bin ich Abbie, Polly und dem Team von The Bright Press sehr dankbar. Vielen Dank, dass ihr mir dieses Buchprojekt anvertraut habt, danke für eure Unterstützung und Geduld.

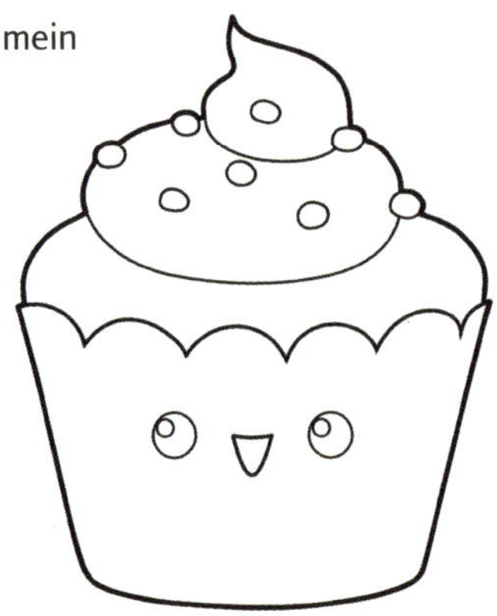